Albert Einstein

易杰雄 主编
易杰雄 著

相对论之父
爱因斯坦

全国百佳图书出版单位
APTIME 时代出版
时代出版传媒股份有限公司
安徽人民出版社

图书在版编目(CIP)数据

相对论之父——爱因斯坦 / 易杰雄著. —合肥：安徽人民出版社，2016.12
（传记读库）

ISBN 978 - 7 - 212 - 09461 - 4

Ⅰ. ①爱…　Ⅱ. ①易…　Ⅲ. ①爱因斯坦（Einstein，Albert 1879—1955）—传记
Ⅳ. ①K837.126.11

中国版本图书馆 CIP 数据核字(2016)第 304258 号

相对论之父——爱因斯坦
XIANGDUILUN ZHI FU——AIYINSITAN

易杰雄　**主编**　易杰雄　**著**

出 版 人：朱寒冬　　　　　**出版策划**：朱寒冬　　　**责任编辑**：张　旻　郑世彦
出版统筹：徐佩和　黄　刚　　**责任印制**：董　亮　　　**装帧设计**：程　慧
　　　　　　李　莉　张　旻

出版发行：时代出版传媒股份有限公司 http://www.press-mart.com
　　　　　　安徽人民出版社 http://www.ahpeople.com
地　　址：合肥市政务文化新区翡翠路 1118 号出版传媒广场八楼　**邮编**：230071
电　　话：0551 - 63533258　0551 - 63533292（传真）
制　　版：合肥市中旭制版有限责任公司
印　　刷：合肥中德印刷培训中心印刷厂

开本：710mm×1010mm　　1/16　　**印张**：16.5　　**字数**：170 千
版次：2016 年 12 月第 1 版　　2017 年 1 月第 2 次印刷

ISBN 978 - 7 - 212 - 09461 - 4　　　**定价**：29.00 元

三版总序

易杰雄

　　这是我于 2001 年出版的一套丛书,中间还有多次印刷。近些年,我连续应邀给安徽人民出版社和江苏人民出版社出了几套思想家的传记——《世界十大思想家》《千年十大思想家》《现代世界十大思想家》丛书,影响和销路还很不错。从影响上看,有的还荣获了华东地区优秀图书政治理论图书一等奖,第五届全国图书"金钥匙"奖二等奖。有的出版后,《北京晚报》、北京人民广播电台还以"《世界十大思想家》风靡海内外为题"报道了它受社会欢迎的情况。就销路看,有的出版后,台湾买了它的版权。新疆人民出版社还以蒙古族、哈萨克族、维吾尔族等少数民族文字出版。

　　为什么一套思想家的丛书能一而再地多次再版呢? 这可能因为我国人民认识到"一个民族要想站到科学的高峰,就一刻也不能没有理论思维"。正如人类的创新巨匠爱因斯坦在总结自己作出重大科研成果时所讲的,"创立一门理论,仅仅收集一下记录在案的现象是远远不够的,还必须有深入事物本质的大胆的、创造性的思维能力",因此,"不应该仅仅满足于研究那些从属于事物现象的表面原因,相反,他应该进而采取推理的方法,探讨事物的根本实质"。还说,"如果我们探讨得愈是深入,我们的理论所包含的范围愈是广大"。我们之所以科技创新少、发展慢,与我们这个民族的思维特征有关。

　　我们这个民族是很聪明的,但这种聪明和智慧主要表现在具有很强的感性直观的能力上,表现在凭直觉正确地把握事物的能力上。之所以这样,是具有深刻的历史和社会根源的。

第一,从中西文化奠基人不同的出身背景看他们怎样造成了中西文化的根本不同。

西方文化奠基人与后续者从苏格拉底、柏拉图、亚里士多德都有两个异常明显的特点:一是基本上都是贵族出身,可以无生计之忧而潜心于思辨的探究;除苏格拉底外,他们都是大科学家,他们可以以学术为乐趣,以求真为旨归,把人生的意义就归结为求知,把求知当道路,把是否在知识的大海洋中为人类作出贡献看作是人生的最大幸福。这实际上说明两个问题:只有吃饱、穿暖了,才能讨论玄而又玄的哲学。二是,古希腊哲学是在当时科学技术达到人类顶峰时产生的。他们不满足于宗教神话,想探讨天地万物的根源。这说明西言哲学从一开始就是与科学融为一体的。

还有一个问题,古希腊实行奴隶制民主,特别是雅典政制时期,在奴隶主内部,可以有相当民主,尤其讨论内容相当抽象的问题。

而我们再来看看中国文化奠基人的出身及其创立文化的背景。

我们中国的文化创始人为士人出身,家中鲜有恒产。孔子少贱,庄周家贫。他们生活在下层,看到的是人们劳苦一生,还是吃不饱穿不暖。所以,他们比一般人多学了一些东西,又不愿受苦受难甚至受到死亡的威胁,于是提出了"学而优则仕"。学好了,就去当官。实在当不了官,就做人家的幕僚、食客。这不仅可以温饱,还可以光宗耀祖。这种倾向,在"废拙百家,独尊儒术"以后就达到了极致。而中国历史上几次有可能使我们抽象思维能力得到提高的机会又白白错过了。

有人说我们不是出了屠呦呦吗?有国人得了诺贝尔奖,这确是值得大家骄傲的事。但我们如果实求是地看,这毕竟是属于实践科学的发明,而且它是很长时间的艰苦努力的结果,与爱因斯坦所作的科学发现是不同的。

说我们抽象思维能力不强,并不是说我们就没有抽象思维能力强的人,如陈景润等。还有很多到过西方学成归来的人,他们不仅在西方学到了人家先进的科学技术,还学会了西方学者严谨的科学态度和高超的抽象思维方法。特别是改革开放以后,我们党认识到,归根结底科学技术创新才是国家进步的根本。于是派出大量的学生出国学习。现在不少人学成归国,他们不仅业务拔尖,而且抽象思维能力也特别强。这就为我国的长远发展打下了坚实的基础。

第二,市场经济机制在中国历史上未能形成。自给自足的自然经济根本没有、也不可能向人们提出具有很高的、很复杂的抽象思维能力的要求。而西方有些国家之所以整个民族抽象思维能力都比较好,与他们在经济领域早就有了比较发达的、千变万化的、需要通过非常复杂的思维才能把握其规律和趋势的市场有关。

第三,很长一段时间,中国生产力发展水平比较低,对于包括主要肩负发展抽象思维能力的知识分子在内的绝大多数人来讲,要解决的还是温饱问题。亚里士多德曾十分正确地指出过:"只有一切必须的东西都具备以后——人们才开始谈哲学。"这也是中华民族哲学素养提高不快的原因。

当然,影响中国人抽象思维能力发展的方面还很多,这里就不再一一赘述。

努力提高国民的抽象思维能力,是提高国民素质的一个重要组成部分,也是促进中国社会飞速发展的具有重要战略意义的一项基础性工作。

思想家生活中那些最具魅力、最激动人心的事件,就是他们头脑中涌现出来的、形形色色的,使你为之倾折的思想。除了科学探索、新思想的形成与发展及其在社会上产生影响的过程外,可以说,他们没有别的传记。思想家共同的特点就是他们都是理论思维能力特别强的人。他们的传记对提高读者的理论兴趣和抽象思维能力无疑是有助益的。何况传记本身较之于专门的理论著作可读性强,这对于不是专门从事理论工作或对理论接触不多的人,尤其是如此。我们要尽可能地挖掘他们是如何发现这些思想的过程,这就可以使读者比直接读他的理论著作在理论思维训练方面更能受到启迪。

一个个划时代的大思想家,就犹如立在人类历史上的一盏盏航灯,是他们指明了人类历史的航程。所以,他们公正地受到了人类永久的铭记。

大思想家,不管他本人意识到与否,他的思想成就都是前人思想成果的合理的继承与发展,是根据他所处的时代的要求对当时现实所作的正确的概括与抽象。从这个意义上说,他们本人都是时代的产儿,他们的思想成果都是他们所处时代的精神的精华。按顺序系统地记录人类思想的大圣们的思想传记，就可以使我们懂得人类的思想认识是怎样从简单到复杂、从低级到高级发展到今天的。从而使我们清楚地认识到，在我们今天应该考虑什么，走怎样的历史必由之路。

大思想家，都有自己的特有的思想体系。这个思想体系都是由前人所有的方法都不能完全解决当时所面临的问题才产生出来的。它本身总是为适应需要提供了新的方法。尽管当时所解决的问题早已成为过去，这些方法也难免有其局限性，有的因新的、更有生命力的方法的出现也会被淘汰，但是新的方法并不是完全抛弃它们，而是以扬弃的形式把它们包含在自身中，就像高等数学并不排斥初等数学一样。因此，读思想家的传记、掌握他们为人类社会前进提供的各种新的工具，对于我们也是一项意义极为重大的事情。

大思想家，几乎无一例外都是那些社会责任心很强的、极富进取精神和牺牲精神、道德品质高尚的人。他们都有一个共同的特点，就是热爱人类，关心人类的命运，希望人类能生活得更好。他们之中不少人既不追求功名，也不攫取权力，更不贪图钱财，甚至连爱情都不能使他们受到无端的干扰。他们一辈子都在为人类的解放专心致志、孜孜不倦地研究学问。他们的一生，就是探索的一生、精神世界不断发展的一生。我们读他们的传记，就会被他们气吞山河的凌云壮志、坚忍不拔的奋斗精神和感人肺腑的高尚情操所感染，从而在怎样做人方面得到有益的启示。

大思想家，无一例外都是他那个时代最博学、最深刻、最优秀的人。他们的著作，是他们对人类思想成果和自己人生的总结，是历史的积淀和时代的精华，是由闪光的思想和珠玑的词句凝练成的世界文化的瑰宝。根据他们的著作和生平写出的他们的学术传记，更是他们一生的思想珍品的集萃。它能使你丰富感情，净化灵魂，增加知识，深化思想。你可由它明确方向，增强信心，获得力量，受到鼓舞。你遇到挫折的时候读它，圣哲们会耐心地安慰你，给你出主意，帮助你摆脱困境；你成功时读它，圣哲们会劝你谦虚谨慎，引导你避开人生道路上的一个又一个暗礁，从胜利走向另一个胜利。每当你读它的时候，就会感到自己身处在一个个伟大学者面前，仰望着他们的丰采,沐浴着他们的深情,听着他们的教诲,分享着他们成功的欢乐,并与他们分担着失败的痛苦,吸取着他们的人生经验,从而感到一种最好的人生享受。

金无足赤,人无完人。世界著名思想家也不例外。他们每个人也都有他们各自的时代的、阶级的局限,有他们自己的弱点、缺点和不足,有些缺陷还像他们的杰出的思想成就那样严重。就是他们的思想成就本身也难免有局限性和片面性。为了全面介绍思想家的思想,我们也秉持必要的态度,用马克思主义的立场、观点和方法为指导作分析性的论述的。尽管所有这些分析不可能尽如人意,不过我们相信,长期受马克思主义思想教育的广大读者的理论修养一定能弥补我们的不足。

这些大思想家都对人类思想发展过程发生过而且还在继续发挥着重大的影响。他们整个思想体系和总的思想倾向在社会生活中的作用是如此,他们的大量一反传统的、脱离常规的、几乎是人们意料之外的具体观点也是如此。当时在人们看来是那么荒诞不经,因而遭到了社会的普遍反对,他们本人甚至因此受到孤立、政治上的迫害乃至人格侮辱,而这些认识后来却被社会上越来越多的人接受了,甚至成了人们行为的准则和判别事物的标准。有些看法,我们今天看来,尽管仍有片面性,但其中确实又包含着具有重大意义的合理思想,而在思考问题的角度上也给我们以启迪。所以,比较系统地了解他们所想所做的,同样是对掌握人类文化遗产不可缺少的,对于我们提高理论思维能力同样重要。

天才本身就孕育着妒贤嫉能者的敌意与庸碌之辈的难于理解和接受。纵观人类思想发展史,几乎没有一个大思想家的生活是很顺当的。生前,由于他们提出了惊世骇俗、空前深邃的思想,总是不断遭到人们的非议、攻击或故意的冷淡。当他们逐步受到社会的认同、得到崇高威望后,人们又往往出于对自身利益需要,或诋毁他们的为人、千方百计把他们搞成仿佛是与社会相对立的怪物,或把他们捧为至尊至圣、不容有不同看法的神。我们在写作过程中,注意尽可能地排除偏见,遵循客观主义原则,在对他们的阐述和分析过程中,坚持实事求是地还他们的本来面目。实践证明,这样的做法,读者是欢迎的。不用说,书中也到处体现着作者们的态度和看法。作为主编,我认为这对严肃的科学著作不仅是允许的,而且是必要的、值得称道的。所以我并不强求与我本人的看法完全一致。同样,对此,读者也完全可以有自己的不同看法。

　　写作过程中,我们坚持贯彻介绍思想历程与丰富的人生的其他方面相结合,以介绍他们的思想历程为主;坚持科学性、准确性和可读性相结合,以科学性、准确性为主;在写他们的思想历程时,又坚持他们的思想形成过程与思想成就相结合,在保证重大思想成就不遗漏的前提下以介绍他们的创造思想是怎样产生、形成和发展的为主。我们希望这套丛书的再版,能一如既往地对提高我国人民,特别是提高广大青年读者对理论的兴趣、抽象思维能力、思想史方面的知识以及道德修养能起到一定的作用。

有思想巨人　才有国家富强

易杰雄

　　随着科学技术在经济增长中的贡献率的不断加大,人们越来越清楚地认识到,当今世界国与国之间的竞争,表面上看是综合国力的较量,但归根到底是知识总量、人才素质和科技实力的竞争,实质是创新的竞赛。

　　然而,怎样才能有许多重大创新的不断涌现,现代科学技术的飞速进步呢?

　　1953 年,天才的物理学家、伟大的思想家爱因斯坦在总结中国为什么没有近代科学,而西方的近代科学却发展飞快时指出:"西方科学的发展是以两个伟大的成就为基础的,那就是西方哲学家发明的形式逻辑体系(在欧几里德几何中),以及通过系统的实验发现有可能找出因果关系(在文艺复兴时期)。在我看来,中国的贤哲没有走上这两步,那是用不着惊奇的。令人奇怪的倒是这些发现(在中国)全部做出来了。"[①]

　　有人不同意爱因斯坦这一说法,理由是中国在科学技术方面也曾在全世界领先过 1000 多年。我觉得这与爱因斯坦的上述结论并不矛盾:中国古代的科学属于经验科学——如四大发明,是在逻辑的东西和系统实验不发达的情况下可以作出的。而近现代科学没有这两个前提是不行的。

　　在这里,特别值得我们注意的是,爱因斯坦没有把一个国家的科学技术落后归罪于政治家对其不重视,也没有责怪企业家缺乏远见,未能加大对科

---

　　① 《爱因斯坦文集》第 1 卷,商务印书馆 1976 年版,第 574 页。

技事业的风险投资,甚至没有怪罪科技工作者创新能力差,而认为这是由于该国的哲学家、思想家未能为社会提供好的思维方式和正确的价值取向。

这种说法尽管有不少值得商榷之处,如上述几方面与一个国家科学技术发展之间的关系,把逻辑仅仅归结为形式逻辑等。但我认为,他强调哲学家、思想家对科学技术的发展、社会进步的重大作用,方向无疑是正确的,而且这一思想也是很深刻的。

从认识的形成来说,当然是先有实践,后有认识(这只是大致上讲,因为实践本身就包含着认识,是受思想支配的)。但从认识的指导作用来看,方向则相反,有了正确的认识总要用于指导实践,认识在一定条件下反过来决定实践的内容、方式和过程。不用说,在认识指导实践过程中,原有的思想、认识和理论不符合实际,不完善的地方,在新的实践过程中会不断地暴露出来,及时得到纠正、补充、完善和发展。但旧唯物主义者和经验主义者们不懂得这个道理。在他们看来,没有实践哪有认识?思想、理论怎么能走到实践前面去?这些人的错误在于不知道历史过程、事物的发展是有规律的,是一个前后有联系的过程,而规律在一定条件下是反复出现重复起作用的。所以,从实践中获得的、只要是具有普遍性的,关于历史过程、事物发展的本质的规律的正确认识,它对以后的新的实践就具有指导作用。也正因为如此,人类的认识活动才有必要和有意义。这也是马克思主义哲学与一切旧哲学的主要区别之一。马克思说过:以往的"哲学家们只是用不同的方式解释世界,问题在于改变世界"①。恩格斯也曾经说过:"正像在十八世纪的法国一样,在十九世纪的德国,哲学革命也作了政治变革的前导。"②这就是说,思想、观念并非都是消极地追随历史,它们可以、也应当超越时代。

过去讲,"不怕做不到,就怕想不到"。这句话夸大了人的实践能力,有主观主义、唯意志论倾向的问题。但其中也包含着一定的真理性。这就是:要想做到,首先必须想到。其实,爱因斯坦的论述与恩格斯的下述思想只是表达上的不同:"一个民族要想站在科学的最高峰,就一刻也不能没有理论

---

① 《马克思恩格斯全集》第3卷,人民出版社1965年版,第8页。
② 《马克思恩格斯全集》第21卷,人民出版社1965年版,第305页。

思维。"①一个民族哺育出来的大思想家、大哲学家，是这个民族理论思维的领头羊，他们的见解如能获得尊重，他们的创新思想如能被付诸实施，对社会无疑会起到一种巨大的牵引作用。任何一个国家科学技术的繁荣、社会的飞速发展，无不是对其有大思想家、对能理性行动的奖赏；而一个国家所以会停滞不前，无不是对其由于缺乏大思想家，或不尊重他们，以为有了权就有了真理，为所欲为，愚蠢地瞎折腾的惩罚。人类近代以来的历史发展就一再地在证明这一点：谁想得少，谁犯错误就多，谁进步就慢。一个人是这样，一个民族、一个国家也是这样。有思想巨人，才有国家富强！

日本学者汤浅光朝在英国著名科学家贝尔纳和丹皮尔研究成果的启发下，对达姆斯特和赫旁萨编的《科学技术编年表》上所记载的 1501—1950 年间的重大科学成果做统计学研究，把凡是重大科学成果数超过同期世界总数 25％的国家，称之为"科学活动中心"，把保持其为"科学活动中心"的时期叫做"科学兴隆期"。由此他发现，近代以来，科学活动中心，在世界上发生过这样五次大转移：

1540—1610 年　　意大利

1660—1730 年　　英国

1770—1830 年　　法国

1810—1920 年　　德国

1920—　　　　　美国②

其实，如果把这些国家"科学兴隆期"前后的历史联系起来加以考察就不难发现，除了科学技术在世界上占领先地位外，他们在思想、观念上，也给人类提供了大量新的、影响深远的东西；政治、社会状况也曾一度成为全球关注的热点；经济活动也在一个时期内是全世界最出色的。由于这些原因，在一个时期内，它们曾先后是世界上最具影响力的国家，从这个意义上，也可以把它们称之为"世界的中心"。

---

①　恩格斯：《自然辩证法》，人民出版社 1972 年版，第 29 页。

②　陈文化著：《科学技术发展计量研究》，中南工业大学出版社 1992 年版，第 231—232 页。

这些"世界中心"形成的历史,清晰地展示出这样一条共同的道路:社会生产力发展到与原有的旧体制再也不能相容的地步时,一场大的思想运动逐步掀起,涌现出一大批为新时代奠基的思想巨人,他们以各种形式批判旧制度、旧思想,宣传新观念、新主张,为社会的继续进步、为新社会的诞生寻求道路,探索方法,制造舆论。深刻的思想运动,导致人们观念的根本改变。接着进行政治变革,推翻旧的政治制度,建立新的与社会进步方向一致的社会政治制度。政治变革的成功,又推动了科学、技术的进一步蓬勃发展,最终导致经济的空前繁荣。

意大利由于是第一个由中世纪向新时代转变的国家,它当时面对的封建势力太过强大,强大的封建势力不容许它走自己的路,联合起来反对它,因此它所走的道路尚未达到典型的形式。即便如此,这样的一般趋势也初步表现了出来。

14世纪,在生产力发展、城市兴起、封建制度由于成了社会进步的严重桎梏而逐渐解体的基础上,意大利首先爆发了一场历时300年、声势浩大、广泛而又深刻的思想运动,这就是后来征服了全欧洲、至今在世界上仍有广泛影响、在当时使意大利成了世界文化中心的文艺复兴运动。文艺复兴运动是资产阶级的思想解放运动,"这是一次人类从来没有经历过的最伟大的、进步的变革"①。由于在当时它反映了社会进步的要求,利用了许多反映人类要求进步的共同心声的口号,所以,它在一定程度上也具有全人类的、因而也是永恒的意义。当时"是一个需要巨人,而且产生了巨人,在思维能力、热情和性格方面,在多才多艺和学识渊博方面的巨人的时代"。一大批思想巨匠,如"文学三杰"——但丁、彼特拉克、薄伽丘;"艺术三杰"——达·芬奇、米开朗基罗、拉斐尔;人文哲学家、自然哲学家、政治思想家、教育家——瓦拉、皮科、彭波那齐、布鲁诺、库萨的尼古拉、马基雅弗利。他们以哲学上的变革为先导,高举"世俗文学"和"现世艺术"的大旗,高喊人文主义的口号,以"人"为本反对以"神"为中心的世界观,认为追求快乐和享受是人的本性和权利,是社会发展的动因。他们以尘世需要和情欲的论点对抗中世纪的禁欲主义,以个性自由发展的思想对抗封建专制和教会独裁。所有这些

---

① 《马克思恩格斯选集》第3卷,人民出版社1972年版,第445页。

思想在他们的文学和艺术作品中或哲学、教育等著作中体现出来,有力地打击了封建意识,动摇了神学统治,使人们的思想从封建神学中解放了出来,为人类自身的智慧和才能的发展开辟了广阔的前程。尤其是达·芬奇,更是一位空前的、举世无双的天才。他不仅是天才的思想家、艺术家,还是那个时代最卓越的科学和工程技术天才。达·芬奇已经认识到:"醉心于实践,不要科学的人,好像一个没有舵或指南针上了船的舵手,他永远搞不清究竟漂向何方。"因此他提出,"科学是统帅,实践是士兵"①。库萨的尼古拉、列奥纳多、布鲁诺更是划时代的大哲,他们不仅有着鲜明的唯物主义立场(虽然在当时常常不得不用泛神论的形式来表达),而且有着丰富的辩证法思想,尤其可贵的是在认识论方面已经远远超出前人所能达到的高度,从而为人们观念的根本改变——由中世纪的世界观向近代世界观的转变提供了前提。如库萨的尼古拉提出了认识有三个阶段的思想,认为理性接近真理就像内接多边形接近圆那样,可以无限地接近,但永远也不会重合。在政治思想方面,马基雅弗利已经认识到物质利益是社会生活的主要推动者。他除在《论李维》一书中宣传共和国的统治形式外,还在《君主论》中以古代军事和政治史作基础阐述了如何获得并掌握权力。他使政治开始成为科学,是历史哲学的奠基人之一。而康帕内拉更是空想社会主义的先驱者。

这一庞大的思想巨人群体掀起的伟大思想运动,直到1527年拿破仑入侵、罗马陷落才在意大利宣告结束。但它使教会的独裁被彻底摧毁,封建专制制度从根本上被动摇,在人类历史最早实现了新的统治方法,使意大利成了近代欧洲的长子,并让人们的观念有了根本的改变,使人们在发现客观世界的同时也发现了自己,从而为征服自然,建立新的、公正的社会制度,为科学技术的发展、经济的繁荣奠定了坚实的基础。

特别是这个时期带有机械唯物主义倾向的自然哲学的产生和发展不仅把自然科学从神学教义1000多年的窒息中解救出来,还给它提供了通过实验、经验与理论相结合认识自然的方法。所以,意大利出了像达·芬奇、路加·帕乔里、吉罗拉莫·卡尔丹诺、尼古拉·塔尔塔里亚、哥白尼、伽利略等一大批科学巨星,在数学、物理学、化学、医学、天文学等一系列领域取得了

---

① [苏]B.B.索柯洛夫著:《文艺复兴时期的哲学概论》,北京大学出版社1983版,第210页。

许多重大成果,于 1540 年成为世界科学活动的中心,科学兴隆期一直保持到 1610 年。正如恩格斯所说:"在中世纪的黑夜之后,科学以意想不到的力量一下子重新兴起,并且以神奇的速度生长起来。"①

科学技术的发展又推动了生产力的进步,当时意大利的商业和航运业在世界上都是最发达的,农业和手工业也非常有名。最后终于使意大利完成了政治制度的根本转变并进入发达国家的行列。

欧洲各国交通方便,联系密切,相互影响大。英国在意大利文艺复兴思潮的冲击下,也涌现出了许多划时代的大思想家,如著名的空想社会主义者莫尔,被马克思誉为"英国唯物主义和整个现代实验科学的真正始祖"的培根,把培根的唯物主义经验论系统化的霍布斯和详细地论证了这一思想的洛克,像莎士比亚这样的世界文学巨星,等等。他们一方面为新生资产阶级的上台制造舆论,一方面为科学和生产的发展探寻方法。培根大力反对寄生的封建贵族,主张建立以中小贵族和商业资产阶级为支柱的君主专制政体。他全力倡导科学,强调经验—实验的方法对真正科学地认识自然的重要性,还进一步发展了归纳法,提出了如何从人的理智中清除伪相的学说。

在长期的思想舆论准备之后,通过 1640—1688 年的革命,英国资产阶级取得了政权。

取得了政权的新兴资产阶级顺应历史,发展科学,抓经济建设。当时的英国政府率先批准成立了皇家学会等学术活动中心,以推动科学技术发展。这时牛顿、哈维、耐普尔等划时代的科学巨人和大发明家瓦特等应运而生。1660 年,英国成为世界科学活动中心,其兴隆期达 70 年之久。这期间,各种纺纱机、织布机和蒸汽机纷纷被发明出来,因此,英国出现了大机器生产和专业化生产。

科学高潮引起了经济高潮。1760—1830 年,英国进行产业革命,1800—1880 年,英国为世界经济中心。1870 年,它的工业产值占世界工业生产总值的比率高达 32%。科学技术进步与经济的繁荣也为英国的海外殖民地扩张创造了前提,从此英国开始了所谓的"日不落"国的历史。

文艺复兴后,法国在 17—18 世纪又爆发了启蒙运动。一大批思想巨

---

① 《马克思恩格斯选集》第 4 卷,人民出版社 1995 年版,第 280 页。

人——伏尔泰、孟德斯鸠、狄德罗、卢梭、笛卡尔等群星灿烂。他们由鼓吹改良,进而到主张革命。笛卡尔在他的哲学体系中也为人类认识世界提供了重要的演绎法。在文学方面也出了国际泰斗、后期文艺复兴的文学三杰之一——拉伯雷。他们都是人文主义思想的"弄潮儿"、新时代的旗手。

思想运动过后是 1787—1799 年间反反复复的几次大革命,最后资产阶级取得统治权。这时科学在法国也取得了长足的进步,涌现出了像拉格朗日、拉普拉斯、近代化学之父拉瓦锡等大批卓越的大科学家。法国于 1770 年成为世界科学活动中心,为期 60 年。从 1820 年起法国进行产业革命,法国的社会生产力蓬勃发展,1850—1890 年经济进入高潮期,19 世纪 60 年代法国工业产值仅次于英国,居世界第二位。

路德及其领导的、爆发于 16 世纪上半叶的德国、也是欧洲大陆上规模最大和影响最深的宗教改革运动,反对教会干涉世俗国家,力图建立一个适合资产阶级口味的廉价教会,实质上是资产阶级与封建主的第一次大决战。在启蒙运动走向尾声后,随着康德、黑格尔、马克思等思想巨人的相继出现,世界思想中心又转移到德国。接着德国于 1830—1850 年间爆发了资产阶级革命,与此同时,德国出现了雅可比、高斯等世界一流大数学家,欧姆这样的世界著名物理学家和发展农业急需的肥料技术的有机化学家李比希,特别是德国还出了世界闻名的集科学家、工程师和企业家于一身的西门子、克虏伯等这样一些奇才、全才。1810 年,德国成为世界科学活动中心,进入科学兴隆期,为期 90 年。在科学高潮和资产阶级革命的推动下,德国进行了产业革命(1850—1880 年),率先发明了实用型的发电机,实现了电气化,引起了第二次技术革命。德国只用 40 年时间就完成了英国 140 年完成的工业化过程。接着出现了经济发展的高潮期(1880—1920 年)。当时德国的煤炭、钢铁、化学,特别是有机合成工业在世界上都是遥遥领先的。1910 年,德国工业总产值仅次于美国,居世界第二位。

美国是一个移民国家,它的很多公民是从欧洲大陆去的,而且其中有很多是受欧洲文艺复兴和启蒙运动的影响、思想激进的持不同政见者。此外,与欧洲各国不同,美国的资本主义是在未遇到强大的封建势力的阻挠下较为顺利地发展起来的,而且前面已有英、法、德等国为它趟了路子。美国的资产阶级不必考虑受封建国家、君主、教皇等超乎个人之上的力量的限制和旧传统的束缚,能利用先行资本主义各国的经验,自由放任地去追逐个人的成功与发展。即便如此,美国也于 1829—1870 年期间爆发了亦称新英格兰文艺复兴的文艺复兴运动。在这一运动中涌现出了霍桑、梅尔维尔、惠特曼和南方巨匠爱伦·坡等一大批有影响的大作家和大思想家。他们积极提倡对宗教、国家和社会实行改革,主张废除农奴制,对社会变革起了推动作用。这个时期史称"改革时期"。随之南北战争的爆发,全国统一。国家统一后,美国十分重视全力发展科学、技术和生产。美国独立战争后的宪法中,明确提出了有关科学技术的方针。美国的历任首脑都十分重视科学技术。其中,有的本人就是科学家,如本杰明·富兰克林和杰弗逊。在他们的领导下,美国对开发研究经费的投入不几年就翻了一番。仅二战期间,美国研究开发经费就从 1 亿多美元剧增到 15 亿美元(去年已经接近 2500 亿美元)。先后出现了像埃利·惠特尼、贝尔、爱迪生和福特等科学家、发明家。美国于 1860—1884 年进行产业革命,依靠吸引英国的资本和技术,一跃成为世界的技术中心,使工业迅速发展,并于 1890 年成为经济大国。在这个基础上,又于 20 世纪 20 年代成为世界科学的带头羊。美国不仅设法完成、完善了欧洲的钢铁、化工和电力三大技术,发展了汽车、飞机和无线电技术这三大发明,还领先进行了包括原子能、计算机、空间技术、微电子技术在内的第三次技术革命。高新技术的研究与开发,导致了高新技术产业群的形成和发展。70 年代以来,美国又领导了一场以微电子技术和基因重组技术为特征的世界范围的技术革命,形成了一个以信息技术为先导,包括新材料、新能源、航天和海洋等技术为内容的高新技术体系,并于 80 年代后期迅速产业化、商业化。因此,在世界上,美国在科学、技术、经济等领域一直遥遥领先。值得指出的是,在美国的发展过程中,大思想家起了巨大的作用。除了上面提到的外,与欧洲大思想家们对他们的影响也有关。其次,美国本土人士从皮尔士、詹姆士到杜威及其实用主义思潮的作用也是十分巨大的。此外,两次世界大战,特别是希特勒排犹,使许多世界级的大思想家、大科学家都曾到过美国,或短期访问、讲学,或长期留居,如罗素、爱因斯坦、费米、霍克海默、普利斯特列等,他们也为美国的持续繁荣立下了汗马功劳。美国在遭到经济危机严重打击后,罗斯福实行"新政"时就在某种程度上吸取了马克思主义的不少思想。如赈济失业者,政府对国民的福利和社会保障承担责任,容许工会活动,等等。

其实,何止近代如此,古代一些曾经称雄世界的国家,哪一个不是由于它出现过世界级的思想巨人?!就以我们自己为例,由于出现过孔子、孟子、老子等一大批思想家,出现了百家争鸣的思想活跃时期,使古老的中国顺利完成了由奴隶制向封建制的过渡。当时与社会进步相一致的封建统治者,为了缓解社会矛盾,比较重视教育、科学技术和发展生产,使中国从公元前3世纪开始,教育和科学得到迅速发展,一直是古代世界的科学与教育中心。自秦汉始,到唐宋达到高峰,四大发明中的三大发明都是这个时期作出的。中国古代的"农、医、天、算"四大实用科学成就当时在全世界也是领先的。这些科学技术有力地推动了中国古代农业的发展和经济的繁荣,使中国在世界上领先了1000多年。由于中国繁荣强大,吸引了不少国家派人来中国学习,唐朝时,仅留学长安的日本留学生就多达500~600人。这期间中国也出了一大批世界著名科学家。如研究地震预报、发明地动仪的张衡,研究历法和圆周率的祖冲之,对天文、律历和医药都很有研究的沈括,研究治水的郦道元,等等。众所周知,我国改革开放前后,自然、社会、人文条件并无明显变化,改革开放这些年,所以能成为我国发展最快的一个时期,还不是由于有了邓小平理论的指引,使全党打破了教条主义的思想禁锢,解放了思想,通过认真研究认识了世界和中国的实际情况,实事求是地制定出了适合现阶段中国的发展战略、路线和方针政策?!

每当社会处于重大变革的时期,先进观念为清除社会弊端、开辟其继续发展的道路指明方向,对社会发展起决定性的反作用显得特别突出。过去社会的重大变革几百年甚至几千年才发生一次,因此,先进观念的重大意义、大思想家的巨大历史作用不易引起人们的重视。如今,社会发展的节奏越来越快,重大变革一个接着一个,先进观念的决定性反作用几乎成了一组连续不断的链条,观念更新,大思想家对于社会进步的意义也越来越明显了。

恩格斯说得好:"一个民族要想站在科学的高峰,就一刻也不能没有理论思维。"①一个国家要想站到世界的前列,更是一刻不能没有理论思维,在科学成了技术进步、生产力提高的决定性前提的今天,尤其是这样。一个民族,一个国家,没有思想巨人,就犹如一个人没有健全的头脑,没有灵魂。它就不可能走上正确的发展道路,就找不到符合国情的正确路线,就制定不出科学的发展战略,就不可能有现代化科学技术高度发展。一句话,就不可能走快速发展的道路、使经济无比繁荣、走到世界的前列,它永远只能是二等国家。这,就是整个近代史给我们的启示。

英国广播公司(BBC)1999年9月在世界范围内,在网上评选1000年来最伟大的思想家,结果马克思、爱因斯坦等人得票居前10位,其中没有中国人。不用说,这种评选的科学性是相对的,如中国思想家因语言文字方面的原因,他们的思想在世界上传播受到限制;中国人口虽多,但拥有电脑、能上网参加这一评选活动的人数毕竟有限;而且,外国一些参加投票的人对人类1000年以来的思想史也未必真正了解,等等。但如果从思想家给人类提供新思想、新方法的多少及其深刻程度,是否有自己独特的体系和其传播的广度与推动社会文明进步的程度的角度看,应当说这一评选结果基本还是公正的。这次评选的结果也向我们表明:有思想巨人,才有国家富强。我们必须实事求是地承认,近1000年特别是近500年来,欧洲和美国的发展速度是很快的。而我国,在日益剧烈的国际竞争中,直到党的十一届三中全会以前,总的趋势是不断走下坡路。这种情况确与这期间我国出的世界级的思想大师太少,就是有一些,也因种种原因,他们的新思想未能得到应有的尊重,无法在社会上广为传播,更不可能付诸实践有关。1985年,美国出版的《世界名人辞典》和英国出版的《人民年鉴手册》在全世界评选人类有史以来的最伟大的思想家,荣居前十名的就有中国的孔子。而孔子出现以后中国在全世界至少领先了1000多年。

大思想家的出现要有许多条件,除了深刻改造自然和社会的伟大实践,宽松的政治环境,适宜的社会文化土壤和善于向别人学习的精神外,还有赖于整个民族崇尚理性的价值取向和整体水平较高的理性思维能力。

在我看来,有思想巨人,才有国家富强。今天,我们国家百废待兴,缺这个

---

① 恩格斯:《自然辩证法》,人民出版社1972年版,第29页。

少那个,最缺的是理性,最缺的是大思想家。所以,作为一个哲学工作者,为了中华民族的腾飞,为了 21 世纪能真正成为中国的世纪,总想在为我国出大思想家方面做些工作。我先后主编《世界十大思想家》和《现代世界十大思想家》,目的就在于提高广大读者乃至整个民族对理性思维的兴趣,提高全民族的理论素养,其中特别是广大青少年的理论兴趣和修养。体育要从娃娃抓起,崇尚理性的精神和对理论的兴趣也必须从小培养。如今我们正强调教育改革要由应试教育向素质教育转变,而帮助青少年学会分析问题,正确进行抽象、概括、推理,学会独立思考,提高他们的理性思维能力,这是一个人非常重要的素质,它直接关系到我们这个民族未来在激烈的国际竞争中的兴衰。

大思想家们的著作,大多都比较艰深难懂。要缺乏起码的理论素养的人一下子就去读它们,不仅会有困难,而且会对理论产生畏惧心理。而大思想家们的传记,不仅要交代他们一生最主要的理论贡献,还会尽可能地讲清他们这些成就是如何作出的和他们思想发展的内在逻辑。除了他们激动人心的新思想,还会对他们高尚的精神境界和丰富多彩的人生的其他方面有所交代。这样,传记就要比原著生动、丰富、容易读。读思想家们的传记,不仅可以让你懂得许多重要的大道理,而且能教会你如何正确地思考,帮助开发你的智力。从这个意义上讲,思想家们的传记是帮你开启进入其理论大门的钥匙,是帮助你深入到他们的理论宝库中去的桥梁。

1999 年,英国广播公司(BBC)评选 1000 年来最伟大的思想家的结果公布后,全国先后有 7 家出版社几乎是同时请我为他们主编这套丛书,出于上述理由,最后我答应组织力量撰写这些思想家的传记。

这些伟大的思想家,每一个人就是一座丰富的思想宝库。不少研究者多少年甚至一辈子研究某一巨匠都未必能进入其堂奥,对他们的理解需要时间。另外,从来就没有历史,历史就在现实中。特别是这些思想巨人,其思想是远远超出其时代,具有永恒的普遍意义的。不站到时代的高度,是很难阐发出其所包含的深意的。

学者与出版工作者是一致的,都考虑社会效益。但严肃、郑重的学者又与出版工作者有不同,前者恨不得对一个问题研究了再研究,哪怕是一辈子只写一本书甚至是有独到见地、能传世的一篇文章就满足了。而出版工作者除了考虑社会效益,还不得不面对市场,考虑时效。这就使我们这些撰稿人只能做到时代容许我们做到的了。不过,相信凡读了这套丛书的人定会感到,我们这些作者和编者的态度是认真的,对社会、对读者是严肃的、负责任的。

由于我们这些作者受外语水平、图书资料、思想水平和时间的限制,尽管其中不少作者就是搞这方面的教学和科研的,在写作过程中也尽了最大努力,整套书稿不尽如人意之处还甚多。我作为本丛书的主编是以诚惶诚恐的心情同意这套书付梓的。这实在需要祈求这些思想大师本人和广大读者谅解。

最后,要再三声明的是,这套丛书的写作,作者们主要还是利用国内外前辈学者和当代同仁的研究成果,没有广大翻译工作者的辛勤耕耘,要写出这样的东西是不可想象的。在此我代表全体作者向这套丛书写作参考、利用了他们成果的中外专家和翻译家致以最衷心的谢忱!

这套丛书在迟迟才交稿的情况下,没有安徽人民出版社的同志们夜以继日地紧张工作,要在这短短的时间内问世,也是绝对不可能的。在此,我代表全体作者向他们致以深深的谢意!

承蒙几家出版社的信赖,请我出面组织这套丛书,最后我把书稿给了安徽人民出版社,在此,我再次请有关出版社的领导和编辑同志谅解。

EINSTEIN
CONTENTS

目　录

第一章
向往伟大与崇高

对于天才,人们往往以为他一生下来就智力超群,或从小就具有特别好的外部条件。爱因斯坦的少年时代还很难让人得出这样的结论。当然,从他的少年时代也可以发现,他身上具有后来成长为伟大天才的因素。

从小就向往伟大与崇高,是人类划时代的大科学家、大思想家阿尔伯特·爱因斯坦特有的,也是后来使他成长为天才的重要因素之一。正是由于有了这样高尚的志趣,他才能免受各种世俗的诱惑,不致将自己宝贵的才智和精力用到那些没有意义的事情上去;才能对许多常人受不了的东西安之若素,始终百折不回地走自己的路,从而为社会、为人类作出常人做不出的巨大贡献。

1."一定有什么东西深深隐藏在事情背后"

1879 年 3 月 14 日,当春天正好来到德国南部古老的小城乌尔姆时,海尔曼·爱因斯坦和他的年轻的妻子——爱因斯坦－科赫太太以期待已久、无比激动的心情迎来了他们的第一个男孩。海尔曼给他起名叫阿尔伯特,使第一个字母为 A,与孩子祖父的名字的第一个字母相同,为的是纪念自己的父亲。

父母亲都是犹太人。父亲海尔曼和叔叔雅各布合开一家经营电器修理和制造的小厂。父亲是一个性情豪放、独立不羁的人,他对祖先古老的风俗习惯漠不关心,甚至对当时十分盛行的宗教和神学也不以为然。那种坑蒙拐骗、投机钻营的生意经与他的性格更是格格不入。他喜欢说说笑笑、快乐地过日子,充分享受人生。他是做生意的,可平时堆在案头的不是《圣经》,不是账本,而是诗人席勒和海涅的诗集。他常常高声朗诵,读到精彩处,还要停下来对爱妻抒发一下自己的感受,他完全陶醉在美好的诗情中。他的这种情趣也深深地感染了全家人。

阿尔伯特的母亲泡琳是位具有很高文化修养的贤妻良母。她爱文学,尤其爱音乐,特别喜欢贝多芬。她常常坐在钢琴前轻轻地抚弄琴键,弹奏自己的心曲。

由于父亲不善经营之道,在小阿尔伯特出生一年后,父亲和叔叔合办的小工厂倒闭了。他们在乌尔姆待不下去了,只好把家搬到慕尼黑。不过,这次工厂倒闭并没有给阿尔伯特家的经济生活带来多大的打击。靠着阔亲戚的帮助,他们在慕尼黑又办起了一家工厂。海尔曼管买卖,雅各布管技术,开始一段时间生意还不错。

这是一个幸福、和谐、温暖的小家庭。海尔曼常常兴高采烈地带着全家人到郊外去游玩,在饱赏湖光山色之后,还在外边野餐:喝啤酒、香槟,吃美味的烤肉和香肠。田野、森林、河湖与山峦给小阿尔伯特一种全新的感受，使他乐而忘返。由于从小受到大自然风光的熏陶，培养了他对大自然无限热爱的感情。

爱因斯坦的天才并没有从一生下来就显示出来。他所生活的社会环境没有任何东西可用来解释他那卓越的成就。从他的并不顺遂的少年时代很难找出非凡的未来。相反，所有了解爱因斯坦幼年时代的人都说他几乎像个智力迟钝的孩子。他小的时候精神懒散，对世界的理解很吃力，到四五岁还不大会说话，而且话说得非常之少。这与比他小两岁的妹妹整天叽叽喳喳说个没完形成鲜明的对照。为此，父母非常着急："难道小阿尔伯特是低能儿，是傻子？不，不，不可能！他那双棕色的大眼睛多么明亮；他那可爱的脑袋一歪，一个人躲在角落里玩，有多少聪明的怪主意呢！"因为怕他是低能儿，父母亲还为他请过医生呢！然而，小阿尔伯特也有一般孩子所没有的特点。在他还很小的时候，当母亲弹琴时，他就一个人默默地跑到母亲的身后站着，专心倾听母亲弹琴。年轻的母亲第一次发现儿子这样做时高兴极了，忍不住夸道："瞧你，一本正经的，像个大教授的样子。"

"阿尔伯特，到花园里去玩吧！"一次，母亲这样建议。可是，小阿尔伯特还是一动也不动，愿意站在那里听母亲弹奏。他喜欢贝多芬更胜于花园。

有时，时间晚了，他被送到床上去睡觉了。他听到琴声后还悄悄地从卧室溜出来，躲到楼梯的暗处倾听楼下母亲的弹奏。仿佛这美丽、和谐、伟大和崇高引起了他幼小心灵的强烈共鸣，或者说，这些也是他与生俱来的。

对此，一位邻居也很奇怪，说："这孩子好耐性，大了不是一个音乐家，也是一个钟表技师。"

阿尔伯特一生都很喜欢音乐。他从小就喜欢拉小提琴。起初是拉一把玩具小提琴。从6岁开始就正式学拉琴了。7岁生日那年，母亲送给他一把真正的小提琴。但开始，一连几小时机械重复的弓法和指法练习，根本不是心灵的享受，而是对躯体的惩罚，一度曾使阿尔伯特厌烦。只是后来，当他真正体会到了莫扎特的作品所带来的欢乐，他才真正迸发出了练琴的热情。小提琴后来成了他终身伴侣，拉琴成了他最喜欢的生活方式之一，琴声中没有人世的喧嚣，充满了美妙、和谐和崇高的感情。

宁静以致远。阿尔伯特不喜欢说话，却从小就喜欢观察与思考。有一次，那时他大约四五岁，父亲给他拿来一只罗盘，他聚精会神地抱着这个奇妙的东西细细端详了许久,不管他怎么动罗盘,那根针总是指向北方。阿尔伯特瞪大眼睛,望着玻璃下边那根红色指针认真地想:"是什么东西使它总是指向北方呢?这根针四周什么也没有啊!"他当时感到十分惊奇。"一定有什么东西深深隐藏在事情的后面!"他当时就这样想。这件事给他一个深刻而持久的印象,甚至在 60 多年后他还能清楚地回忆起来。磁针为什么总指向北方——这一问题当时对他来说是一个谜,最早激起了这位未来大科学家极大的好奇心和探索事物本性的浓厚兴趣。1936 年 5 月 26 日,爱因斯坦在回答一封来自科罗拉多州的人的信中所提出的问题时写道:"也许在每个人的生活中都会出现一些能够决定他的思想和行动的外部事件,但对大多数人,这种事件没有任何作用。至于我,记得小时候父亲给我看过一只小罗盘,它对我发生了巨大的影响,在我一生中起了很大的作用。"[①]

在慕尼黑,爱因斯坦家住的是一幢有花园的房子,家里常常有亲戚或邻居带着孩子来玩。孩子们凑到一起高兴极了,他们捉迷藏、打仗、做各种游戏,说啊、笑啊、唱啊、跳啊、哭啊、闹啊;小阿尔伯特却从来不跟他们这样跑、跳、喊、叫,他一个人躲在客厅的角落里玩积木,他耐心地搭成钟楼啦,教堂啦,市政厅啦……他看着自己的"建筑",陶醉在创造的欢乐中。

当时的德国,普鲁士的军国主义像洪水一样到处泛滥。无论是大街上,还是学校的操场上,随时都可以遇到士兵或学生操练的情景:刺耳的军乐声和着"一、二、一,一、二、一"的口号声,响成了一片。帝国的军人操着整齐的步伐在前进,他们昂首挺胸,两眼盯住一点,膝盖绷得笔直,双臂摆动成直角,好不威武!当时许多小孩子看到这场面总是高兴得又蹦又跳,跟在队伍后边学。他们巴不得马上长大,也能佩上长剑,跨上战马,"为德意志,为皇帝,前进!"然而,这样的场面不仅没能引起生性羞怯、文静的小阿尔伯特的任何兴趣,还使他产生出一种本能的反感,每遇到这样的情形,他总是掉过头去,尽力回避。在他看来,"一、二、一,一、二、一!"这是多么单调,就像蒸汽机里活塞的往复动作。他们不也像机器一样吗?这种强制性地严格要求整齐划一的做法,也许可以培养人的组织性、纪律性,让人听话,但会不会因此而影响人的个性的自由发展,甚至扼杀人的创造性灵感呢?

---

① [美]杜卡斯、霍夫曼编:《爱因斯坦谈人生》,世界知识出版社 1984 年版,第 24 页。

2. $AB^2 + BC^2 = AC^2$

在阿尔伯特 5 岁那年，父母把他送进了天主教会办的一所离家较近的小学。

往日教堂中那种庄严的气氛：回荡在空中的钟声，唱诗班深沉的歌声，人们虔诚的祈祷……现在经教义老师绘声绘色地对圣经故事的讲述，阿尔伯特幼小的心灵充满了一种圣洁的宗教感情。人是多么渺小！上帝是多么神秘、伟大和崇高！他创造了一切，还主宰一切。全能的上帝，你看不见他的形象，听不到他的声音，却能和他进行思想交流。他能掌握你最秘密的思想，又能指导你任何一个行动，这是何等的奇妙啊！阿尔伯特在心里默默地向上帝祈祷。他要诚实、仁爱、善良地做人。这是幸福的道路，通向天堂的道路！小阿尔伯特由于单纯的心灵一下子有了"上帝"，几乎完全成了一个虔诚的天主教徒。

可是回到家里，父亲根本不信教，不守教规，连祷告也不做。这使阿尔伯特心里十分难过。

阿尔伯特在学校里成绩平常。可是他善良、虔诚，深得教义老师的喜欢，同学也给他起了一个"老实头"的绰号。

阿尔伯特 10 岁的时候进入了路提波德中学。路提波德中学的反科学教育与向往自由、独立、伟大与崇高的阿尔伯特的天性是如此的格格不入，它差一点儿窒息了这位伟大的天才。这所学校恨不得把学生都训练成机器人。那些像军人一样的老师，只知为学生们今天的好分数和明天的功名利禄拼命往大家头脑中填啊、塞啊，也不管这些东西究竟有没有用，也不管大家愿意不愿意接受。而在他们看来，学生就应像士兵那样，天职就是服从命令。背、背、背！背不上来就罚站或用戒尺打。这对于阿尔伯特这个爱好沉思，但却不喜欢背诵，记忆又不是很好的孩子来说，无异于是灾难。念那些自己毫不感兴趣的古文,味同嚼蜡！这哪里是学校,简直是"兵营"！这样学习知识,哪里是什么享受,完全是受罪！只有数学和物理能引起他些许兴趣。阿尔伯特本来是非常喜欢数学和物理的,但这些学科在路提波德中学教起来,也跟军事训练一样乏味。阿尔伯特由于不会、也不愿意死背书,结果记分册上没有一门功课的成绩是多少可以夸耀的。他还不止一次地听到老师们在背后说他是个"笨头笨脑的孩子"。由于功课学得不好,放学后常常还要被留在学校里。受完处罚回到家里,他常常默默地把面颊埋在妈妈的怀里,听着既是同情又是不满的伤心的责备。

这个时期,阿尔伯特主要是自学自己感兴趣的那些功课。在这方面,是工程师,也是数学爱好者,还是一位精于循循善诱的好老师的雅各布叔叔也帮了他很大的忙。

"代数么,就像打猎一样有趣。那头藏在树林里的野兽,你把它叫做 x,然后一步一步逼近它,直到把它逮住！"叔叔一边给阿尔伯特做着示范,一边这样说。

"几何么,那就更有趣了。你看……"雅各布叔叔在纸上画了一个直角三角形,标上 A、B、C,然后写上了公式 $AB^2 + BC^2 = AC^2$。他对阿尔伯特说:"这就是大名鼎鼎的毕达哥拉斯定理,2000 多年以前的人就会证明了。孩子,你也来证证看！"

年仅 12 岁的阿尔伯特根本不知道什么叫几何,但他被这个定理的证明迷住了。他凭叔叔给他讲的有限的知识想要把它证明出来。一连三个星期,他总是坐在自己的小书桌前冥思苦想。叔叔想教他,他也不要,坚持要自己想。经过艰苦的努力之后,他终于根据三角形的相似性成功地证明了这条定理。2000 多年前,一位圣哲的定理,他这个 12 岁的孩子居然也独立地证明出来了！阿尔伯特第一次体验到了发现真理的这种高尚的欢乐,他的创造才能萌发了！

"一个直角三角形,两条直角边的平方相加等于斜边的平方",这个事实并不是显而易见的,也是用尺子量不出来的,可是人的思维却能证明它们相等。这是多么奇妙,多么不可思议,多么有意思啊！这大大激发了他对几何学的兴趣。这时,有人送给他一本精装本的几何教科书。他从头一项欧里得的第一条原理读起,一字不漏地一直读下去,几乎是一口气把它读完了。这本书使他爱不释手,惊叹不已:多么明确,多么严整,多么精密的思想！他反复对它作了仔细的研究,把书上的论证分成若干环节,还试着不照书本上的例子用另外的方法来证明若干定理。

对此,这位伟大的科学家和思想家曾在自己67岁时回忆道:"在12岁时,我经历了另一种性质完全不同的惊奇——这是在一个学年开始时,当我得到一本关于欧几里得平面几何的小书时所经历的。这本书里有许多断言,比如,三角形的三个高交于一点,它们本身虽然不是显而易见的,但是可以很可靠地加以证明,以至任何怀疑似乎都不可能。这种明晰性和可靠性给我造成了一种难以形容的印象。"如果说,罗盘的磁针曾使他对自然规律的力量惊叹不已的话,现在几何学,则使他对人的思维能力、对人能了解自然惊叹不已!

接着,他又自学了高等数学。当他的同学们还在全等三角形的浅水中扑腾时,他已经在微积分的大海中遨游了,以至路提波德中学的数学老师已不是他的对手了,常常被他问得张口结舌。

俄国籍的大学生塔尔梅在第一次见到阿尔伯特时,就感到这个怯生生的12岁的少年不同凡响。他发现这个中学生对于自然科学,特别是对于物理学,具有一种不可遏制的热情。他把布赫纳的《力和物质》与《自然科学通俗读本》借给阿尔伯特看。《力和物质》与《自然科学通俗读本》在当时是两本风行一时的书。前者讲宇宙是按照永恒的机械性循环运行的,世界是由自然科学和力操纵着的;后者讲的是星和隐星、地震和风暴等许多自然科学方面的故事。这些书由于都是主张无神论的,在路提波德中学是禁止阅读的。阿尔伯特偷偷地看,而且就像读歌德的诗那样入迷。这些书把一个井然有序的自然界展示在阿尔伯特面前:宇宙、自然界的人,一切都是有规律的;今天是由昨天发展而来的;有昨天、今天,就必然会有明天;知道了世界的图景,我们可以上溯一千年,也可向下推一千年,以往的世界和未来的世界我们都可以看得清清楚楚。

但这也使阿尔伯特惊讶地发现:那么万能的主呢?这些书籍引起了阿尔伯特思想上的巨大震动和深刻变化,这从后来他自己的回忆中可以明显地看出来。

"这种信仰(指他自己原来对宗教的笃信——作者)在我12岁那年就突然中止了。由于读了通俗的科学书籍,我很快就相信,《圣经》里的故事有许多不可能是真实的。其结果就是一种真正狂热的自由思想,并且交织着这样一种印象:国家是故意用谎言来欺骗青年人的,这是一种令人目瞪口呆的印象。这种经验引起了我对所有权威的怀疑,对任何社会环境里都会存在信念完全抱一种怀疑态度。这种态度再也没有离开过我,即使在后来,由于更好地搞清楚了因果关系,它已失去了原有的因果性时也是如此。

"我很清楚,少年时代的宗教天堂就这样失去了。这是使我自己从仅仅'作为个人'的桎梏中,从那种被愿望、希望和原始感情所支配的生活中解放出来的第一个尝试。在我们之外有一个巨大的世界,它离开我们人类而独立存在,它在我们面前就像一个伟大而永恒的谜,然而至少部分地是我们的观察和思维所能及的。对这个世界的凝视深思,就像得到解放一样吸引着我,而且我不久就注意到,许多我所尊敬和钦佩的人,在专心从事这项事业中,找到了内心的自由和安宁。在向我们提供的一切可能的范围里,从思想上掌握这个在个人以外的世界,总是作为最高目标而有意无意地浮现在我的心目中……通向这个天堂的道路,并不像通向宗教天堂的道路那样舒坦和诱人;但是,它已证明是可以信赖的,而且我从来也没有为选择了这条道路而后悔过。"[①]

但是,如果因此认为从此爱因斯坦就不再提宗教了,或不加分析地引用他的"科学没有宗教就像瘸子,宗教没有科学就像瞎子",这里的宗教还是指对神和上帝的存在与主宰一切深信不疑,都是不对的。宗教在西方社会的巨大影响是我们这个宗教情绪不是特别强烈的民族的人不亲身经历所难以置信的。在西方社会要不谈宗教,甚至借宗教来宣传自己的思想几乎是不可能的。爱因斯坦一生在不同的场合也曾不断地谈到宗教。甚至强调人,特别是科学家,不能没有宗教信仰。但他对神、上帝的真实存在及其能主宰一切的怀疑与抛弃从十几岁以后就再也没有动摇过。他于 1930 年 11 月 9 日发表在《纽约时报杂志》上的《宗教和科学》一文,对原始宗教的起源的解释就是唯物主义的。他把宗教分为由恐惧引起的宗教、社会冲动引起的宗教——道德宗教和宇宙宗教三种。他自己崇奉的就是宇宙宗教,指的不过是这样一种神圣的感情:即对自然界的事物具有因果联系的深信不疑,对人通过努力可以逐渐去认识它们的坚强信念和为人类幸福追求真理而作奉献的正当性的崇高信仰。用他自己的话说就是:"通向真正宗教感情的道路,

---

① 《爱因斯坦文集》第 1 卷,商务印书馆 1976 年版,第 2 页。

不是对生和死的恐惧,也不是盲目信仰,而是对理性知识的追求。"①"那些我们认为在科学上有伟大创造成就的人,完全浸染着真正的宗教的信念。他们相信我们这个宇宙是完美的,并且是能够使追求知识的理性努力有所感受的。如果这种信念不是一种强烈感情的信念……那么他们就很难会有那种不屈不挠的献身精神,而只有这种精神才能使人达到他的最高的成就。"②正因为如此,爱因斯坦认为,"在我们这个唯物论的时代,只有严肃的科学工作者才是深信宗教的人"。事实上,他由于坚信世界是统一的、内在和谐的,并且是简单的,可以找到一切科学的统一的理论基础——它可以由最少数的概念和基本的关系所组成,从它那里,可以用逻辑方法推导出各个分科的一切概念和关系,才能几十年如一日,不管遇到多少挫折,对统一场论的研究都毫不动摇。

3. X＝A＋B＋C

海尔曼兄弟的工厂又倒闭了。家庭会议决定把家搬到意大利去。米兰有爱因斯坦太太的几个阔亲戚,能帮助他们重振家业。父亲让阿尔伯特留在慕尼黑读完中学,取得路提波德中学的毕业文凭。

在过去的 15 年中,阿尔伯特一直未离开过自己的亲人。学校那种死记硬背和强行灌输的风气他受不了,一放学就往家里跑。家里的气氛是自由的:他可以静静地思考那些自己最感兴趣的问题,看自己爱看的书籍。现在,他一下子离开了亲人,再也没有那个避风港了! 他必须孤零零地生活,独自面对严酷的现实世界。

在学校里,他的数学成绩是出类拔萃的。卢西斯老师在文学课上讲歌

---

① 《爱因斯坦文集》第 1 卷,商务印书馆 1976 年版,第 186 页。
② 《爱因斯坦文集》第 1 卷,商务印书馆 1976 年版,第 256 页。

德和席勒，也使他相当入迷。但整个说来，由于他对那些死记硬背的东西仍不感兴趣，也不愿去背，所以成绩还是很一般。老师们嫌他"生性孤僻，智力迟钝"，责备他"不守纪律，心不在焉，想入非非"。有一次，海尔曼·爱因斯坦先生问学校的训导主任，自己的儿子将来适合从事什么样的职业，这位主任毫不客气地回答说："你的儿子做什么都无关紧要，他反正将一事无成！"

阿尔伯特自己究竟想做什么呢？这时他已经很明确，只想有一个安静的环境，让他能自由地、创造性地去探索大自然的奥秘。可是，路提波德这座"兵营"，却强制地教他去追逐权力、金钱和虚荣这些世俗的东西。而对此，他在晚年回忆时说："当我还是一个相当早熟的少年的时候，我就已经深切地意识到，大多数人终生无休止地追逐的那些希望和努力是毫无价值的。而且，我不久就发现了这种追逐的残酷，这在当年较之今天是更加精心地用伪善和漂亮的字句掩饰着的。每个人只是因为有个胃，就注定要参与这种追逐。而且，由于参加这种追逐，他的胃是有可能得到满足的；但是，一个有思想、有感情的人却不能由此而得到满足。"①

阿尔伯特感到万分痛苦，一种难以忍受的孤独感抓住了他。他无限思念自己的亲人。

这时，正好父亲来了信说："意大利是充满阳光、色彩缤纷的国家，她的人民自由而又自然。"他还是那样乐天。

自由、自然、美丽，这正是当时身受专横、强制和丑恶的路提波德中学压制的阿尔伯特最向往的。他一天也不愿意再在慕尼黑待下去了。他决定到意大利去，回到亲人身边。但是，中途辍学，拿不到中学毕业的文凭怎么办？到了意大利怎么向双亲交代？这些都是他不能不考虑的问题。这个不懂世故的孩子想出了一个后来使他长久感到内疚的主意：请数学老师给他开一张说他成绩优异、已达到大学生水平的证明；再请一个熟悉的医生开一张病假单，证明他神经衰弱，需要休息6个月。

正当他去找医生时，训导主任在楼梯上叫住了他，冷冰冰地对他说："学校要我通知您，请您立刻离开本校。"

"先生，我究竟犯了什么过失……"

"班上的风气都被您弄坏了！"

---

① 《爱因斯坦文集》第1卷，商务印书馆1976年版，第1页。

"可是我只有一年就要毕业了！"

"校长先生的决定是不能改变的,你走吧！"

就这样,阿尔伯特被勒令退学了。

原来,阿尔伯特在对自然的研究上在某些方面虽然已取得了他那样大的孩子一般都达不到的成绩,但在对社会的认识上,他则是太不注意,太幼稚了。如,他在数学课上提了许多问题,虽然在他确实是为了求知,但老师总答不上来,感到很下不了台,对他恨透了。再如,有一次,阿尔伯特对一个同学讲了他对宗教所抱的否定态度,竟吓得那人嘴嘟哝着什么并立即转身走开了。要知道,否定宗教神学,这在当时是何等大逆不道的事,在路提波德中学尤其如此。还有一次,他把从书本上读到的这样一个故事讲给一位同学听:弗里德里希大帝为摆脱一个一次又一次请求他给封个"参事"官衔的地主的纠缠,最后给那地主封了个"牲口参事"。讲完,他擦着笑出来的眼泪看着对方。出乎他的意料,对方不仅没有笑,反而被激怒了。原来他也是一个"枢密参事"的儿子……

大凡有成就的人,因他们把自己的注意力用到高尚的大事情上去了,所以在日常生活、在为人处世方面,往往遭受中伤,生活得反而不顺利。好在他们心中别有欢喜事,有常人不可能获得的欢乐和幸福——奋斗和创造的欢乐与幸福,因此对恶意中伤总能一笑置之,安之若素。这也就是所谓的"君子坦荡荡"吧！

被勒令退学,这无疑是少年阿尔伯特的人生道路上遭到的第一次比较沉重的打击。几年后,他在给一个同班同学的信中说:

我发现了一个处世秘诀的公式。它可以用下列方程式表示出来——X＝A＋B＋C。这里 X 代表生活方面的成就,A 代表劳动,B 代表休息,C 代表闭紧嘴巴！

这无疑包含了对自己人生最初经验的总结,也反映出爱因斯坦在当时已达到的思想深度。

阿尔伯特登上了开往意大利的列车,就像飞出了牢笼的小鸟。别了,该死的路提波德中学！别了,德意志！火车在阿尔卑斯山谷中穿行。阿尔伯特目不转睛地望着窗外:啊,山是多么的绿！水是多么的清！在山坡上吃着草的牛羊群是多么自由自在！意大利，多么美丽、多么可爱的国度！

父亲到车站来接他。他告诉父亲，他打算放弃德国国籍，也不打算信任何宗教了。他还告诉父亲，自己在思考什么问题，将来想从事什么工作。对于前二者，父亲说："我不想阻止你！"但父亲也同时告诉阿尔伯特：他破产了，再也不能供养阿尔伯特多久了！还说："你已经 16 岁，把你哲学上的胡思乱想统统扔掉，想办法学一点实实在在的东西，将来当个电机工程师吧……你自己也可以领会得到，天文学家和小提琴家在我们这个时代并不那么迫切需要！"父亲还告诉他：米兰的德语学校只收 13 岁以下的学生，他不能上学了。

不上学，整天待在家里，这下子可彻底自由了！他阅读歌德和席勒的诗歌，到博物馆去欣赏米开朗琪罗的绘画和雕塑，他还独自徒步越过亚平宁山脉，到濒临地中海的热那亚去漫游。他独自在海岸上漫步，在山丘间徘徊，在田野里踯躅。有时干脆躺在草地上晒着太阳，让自己的身心和大自然完全交融成一体。就这样，他尽情地享受着大自然能给人的一切，享受着生活的自由和美好。晚上，住在小客店里，听各种过往客人讲各种故事，也有乡下人向他诉说他们的贫困。这给他留下了很深的印象，也引起了对他们的深切同情。

有时他也不知外边什么时候了，自己身处何方。因为他思考一个问题正像入魔一样，使他几乎忘掉了一切。近来有一个不那么容易解决的问题老是占据着他的头脑：假使光线的接收器（如摄影机或人的眼睛）随在光线后边，用和光线相等的速度前进，那样会发生什么情形呢？那时，光波对于这个接收器来说，就不再是奔驰在空间的光波，而仿佛在原地凝固不动似的，就像放映机发生故障时在银幕上停住不动的映像一样。这样的现象在自然界从来没有看到过，而且从理论的观点来说，这一连串的推理里一定有一个错误混在里面了。但是，错误在哪里呢？"这是同狭义相对论有关的第一个朴素的理想实验"。

他还思考着，光在以太中传播，但是以太这个东西无处不在，却又无影无踪，它到底是什么东西呢？为此他还写了一篇论文寄给住在比利时的舅舅。在五页格子纸上密密麻麻地写满了字和公式。论文的题目是《关于磁场中以太研究的现状》。这是他在 16 岁时写出的生平第一篇科学论文，尽管内容很幼稚，这却是伟大的科学家在自己的探索道路上勇敢地迈出的重要的第一步。

  总在家待着也不行。工作吧,年龄还太小。没有高中毕业文凭,将来要进德国大学也不行。不过瑞士的苏黎世有一所"联邦工业大学",18 岁以上的同等学力的学生也可报考。当时阿尔伯特虽然只有 16 岁,但他的数学成绩特别好,也许能被破格录取呢!就这样,1895 年秋,阿尔伯特主要是根据父亲对他将来职业的考虑,登上了开往苏黎世的列车。少年时代结束了,他开始走向自己新的重要的人生旅程。

第二章
艰难岁月

速成的林木很少是优质材。栋梁之材往往都是饱经风霜,在极恶劣的自然条件下经过很长时间才艰苦形成的。中国有句古话讲的也是这个意思:天将降大任于斯人也,必先苦其心志,劳其筋骨,饿其体肤,空乏其身。爱因斯坦的人生历程也证明了这一点。他第一次考大学名落孙山;上大学期间不仅未成为学校的宠儿,还为一些教授所讨厌;大学毕业之后又长期找不到工作。

1．出师不利

苏黎世,这是一个中立国家充满自由气氛的都市,也是中欧的一个著名的科学知识发祥地。它吸引了世界各国许多的学生和遭反动政府迫害的流亡者。中世纪的文化遗产、近代工商业和苏黎世湖的美丽风光,无不使少年阿尔伯特流连忘返。

通过父亲的关系,阿尔伯特获准参加了苏黎世联邦工业大学的入学考试,但是未被录取。那些需要死记硬背的功课——德文、法文、动物学、植物学,他都没有考好,其中法文和植物学考得尤其糟①。事先他根本没有好好复习功课。直到晚年,他在回忆这次考试时仍不无后悔:"我那时虽然只是个一无所长的青年人,但是是一个吸收了若干专门知识(连带许多问题)的恣意任性的自学者……我渴求更深的知识,然而没有掌握这些知识的足够能力,再加上我的不太好的记忆力,我就这样走上了对我来说很不容易的科学道路。我怀着非常清楚的对自己的能力毫无把握的心情,去参加入学考试……"

显然,他事先对考上苏黎世联邦工业大学的难度估计不足。没有考上,这对他无疑是一个沉重的打击。他想到家里每况愈下的经济情况,想到临来苏黎世前父亲对自己说的话,想到自己孤身客居在苏黎世……自己下一步该怎么办呢?自己的前途在哪里呢?应该能考上的,全怪自己没有努力准备。他想着想着,充满了惆怅和悔恨。

这次升学考试虽然在整体上是失败了,但数学和物理却考得非常之好,并因此引起了教授们乃至校长的注意和器重。几何题的解答,爱因斯坦用了中学课程中没有学过的解答方法,从而使监考官惊奇得目瞪口呆。那些

---

① [法]赫尔内克著《爱因斯坦传》中认为他是因哲学、历史不及格,没有被录取。

教授们赞叹地站起来瞧这位"小天才",连校长本人也好奇地凝视一下这个考生。这个年仅17岁的考生已经是一个熟知数学分析原理和解析几何的人了! 原来这些知识是他在慕尼黑读中学的时候自学来的。他曾回忆说:"在我12至16岁那几年里,我侥幸得到几本书,在这几本书里,已不过于注重证明的严密性,但是主要思想却鲜明地突现出来了。这真是引人入胜的……有一些令人眉飞色舞的东西,在印象力上说来并不亚于初等几何的奇迹——那就是微分和积分的概念、解析几何的概念、无限级数……"

由于他在考数学和物理时表现出了超常的才智,当他因总分不行而未被录取正沮丧时,校长来到了他的身旁说:"青年人,你的事不是完全无法挽回的。考试失败了嘛,大家都知道,这样的事,朱塞丕·威尔第①也碰到过,他考米兰音乐学院时没有被录取。还有查尔斯·达尔文,由于'能力低'被爱丁堡大学开除了出来……你才16岁,中学还没有毕业呢! 你随便进一所瑞士州立中学,进毕业班当插班生,一年以后再来考,一定能考上!"物理学家韦伯教授也派人通知他,如果他留在苏黎世,可以破例特许他去旁听自己的物理课。

校长建议爱因斯坦到阿劳小镇上的州立中学的毕业班去读书,因为这所学校无论在教学方面还是师资队伍上在当地都是最好的。但是爱因斯坦实在不愿意再到中学去读书,因为慕尼黑路提波德中学那种压抑个性、摧残人的死板教育他已经受够了。然而,不去上学,又无所事事。于是他以极不乐意的心情进入了阿劳镇上的州立中学的毕业班。

他住进了中学教师温特勒的家。温特勒先生热情地领着他在校园里转,告诉他:"这是文学教室,这是数学教室,这里是物理实验室,这里是化学实验室,这里是动物学实验室……我们像大学一样,每一门课程都有专门的教室,学生并不总是待在一个教室里,要按照课程表到各个教室去上课……"

温特勒先生的话,爱因斯坦一句也没有听进去。无论是阿劳这个依山傍水美丽如画的小镇,还是州立中学的漂亮的校园,都未能驱赶掉路提波德中学在他心灵上留下的浓重的阴影,引起他任何的兴趣。路提波德中学所推行的教育制度对爱因斯坦的伤害太深了,他对此深恶痛绝! 1936年,爱因

---

① 威尔第(1813—1901),意大利著名的歌剧作曲家,代表作有《阿依达》、《茶花女》、《弄臣》等。

斯坦写下这样一段话,正是他对自己在路提波德中学的经历所持的看法,也是对当时德国式教育的批判:"依我看,学校若主要以恫吓、威胁和人为的权威教学,那是最坏的。这种教学方法摧残了学生们的健康感情、诚恳正直和自信心,培养出来的是唯唯诺诺的庸碌之辈。"

啊,意大利,多么自由,多么幸福!可怜的我,又要来受罪了!

不过,这次因升学考试失败和不得不再回到中学读书所引起的恶劣心情并没有持续很久。苏黎世联邦工业大学的校长说得不错,阿劳镇上的州立中学确是一所由进步的人们领导的不受陈规陋习束缚的好学校。19世纪初叶,瑞士伟大的教育家佩斯塔洛齐曾在阿劳州附近活动过。他的民主的和人道的思想对阿劳州立中学影响甚深。阿劳州立中学提倡教师自由选择教学方法,认为人不是机器,要是周围环境不允许他襟怀坦白、畅所欲言的话,人是不会生气勃勃、富有创造性的。该校的教师和学生出于一种共同的责任感和乐于劳动的心情聚集在一起。老师们思想很开通,他们不赞成用权威的棍棒和名利的诱饵作教育手段。在他们看来,学生应当自我负责,教师的任务就是向学生们展示知识和科学的魅力,点燃他们好奇心的火花,激起他们求知的欲望,让他们的智力自由发展。在这样的思想指导下,教师们是学生的朋友,教学成了吸引人的有趣的活动:学生们可以在物理和化学实验室独立工作;在学校的动物馆里,学生们用显微和手术刀做各种自己感兴趣的实验。由于当地也有不少侨居的革命青年,在高年级学生中还常常讨论各种社会问题。为此,爱因斯坦曾称这所学校是"高等教育机构中最令人喜爱的样板"。温特勒先生教德文和历史,他为人纯朴、热情、学识渊博,他的业余爱好是采集动植物标本,他常常带领学生们到山里去远足,采集标本。爱因斯坦与他朝夕相处,和他成了好朋友。

老师对学生如此关怀、亲切,学生可以自由自在地研究学问。爱因斯坦第一次享受到如此自由、民主、幸福的学校生活。他的性格也发生了转变,就像换了一个人似的,一向内向、怯生生、不爱交朋友的爱因斯坦,现在变成了笑声爽朗、信心十足、情绪激昂的年轻人。他对生活的热爱,他的青春的朝气和活力都迸发了出来。在同学中也有了自己的知心朋友,他常常和他们一起去爬山、散步,从事各种娱乐活动。一次登山中还险些被摔死。

阿劳中学的自由空气与路提波德中学的专制气氛形成鲜明的对照。这更加坚定了生性向往自由的未来的大科学家、大思想家不做德国人的决心。

他再次郑重地向父亲提出了允许他放弃德国国籍的请求。通情达理的父亲在儿子的一再恳求下,就向当局写了申请。当局接受了申请,宣布从 1896 年 1 月 28 日起,阿尔伯特·爱因斯坦不再是德国公民。

第二年夏天,爱因斯坦再次投考苏黎世联邦工业大学,并以无国籍身份考取了这所大学①。也可能是在阿劳中学受到深刻影响的缘故,不过这次他没有像第一次按父亲的意愿报考工程学,而是报考教育学。这可能是因为他从阿劳中学看到了教学是一项有趣的、吸引人的职业,也可能是因为联邦工业大学教育系的主课是数学与物理,这都是爱因斯坦所感兴趣的,也可能这两种原因兼而有之。

2. 大学生活

从 1896 年 10 月到 1900 年 8 月,爱因斯坦一直在苏黎世联邦工业大学读书。

整个大学时代是爱因斯坦集中精力苦读的时期。他充分利用时间,把精力用于自学。对他来说,自学比听课和记笔记更适宜于独立地思考科学问题。他在大学的第一个学年就给自己开列了一张书目,并预先定出了每个月、每个学期课外阅读的进度表。在哲学家的名字里,按时间顺序开列了柏拉图、亚里士多德、培根、休谟、笛卡尔、斯宾诺莎和康德。物理学家和理论自然科学的经典作家的名字有:牛顿、拉普拉斯、麦克斯韦、基尔霍夫、赫兹等人。这种阅读坚持了相当长一段时间。在他租的那间斗室里,书桌上、椅子上、床上,到处都堆满了书,以至房东太太看了直摇头。书,到处都是书;读书,整天就是读书,直读到眼睛发花,头脑发涨,直读到肚子咕噜噜直

---

① 不同人写的传记对此说法不同,库兹涅佐夫说是"免试录取",而瓦朗坦则说他通过了苏黎世联邦工业大学的考试。

叫,才到外边胡乱吃些东西。有时一天只一两顿。对于他来说,大脑比肚子更饥饿。正是这几年的苦读,为他未来成为大科学家、大思想家奠定了坚实的基础。他从这些书中不仅接受了许多深刻、精辟的见解,学到了先贤们创造性思考的方法,还学到了如何做一个高尚的人,有益于人类的人。

除了自己读书之外,其余的时间大部分都用到了做实验上了。他贪婪地注视着那令人惊奇的一切,注视着分光镜里、真空放电管里、化学实验的仪器中和曲颈瓶中所发生的一切。这一切与学校的正规课程只有一部分关系,有的甚至毫无关系,对提高学习成绩帮助不大。他后来回忆起当时的情况时说:"我不久就发现,应该满足于充当一个中等成绩的学生的角色。要做一个优等生必须有集中一切力量做完学校作业的能力,并且还要有爱好整齐的个性,这对仔细地做听讲笔记并在下课后进行整理是不可缺少的。这些品质,我沉痛地相信,在我的本性内是没有的。结果就造成了我渐渐地安于良心的责备,顺着我的智力方面的兴趣安排我的学习了……"在对待实验上,他的思想也经历了一个转变过程。大学时代他为直接从事实验的工作所吸引,但后来认为理论思维应是主导地位。他晚年写道:"理论能够用实验来检验,但是人们还不曾建立起由实践推导出理论的途径。"

爱因斯坦考进工大教育系之后,除了数学和物理外,还选了哲学、历史、经济和文学方面的一些课程。但他很少去听讲,特别是物理学课和数学课。担任物理课讲授的是韦伯教授,他是位杰出的电工学家,但他要考虑到大多数学生的接受水平,他的讲授只局限于爱因斯坦已熟习的东西,所以爱因斯坦更乐意自己用心直接去攻读麦克斯韦、赫兹等著名物理学家的著作。数学是由胡尔维茨、闵可夫斯基这样一些杰出的研究者讲授的,但由于这时爱因斯坦已从原来对物理学和纯数学同样感兴趣,转为集中对理论物理的某些根本问题发生更大的兴趣,认为作为一个物理学家只要懂得一些数学就够了。因此,他们的讲授同样未能引起爱因斯坦的重视。闵可夫斯基因爱因斯坦经常无故旷课,对他的印象也不好。爱因斯坦的兴趣所以会出现上述转变,是由于他认为数学分支太多、太细,每一个细小的分支都可以消耗一个人的终生。可在物理学中,比较容易找到本质的东西。只要钻进去,自然的奥秘就可能呈现到眼前。那时,他钻研物理学大师们的著作已经入了迷。

爱因斯坦一生痛恨那种填鸭式的教育。在他看来,人没有必要到大学去学习这些完全可以自学读书来掌握的东西。教育整个都应致力于帮助年轻人思考,为青年提供教科书难以提供的训练。1921年,他在第一次访问美国期间接到了一张调查表,问题包括一个大学毕业生结业时应具有的智力和素养。他在回答其中一个问题时说道:"我不知道,我不会让那些能轻易地在百科全书中找到的事实来充塞我的记忆。"学生时代,他深深感到令人恐怖的压抑和考试的束缚,他有仿佛置身在断头台上随时都有被结束生命的危险的感觉。快70岁时,他仍以极其愤慨的心情回忆他当学生的那些岁月。他说:"我相信,即使是一头健康的猛兽,当它不饿的时候,如果有可能用鞭子强迫它不断地吞食,特别是当人们强迫喂给它的食物是经过适当选择的时候,也会使它丧失掉贪吃的习性的。"

尽管如此,后来在认识到闵可夫斯基的学术成就在自己的科学生涯中是那样的不可或缺时,他对自己当时未能预见到这一点,没有好好听他的数学课,还是追悔莫及的。闵可夫斯基,未来相对论数学工具的创立者,在自己的课堂上也未能看出这位相对论的未来创立者。

不听课,考试怎么应付呢? 这事好办。他的两个朋友对于必修课每堂都听,而且把讲课内容认真记下来,课后还要加以整理。一位名叫米列娃·玛利奇的塞尔维亚姑娘,她是来自奥匈帝国的侨民,是一位非常严肃、沉默寡言的大学生。她无论在智力的敏捷方面,还是在外貌上都是一个很平常的人。对物理学、对一些大科学家的著作的兴趣使她和爱因斯坦接近了。爱因斯坦感到需要一个伙伴,以便把阅读著作的体会告诉他,而米列娃则很乐意当这样的听众。爱因斯坦对此合作感到十分满意。爱因斯坦的另一个最亲密的朋友是格罗斯曼。他与米列娃一样是1896年进入工大的。格罗斯曼跟自己的双亲住在苏黎世湖边的塔尔维尔村。爱因斯坦经常到他家去。爱因斯坦和格罗斯曼常到都会咖啡馆去,边喝咖啡边交谈。从科学到哲学,从艺术到人生,看到的,想到的,感兴趣的,无所不谈。这两个年轻人,外表、言谈和举止都很不一样,一个衣着整齐,一个是不修边幅;一个是兢兢业业的模范学生,一个是想入非非的幻想家;一个是内心平衡,说话有分寸,办事有条理的瑞士公民;一个是目无权威、离经叛道的无国籍流浪汉。追求科学真理的共同目标把他们紧紧结合到一起。每遇考试,爱因斯坦就借他们的听课笔记突击一下来应付。为了应付考试而强制去学一门功课,曾使他感到非常苦恼,对此他后来回忆说:"这种强制使我为此畏缩不前,以致我在通过最后的考试之后整整一年对科学问题的任何思考都感到扫兴。不过我应当指出,我们在瑞士苦于这种窒息真正科学工作的强制比其他许多地方的大学生要少得多。一共只有两次考试,除此之外,你或多或少可以做你想做的事。谁要是像我这样有一个朋友认真地听全部课程并仔细地整理讲课的内容,那就更好了。直到考试前几个月,这种情况都给了我这样干事的自由——我大大地利用了这种自由;我把与此伴随而来的内疚看作是不可避免的,并且其害处是微不足道的。事实上,现代的教学方法还没有把神圣的求知欲完全扼杀掉,这差不多是一个奇迹;因为这样脆弱的幼苗,除了需要鼓励之外,首先需要自由——没有自由它将不可避免地会夭折。"①

家里的经济情况越来越糟,已无力负担他的一切费用。爱因斯坦不得不靠几个舅父接济生活,每月只有100法郎。因为爱因斯坦希望成为瑞士公民,而按瑞士政府规定,加入瑞士国籍需交1000法郎的入籍费。因此,他不得不勒紧裤带,以便从每月的生活费中省下20法郎,这样,直到他通过联邦工业大学的毕业考试才取得瑞士国籍。1898年,他在给妹妹写信时说道:"使我最感压抑的就是我可怜的父母所遭受的(经济上的)灾难。我已长大成人,可是仍然无所作为,一点儿忙也帮不上,这真使人肝肠欲断,我只能加重家庭的负担……确实,如果当初根本没有生我,情况也许会好一些。唯一使我坚持下来,唯一使我免于绝望的,就是我自始至终一直在自己力所能及的范围内竭尽全力,从没有荒废任何时间,日复一日,年复一年,除了读书之乐外,我从不允许自己把一分一秒浪费在娱乐消遣上。"②由于常常挨饿,使他那本来健康的胃有了毛病,从而使身体受到摧残。后来,每当他的身体表现出筋疲力尽的样子时,他的夫人就认为"这就是他极其贫困时所受煎熬的结果"。

尽管爱因斯坦读大学很不容易,学习也很努力,但由于他经常无故旷课,不好好做作业,还有个性太强,特别是不通处世之道,致使这一天才,不但没有受到教授们的青睐,得到什么特殊的照顾和栽培,反而还为许多教授所不容和排斥。

以太的问题一直萦绕着他的脑海。在上联邦工业大学时,这个问题也

① 《爱因斯坦文集》第1卷,商务印书馆1976年版,第8页。
② [美]杜卡斯、霍夫曼编:《爱因斯坦谈人生》,世界知识出版社1984年版,第4页。

不断在他眼前浮现:它来无影,去无踪,怎么才能确实证明它的存在呢?以太没有重量,又无处不在。浩瀚的太空就是以太的海洋,地球就像一只小船,在以太的海洋中航行。要是能设计出一种仪器能证明地球在以太海洋中的航行速度,不就证明了以太的存在了吗?他真的设计出了这样一个仪器。他把图纸拿去向韦伯教授请教。"韦伯先生……"刚一开口,韦伯的眉头就皱了起来,因为别人都叫他教授,而爱因斯坦偏叫韦伯先生。真是个怪人,你对他说这样,他偏是那样。

韦伯是一位注重实验的物理学家,对于理论物理的新思想他所知甚少,也缺乏兴趣。当他眼睛离开图纸与爱因斯坦真诚的期待的目光相遇时,因为自己什么评论也作不出来而感到很狼狈。他以为爱因斯坦是在嘲笑他,说:"爱因斯坦先生,你很聪明,可以说是绝顶的聪明,可是你有一个缺点,你不让人教你!"他把图纸还给爱因斯坦,有礼貌地点一下头,走了。爱因斯坦哈哈大笑起来。他生性耿直,喜欢说话开诚布公,反对见风使舵,从不掩饰自己的观点,而且不考虑人家的反应。他从来就不把权威放在眼里,他们的浅薄和装腔作势时常是他痛加抨击的对象。他只知真诚待人,不懂得客套,你讲得不对,他会当众打断你的话,即使你是教授,有时他甚至会忍不住笑出声来。当他发现对方被弄得很难堪时,他又会戛然而止,露出比对方更难堪的抱歉神色。爱因斯坦想证明以太存在与否的想法是对的,可惜韦伯和爱因斯坦都没有看过迈克尔逊的著作,后者在爱因斯坦还是个孩子的时候就已经用非常精确的实验证明了地球在以太海洋中的运动速度是零!

一次,上佩尔内的实验课,教授发给每人一张纸,上边把操作步骤写得清清楚楚。可爱因斯坦根本不理睬这个实验须知,原来他有自己的一套操作程序。做着做着,突然"轰"的一声,把爱因斯坦的右手炸伤了,鲜血直往外涌。同学、助教和教授闻声围了过来。佩尔内弄清原因后愤愤地走了。他要求系里处分这个"不守规矩"的学生。前不久,因爱因斯坦不去听他的课,他已在系里提出了这样的建议。这次学校真的给了爱因斯坦一个处分。

十几天以后,爱因斯坦在路上与佩尔内遇上了。教授看到爱因斯坦那只包着绷带的右手叹了口气,说:"唉,你为什么非要学物理呢?为什么不去学医、法律或语言学呢?"从不愿说假话的爱因斯坦说,他觉得自己对物理学有一种特别的爱好和才能。教授又叹了口气说:"唉,听不听由你,我是为你好!"幸好,爱因斯坦没有听这位教授的"忠告",否则物理学的发展不知要蒙受多大的损失呢!

1900 年秋,爱因斯坦以优良的成绩通过了取得苏黎世联邦工业大学文凭的国家考试。几年的刻苦自学,为今后从事物理学研究打下了扎实的基础。

3. 毕业就是失业

爱因斯坦虽然通过了国家考试,取得了大学毕业文凭,而且在上大学期间已表现出了自己的研究才能,但并未因此使自己的困境有所改善。非但没有改善,还更困难了。原因是由于大学已毕业,亲戚们每月给他的 100 法郎的接济也停止了。可毕业后,很长时间又找不到固定的工作。

他所以投考工大教育系,是想献身于科学研究,同时也是受到温特勒老师的影响。毕业时,他极想留在联邦工业大学当一名助教,在完成本职工作之余,可以独自从事物理学研究。于是,他向教授们求助,然而严酷的现实击碎了爱因斯坦的青年时代的梦。

他的好朋友格罗斯曼留在斐德烈那里,另外两个同学,埃拉特留在鲁迪奥那里,科尔罗斯留在胡尔维茨那里。更叫人生气的是,韦伯教授从工程学的毕业生中找来两名助手,却把学物理,并立志从事物理学研究的爱因斯坦推出了校门。

这无疑是一个沉重的打击。这不仅是一种羞辱,而且使他失去了继续深造、从事科学研究的条件,更重要的是使他失去了生活的依托。在过了很多年之后,爱因斯坦收到一位美国女大学生的言辞激烈的来信,诉说怎样由于教授的不公正而使她蒙受了不幸。爱因斯坦给她回信时写道:"我的教授们也曾使我遭到像你一样的冷遇,他们不喜欢我的独立精神,他们虽然需要一位助教,但却拒绝接受我。"但爱因斯坦从来不念旧恶,总是努力使自己忘掉别人对他所犯的各种错误。因此,他在回信中还写道,以个人怨恨和成见行事的人只能使自己荒唐可笑。他劝她把怒气收回口袋,把原稿放回抽屉。

在那毕业即失业的忧患重重的岁月里,为了糊口,爱因斯坦想尽了一切办法,托人介绍,给各地发出一封封求职信,也写信给他认为有可能帮助他的人。同时十分注意报纸上刊登的各种招聘广告。一旦发现自己可以做的工作就立即忙乎起来。

5月,因温特图尔城职业技术学校的一位常任数学教师要去服兵役,爱因斯坦获得了到那里去代两个月课的差事,人在困难的时候,即使是一点点微不足道的转机,都会使他喜出望外。爱因斯坦也是这样,他连续好几个月找不到工作后,在得到关于这一差事的确切消息时,给人写信说自己是"一只快乐的小鸟"。温特图尔城的课代完后又失业了。后来,在一个好心朋友的帮助下,才找到了一份帮助两名功课落后的孩子补习数学和物理课,以便他们应付毕业考试。他按自己的想法进行教学,想努力把教学活动搞得尽可能的生动活泼和饶有兴趣,打破了旧学校的许多陈规陋习,但雇他的人对他的这种做法不满,于是他很快又被解雇了。

1901年初,爱因斯坦在《物理纪事》上发表了第一篇科学论文——《毛细管现象的推论》,尽管后来他本人认为此文"毫无价值",但当时,当他看到自己的作品印在了权威的物理学杂志上时还是激动不已。或许它对求职有帮助呢!他以此为敲门砖,给著名的物理化学家奥斯特瓦尔德写了信,说自己的研究工作是在他的大作的启发下完成的。他随信寄去了论文,问教授需不需要助手,没有回音。他又写了一张明信片去,假称信上忘了写自己的地址,特意告诉教授,并介绍了自己的艰难处境,奥斯特瓦尔德始终没有理他。他又转向荷兰的莱顿大学,把论文寄给了墨林·昂内斯教授。这次他把信写在往返明信片上,让教授便于给他复信,他还在反面写好了自己的地址和姓名,并贴了邮票。可怜的爱因斯坦又失望了,明信片又是一去无回。

贫病交加的父亲,看到儿子圆圆的双颊渐渐瘪了进去,心里有说不出的难过。他瞒着儿子也给奥斯特瓦尔德写了一封求情信,但此信同样未能打动教授。

贫困和屈辱是懦夫的拦路虎,也是勇士前进的阶梯。饥饿并没有把爱因斯坦吓退,没有减退爱因斯坦喜欢钻研物理学的热情,在他受生活煎熬,到处寻找工作的同时,一些新的科学思想一直在他脑海中萦绕,使他激动不已。他于1901年11月写出了一篇博士论文,考虑到母校对自己的态度,他把论文寄给了苏黎世大学,但是苏黎世大学的大门对他同样未肯开启。

实在没有办法了,他只好把这样的广告贴到了全城的电线杆上和墙上:"联邦工业大学毕业生阿尔伯特·爱因斯坦讲授物理,每小时 3 法郎,雇者请洽。"好不容易找来了一个"雇者"——莫里斯·索洛文。这是一位到瑞士来学科学和艺术的罗马尼亚人。本来是来学物理的,可是两人到了一起却一小时接一小时没完没了地讨论哲学问题和其他理论问题。每小时 3 法郎也不再提了。一次,深深爱着爱因斯坦的米列娃到他住所去看他,一下子被惊呆了,差点转身就走:屋里满是烟,而且浓得几乎叫人看不清楚屋里的东西。爱因斯坦和索洛文面对面坐着,两人的烟斗里还不停地向外喷放浓烟。他们正得意忘形地讨论着毕尔升的《科学典范》。

面对爱因斯坦的窘境,亲人和朋友都替他着急。可不切实际的爱因斯坦却乐观地安慰别人说:如果情况没有好转,他还可以拿着小提琴挨门挨户去演奏,挣几个饭钱呢!

天无绝人之路。1902 年春,爱因斯坦的人生道路终于出现了转机。爱因斯坦的父亲求朋友格罗斯曼帮爱因斯坦的忙。格罗斯曼的父亲与自己的朋友——伯尔尼市联邦专利局局长讲了这件事。格罗斯曼被专利局局长叫去,"他打算搞什么?""搞物理。""他聪明吗?""我认为他是天才的坯子。""叫他来见我好了。"

当爱因斯坦到达伯尔尼之后,哈勒局长通过同他长谈,深信这个年轻人到专利局工作是合适的,尽管他还缺少经验。他录用爱因斯坦担任三级技术鉴定员,主要任务是为递交的专利申请准备鉴定意见和草拟专利文件,年薪 3500 法郎。这样,从 1902 年 7 月爱因斯坦就开始在他称之为"世俗寺院"的专利局工作,直到 1909 年 10 月。在专利局上班后,他很快把米列娃叫到伯尔尼来。同米列娃的婚事因爱因斯坦父亲的病而拖了下来。爱因斯坦的父母亲都不同意这门婚事,在父亲生病期间,爱因斯坦决定不违拗他的意见。父亲在临终前终于同意了儿子的婚事。爱因斯坦和比自己大 4 岁的米列娃于 1903 年 1 月 6 日举行婚礼。米列娃当时也是物理教师。婚礼结束后,他们同爱因斯坦在伯尔尼的朋友们一块用餐,然后回家。没想到到家时发现,爱因斯坦不知把钥匙丢在哪里了。他们租了克拉姆特 49 号的一间小房间,后来搬到阿尔契夫街 8 号的一间阁楼上,从那里可以瞭望阿尔卑斯山和阿劳山谷的壮丽景色。

有了固定的工作,生活安定了下来。他对此十分满意,曾认为他一生中这段时间最幸福。因为再也用不着为生活操心,而且为了胜任"专利奴仆"的工作,迫使他从多方面思考物理技术问题,同时在本职工作外还有充裕的时间用于学术研究。

为此他十分感激帮他弄到这份工作的格罗斯曼。早在格罗斯曼写信通知他专利局有可能雇用他时,他在给格罗斯曼的信中就写道:

昨天收到了你的信,使我万分感动,因为你的忠诚和仁爱使你没有忘记不走运的老朋友。要想找到比你和埃拉特更好的朋友是不容易的。甚至用不着说,我若能得到这样的工作环境,是多么幸福。我一定要尽一切努力光荣地证实这次对我的推荐……

现在我们这里正是最美好的春天,整个世界带着如此幸福的微笑在瞧着你,使你不得不抛弃任何忧郁。此外,音乐的聚会也使我免于闷闷不乐。在科学方面——考虑到几个美妙的思想,但是它们还需要好好琢磨……①

他在这里所讲的"美妙的思想"与分子引力有关。他在谈到关于分子引力的工作时曾说:"感觉到在直接知觉中呈现出是互不相关的诸现象的整个综合体的统一性是多么美妙啊!"

这句话包含了爱因斯坦一生的一个纲领,预示了他的一生。

---

① [德]卡·塞利希:《爱因斯坦》,黑龙江人民出版社 1979 年版,第 50 页。

第三章
创立狭义相对论

在科学史上,这是一个呼唤巨人,也造出了大批巨匠的时代。而爱因斯坦之所以能成为他们的集大成者,则是与他长期坚持不懈的奋斗分不开的。

在伯尔尼专利局工作的岁月,是爱因斯坦在科学研究方面大丰收的几年。这期间,他解决了布朗运动的问题,创立了光子论和狭义相对论。他的划时代的发现,表明对立统一规律不仅适用于人类社会,而且适用于自然界,是最普遍的规律,彻底改变了人们关于时间、空间、质量、能量等旧有的观念,为辩证唯物主义时空观的基本原理的正确性提供了最有力的科学依据,开始引起了科学界和思想界的普遍重视。

1. 时代的呼唤

经典力学通过伽利略、牛顿、格拉朗日等巨星的努力,在科学界确立了自己至高无上的地位。由于按其原理作出的计算在实际上是适用的,而且与人们的经验相吻合,所以工程师、物理学家和天文学家们都对此深信不疑。到世纪之交,这一理论在科学史上已经统治了整整一个世纪。到19世纪末20世纪初,世界上大多数物理学家都认为物理学是一个接近开拓完毕的领域,经典物理大厦是不可动摇的,后人至多只能在很小的问题上做些修补工作。德国慕尼黑大学的物理学教授里约知道自己年轻有为的学生普朗克准备要献身物理事业时,曾劝道:"年轻人,你为什么要断送自己的前途呢? 要知道,理论物理学已经终结。微分方程已经确定,它们的解法已经确定。可供开发的只是个别的局部情况,把自己的一生献给事业,值得吗?"[1]

任何事物,当它被绝对化时,就开始走向反面,也就到了它被抛弃的时候。物理学的发展史也是这样。

其实,早在19世纪中叶,麦克斯韦在对分子运动的研究中,就已经发现了经典物理学的能量均分定理与实验事实不符。法国天文学家勒维烈通过研究也发现了水星轨道近日点的进动不能通过经典力学得到令人满意的解释。到19世纪末,表明旧理论有缺点和漏洞的事实更是不断,1895年X射线和1896年放射性的发现,使经典理论关于能量和能量守恒原理成为疑问;而1897年电子的发现,更是严重地冲击了原子不可分与基本元素不可变的经典物理学关于物质结构的观念。迈克耳逊—莫雷实验对以太风观测的零结果更是笼罩在经典物理学上空的一片乌云。

然而,面对经典物理学的这种危机当时还只有很少的物理学家意识到

---

① 李醒民:《激动人心的年代》,四川人民出版社1983年版,第14页。

物理需要一次彻底的革命了。绝大多数人还是力图在原来理论的框架内来修补原有的大厦。为了解释迈克耳逊-莫雷实验测定以太风的零结果,洛伦兹和斐兹杰拉德先是提出了有名的收缩假说。这一假说在遭到彭加勒的理论批评与瑞利等人的实验挑战后,洛伦兹又在 1904 年提出了一个包含 11 个特殊假设的更完善的修补理论——得出了著名的洛伦兹变换式。洛伦兹的本意是在经典理论的框架内解决实验与理论的矛盾,但客观上却在某些方面——如粒子质量随速度而变化,粒子在以太运动的速度不能大于光速——突破了经典理论的框架,不自觉地使经典理论发生了变异。洛伦兹的理论成了从旧理论向新理论飞跃的中间环节。与此同时,为了解决能量均分原理与实验不符的问题,普朗克大胆提出黑体辐射的电磁振子的能量不遵循经典的能量均分原理,而且有量子化的能量状态。这一假说成功地解释了黑体辐射现象,但也像洛伦兹一样,普朗克理论也成了经典物理学的一种变异,一种从经典物理过渡到量子理论的中介形态,与洛伦兹一起为经典物理学的彻底革命准备了条件,为爱因斯坦的创新提供了有益的启示。

更重要的还在于思想上的突破与准备。这首先是由马赫和彭加勒通过对经典物理学基本理论观念的革命性的批判表达出来的。马赫 1883 年出版的科学史著作《力学及其发展的批判历史概论》,自觉地、深入地揭露了经典物理学体系的许多内在的逻辑矛盾,其中最突出的是对牛顿绝对时空观、绝对运动观和惯性观念的批判。在牛顿那里,时间和空间都是绝对的,时间是匀速流动的,空间是可以盛任何互不相容的物体的容器。它们都与事物本身无关。马赫认为牛顿的绝对时空观是一种先验的纯粹思辨的产物。而在他看来,世界上一切事物都是互相联系的,是人们从事物的变化中抽象出来的。关于惯性,牛顿把它看作是物体本身所固有的性质。马赫则认为,它是反映物理与整个宇宙的相互关系的一个物理量,处于虚空中的物体是没有惯性的,讨论孤立物体的惯性是没有意义的。更难得的是,马赫还发现了经典物理学内在的另一个基本矛盾——即场与粒子,也就是连续性与非连续性之间的矛盾。实事求是地讲,马赫不仅作为一个科学家提出了光学、力学和波的动力学的许多原理,作为一个思想家、哲学家,除了有把知识看作是感官经验材料的错误外,在排除对世界的形而上学看法,宣传科学的辩证法方面也是贡献很大的。彭加勒发现了伽利略相对性原理与麦克斯韦电磁理论的内在矛盾,并对此作了深入的思考。他提出,相对性原理不仅对力学现象,而且应该对所有的物理现象都适用。他还第一个讨论了假设光速不变性的必要性,甚至预见到物理学进一步发展的前景:"也许我们将要建立一门崭新的力学,我们已经可以窥见这门力学的一鳞半爪,在这门力学中,惯性随速度而增加,光速会变成一个不可逾越的界限。"[①]这已是作为狭义相对论的基础的两个基本思想——相对性原理与光速不变原理。

以马赫的批判为序幕,经过对迈克尔逊—莫雷实验的研究,再到彭加勒的猜测与预言,物理学革命在相对论方面的酝酿和准备工作已就绪。时代呼唤一位大师出来集一切变革之大成,并进一步作出革命性突破,从而造成划时代的科学革命。爱因斯坦正是适应时代需要,在吸取前人乳汁的基础上脱颖而出的这样一位天才。他在谈到自己的理论创造与马赫的渊源关系时曾明确地说过:"新理论与马赫的观点一样。"[②]而爱因斯坦后半生的主要成果用统一的场方程推导出质点的概念和粒子的运动方程,就是马赫的天才思想与普朗克创造性研究的继承与合乎逻辑的发展。不过他同时也说,"马赫可算是一位高明的力学家,但却是一位拙劣的哲学家"[③]。这可能是因为马赫关于知识是感官经验的综合这种错误的表述和主观唯心主义倾向。他在谈到自己的理论创新与麦克斯韦电磁理论的延续和发展时也说:"狭义相对论的起源要归功于麦克斯韦的电磁场方程。"[④]

2.“奥林比亚科学院”的活动 为未来创新奠基

在历史上,机遇常常是均等地同时提供给了许多人,然而有人对其视而不见;有人虽然意识到了,也努力去抓它,却怎么也抓不住。这两种人最终

---

① 朱亚宗:《伟大的探索者——爱因斯坦》,人民出版社 1985 年版,第 13 页。

② 《世界科学》1983 年第 1 期,第 19 页。

③ 陈昌曙、远德玉主编:《自然科学发展简史》,辽宁科学技术出版社 1984 年版,第 298 页。

④ 陈昌曙、远德玉主编:《自然科学发展简史》,辽宁科学技术出版社 1984 年版,第 288 页。

都是白白错过了大好机会,落得一个空悲切。而有的人却能一下子抓住它,演出一场威武雄壮的历史剧来,为推动社会的进步作出自己的大贡献。为什么会出现这种完全不同的结果呢?这主要取决于这些人自身的素质,取决于他们平时努力的方向和程度。只要知道了爱因斯坦的兴趣、爱好和长年坚持不懈的非常人所能想象的那种努力,本世纪初的科学革命为什么会由他而不是由别人完成和为什么说"天才出于勤奋",就不难理解了。

爱因斯坦到联邦专利局工作不久,他的朋友哈比希特和联邦工业大学的老同学贝索(他是经爱因斯坦介绍到专利局工作的)和其他一些人也陆续参加到由爱因斯坦和索洛文在伯尔尼开始一起读书、共同讨论和研究中来。通常他们在工余或课后见面,轮流在各人家里聚会,或一起散步,有时也到一家便宜的名叫"奥林比亚"①的小咖啡厅去。这种活动坚持了整整 3 年。他们给这种活动起了一个亲切的名字"奥林比亚科学院"。由于爱因斯坦渊博的学识和特有的人格力量,很自然地成了这个团体的核心——"科学院院长"。

这期间他们共同研读过皮尔士的《科学法则》、休谟的《人性论》、斯宾诺莎的《伦理学》、密尔的《逻辑学》、马赫的《力学史》和《感觉分析》、彭加勒的《科学与假设》、安培的《科学的哲学经验》和毕尔生当时新出的著作,此外,还读过亥尔姆霍兹的《报告·演说集》、黎曼的著名论著《论作为几何学基础的假设》、戴德金和克利福德的数学论文等许多自然科学的东西。爱因斯坦这段不平凡的生活,使他不仅进一步从自然科学方面,而且从认识论上,为今后专门研究工作做好了准备。爱因斯坦后来之所以能做出其他大科学家做不到的事情,正因为他很早就懂得科学研究不能不受到哲学世界观的指导,从而在研究自然科学的同时,深入地研究了哲学。应当说,这个时期他对各种哲学著作的钻研为后来在自然科学上作出划时期的突破起了很大作用。他不仅是伟大的科学家,同时是伟大的思想家、科学哲学的大师。1932年,有人问他是否从思辨哲学中得到过什么启发时,他的回答是:"哲学是其他一切科学的母亲,它生育并抚养了其他科学,因此人们不应该因为哲学的赤身裸体和贫困而对她进行嘲弄,而是应该希望她那种堂·吉诃德式的理

---

① 也有的书中把它译为"奥林匹克"。

想会有一部分遗传给她的子孙,这样它们就不至于流于庸俗了。"[1]

定期活动通常从晚餐开始。食品很简单,每人一点香肠、一块干酪、一点水果、一盒蜂蜜、几片面包、一两杯茶。谈及当时虽然清贫却很有意义的生活,索洛文还曾引用过伊壁鸠鲁的名言:"欢乐的贫困是最美好的事。"

在描述"科学院"通常的学习方法时,索洛文说:"常常一本名著念一页或半页,有时刚念完一句,立即对比较主要的问题进行争论,有时能延续几天之久。"在德语、法语的争吵声中,有时还夹杂几句意大利语的俏皮话。声音越争吵越高,压不住对方,有的就索性坐到吱吱作响的椅背上。不过也有轻松的时候,他们还一起读过李福克的《安提戈妮》、拉辛的《昂朵马格》、狄更斯的《圣诞节的故事》、塞万提斯的《堂·吉诃德》和世界文学中其他一些代表作。有时研究讨论严肃的理论问题太累了,爱因斯坦就拉一首莫扎特的《奏鸣曲》或其他大音乐家的作品。偶尔,在例会以后,他们也登上伯尔尼城南的古尔腾山去迎接日出。

索洛文在回忆这时期爱因斯坦的谈话时说,爱因斯坦说话缓慢、单调,时而缄默沉思。他整个儿沉浸在思维的过程中,周围的一切都视而不见。他在回忆中还曾提到过两件很有代表性的轶事:

3月14日是爱因斯坦的生日,索洛文和哈比希特到他家去吃饭,带去了他从未吃过的美味——俄罗斯鱼子酱,这也是爱因斯坦早就想尝一尝的东西。生日宴会进行到最热烈的时候,那盘美味佳肴端了上来。这时,爱因斯坦正在讲惯性,他对这个题目是如此全神贯注。他把鱼子酱送到嘴里,边吃边评论道:"牛顿说,物体的惯性是对绝对空间讲的;马赫说,物体的惯性是对遥远的星系讲的。到底谁对呢?"

鱼子酱吃完了,演讲的人停了下来。别人问他知不知道刚才吃的是什么东西?

"不知道是什么东西?"

"是鱼子酱呀!"

"怎么,哎呀,是鱼子酱呀!"爱因斯坦惋惜地叫了起来。他沉默了片刻,接着又说:"不必请我这样的家伙尝什么山珍海味,他反正也不知道它的

---

① [美]杜卡斯、霍夫曼编:《爱因斯坦谈人生》,世界知识出版社1984年版,第93页。

价值。"①

　　还有一次,预定在索洛文家聚会,那天正好捷克来的交响乐队要举行音乐会,事先索洛文曾提议朋友们去听音乐会,但恰好这天阅读休谟的书正津津有味。大家同意爱因斯坦的意见,照常集体读书,不去听音乐会。可是那天索洛文禁不住人家的劝说,在给伙伴们准备了好吃的东西并留下这样一张便条:"亲爱的朋友们——请吃鸡蛋,并致敬意。"之后就去听音乐会了。爱因斯坦和哈比希特读了便条之后,用完晚饭,在房里抽够了烟才走。走前也留下了一张便条:"亲爱的朋友,请尝浓烟,并致敬意。"第二天见面时,爱因斯坦紧皱双眉,气愤地责骂道:"坏蛋,你竟敢为了什么小提琴就忽视科学院会议!外国佬,蠢货!再有这种狂妄行为,你就要被开除了!"然后,他们坐下来继续谈休谟,午夜之后才分手。②

　　1905 年,哈比希特和索洛文先后离开了伯尔尼,广泛而深入地集体学习和研究活动结束了。3 年多"奥林比亚科学院"的活动在爱因斯坦的创造性劳动中起了很大的作用。后来爱因斯坦每回忆起这段生活都充满了感情。

　　贝索在哲学、社会学、医学、技术、数学和物理学方面的渊博学识,曾使爱因斯坦能与自己的朋友一起深入地探讨各种不同的思想。爱因斯坦后来曾说,在全欧洲他都找不到"新思想更好的共振器了"。因此,爱因斯坦的《论动体的电动力学》这篇著名论文中是以这样的话结尾的:"最后,我要声明,在研究这里所讨论的问题时,我曾得到我朋友和同事的热诚帮助,要感谢他们一些有价值的建议。"而贝索则谦虚地说:"这只鹰把我——麻雀——夹带到辽阔的高空,而在那里,小麻雀又向上飞了一些。"③

　　1953 年,爱因斯坦在写信给索洛文时也这样写道:

　　致不朽的奥林比亚科学院:

　　你在自己短暂的生涯中,曾以孩子般的喜悦,赞赏一切明媚而有理性的东西。我们创立了你,为的是要与你的那些傲慢的老大姐们开玩笑。多年细心的观察使我确信,我们是多么正确啊。

---

① [苏]库兹涅佐夫:《爱因斯坦传》,商务印书馆 1992 年版,第 40 页。
② 参看[苏]库兹涅佐夫:《爱因斯坦传》,商务印书馆 1992 年版,第 43 页。
③ [德]卡·塞利希:《爱因斯坦》,黑龙江人民出版社 1979 年版,第 120 页。

　　你的全部三个成员都表现得坚韧不拔。虽然他们都已经有点老态龙钟,但是你那纯朴天真的、朝气焕发的光芒的所有分子至今仍照耀着他们孤寂的人生道路,因为你并没有因他们一起衰老,而却像莴苣根那样盛发繁茂。

　　我永远忠诚和热爱你,直到学术生命的最后一刻。[1]

　　以太的问题已经萦绕在爱因斯坦心头很多年了,他不知反复思考了多少遍。这期间,他由于从面临认识论困境中找到了出路,渐渐产生了一个叛逆念头:"光的传播为什么非要有以太这种介质呢? 如果没有以太,行不行呢? 能不能索性扔掉以太,给那些自相矛盾的实验来一个全新的、合理的解释呢?"问题应当从何入手呢? 只有从空间、时间上入手,与几千年来形成的空间、时间概念,与牛顿的时空观彻底决裂,建立起全新的时间、空间概念才行。可是这需要革命。曙光已经在地平线的远方渐渐出现了!

3. 创立狭义相对论

　　对于那些伟大的科学家、思想家,人们往往重视的是他们的科学贡献、思想成就,很少注意他们高尚的道德情操,尤其不注意他们的崇高品质与他们所取得的成就之间的内在关系。其实,没有大公无私的高尚情操,就不可能有大无畏的勇气。理论思维的深刻与彻底是和心灵的纯洁分不开的,高尚的道德品质是科学上作出大贡献的前提。在科学史和思想史上,哥白尼、伽利略、布鲁诺等这样的例子不胜枚举。一个只有从不关心自己的人,才能完全摆脱形形色色的个人羁绊,来研究与观察的显然性和逻辑的显然性无关,最普遍,同时也最富有人道主义精神,又是一反几千年传统的理论,并在

---

　　① 《爱因斯坦文集》第 1 卷,商务印书馆 1976 年版,第 568 页。

这方面取得重大突破。爱因斯坦的一生也最好地证明了这一点。他既没有任何野心,也没有对金钱的贪图,更没有出人头地的想法。他甚至说:"幸福和愉快对我来说永远不会成为最高的目标。我甚至倾向把这种精神目标比作一头猪的抱负。"①你只要看看下述事实就会对此深信不疑了。

为了反对法西斯主义,支持犹太人的正义斗争。当美国国会图书馆愿以 600 万美元的巨款买他的第一篇相对论论文的手稿时,爱因斯坦毫不犹豫地照着发表的论文把它重新抄了一遍,最后把全部所得作了捐赠,为此他还后悔说,早知有这种事,当初就不那么干了。这是指当初爱因斯坦经济十分困难时,为了节省纸,他不得不把一面写满了狭义相对论的手稿再拿来作演算纸用,待两面都用过后,将它们投入火炉取暖。

爱因斯坦一生许身于科学,完全弃绝了名利。他讨厌要求出学术成果的压力,认为这种压力经常破坏人们创造性工作的乐趣,并导致人们发表一些空洞肤浅的东西。对为晋升而进行的激烈的角逐也深表厌恶。当科学界正在就谁将接任普朗克在柏林大学的教授职务一事百般猜测时,他于 1927 年 5 月 5 日给自己在荷兰的朋友保尔·埃伦费斯特写过这样一封信:"我没有介入这场角逐真是谢天谢地,这样我就不必同那些大脑袋瓜子们相互竞争了。我一向认为参加这样的角逐是一种可怕的奴役,它同酷爱金钱和权势一样邪恶。"②善于独立思考而又有原则性的人,对任何事情都有他自己的看法和态度。他的博大胸怀和高尚情操是只知随波逐流、争名夺利的庸人们所无法理解的!

爱因斯坦既不讲究穿,又不讲究吃,在物质生活方面随便简朴。他常常只是随便穿上一件开领衬衫和一双便鞋。他喜欢旧衣服、补过的短上衣、老式马甲。人家送他的那些豪华、昂贵的礼品,很快就转送给困苦不幸的人。一次,他应邀去巴黎大学参加一系列会议,德国大使坚持让他住大使馆。因他随身只带了一双鞋,使馆的男仆只好一天给他刷几次鞋。爱因斯坦对此还不满,认为天下雨,他要出门,反正马上就会脏,根本没有必要去擦。还有一次,他去看朋友,走时外面正下雨,朋友就给他拿了一顶帽子遮雨。可他说:"正因为我知道天要下雨才没有带帽子来。帽子没有头发干得快,这太

---

① [法]瓦朗坦:《爱因斯坦和他的生活》,世界知识出版社 1989 年版,第 17 页。

② [美]杜卡斯、霍夫曼编:《爱因斯坦谈人生》,世界知识出版社 1984 年版,第 57—58 页。

显然了。"平时他只穿鞋子不穿袜子,理由是,不穿袜子可以更方便地穿鞋。另外,袜子容易破,担心妻子除了补袜子就什么也干不了了。①

爱因斯坦从小就力图摆脱纯属个人日常生活的东西,追求伟大与崇高,他开始沉湎于宗教。通过阅读科普读物,脱离宗教之后就产生了对探索大自然奥秘的迷恋。这种渴望认识客观的"个人以外的"和"超个人的"世界成了他一生最基本的、支配一切的意向。

"在我们之外有一个巨大的世界,它不依赖于我们人类而存在,它在我们面前就像一个伟大而永恒的谜,然而至少部分地是我们的知觉和我们的理智所能及的。研究这个世界,就像解放一样吸引着我们,而且我不久就注意到了,许多我所尊敬和敬佩的人,完全献身于这项事业,从而找到了内心的自由和信心。在我们可以得到的一切可能范围内,从思想上掌握这个人以外的世界,就作为一种最高目标自觉不自觉地浮现在我面前。持有这种想法的古今人物,连同他们已经达到的观点,都是我唯一的和忠实的朋友。通向这个天堂的道路,并不像通向宗教天堂的道路那样舒坦和诱人,但是,它已证明是可以依赖的,而且我从来也没有为选择了这条道路而后悔过。"②

1938 年 1 月,大指挥家阿图罗·托斯卡尼尼荣获美国希伯莱勋章,当时爱因斯坦曾写过这样一段贺词:"只有把整个身心全都奉献给自己的事业的人,才有希望成为名副其实的大师。因为大师的高超能力需要一个人的全部心血。"③这是他的经验总结,也是他所以成功的秘密。

爱因斯坦由于摆脱了"自我",所以,在生活道路上,不管命运如何多舛,条件如何艰苦,还是后来怎样时来运转,怎样成为人们崇拜的偶像,他都能不为所动,始终如一地醉心于自己所研究的问题。

使爱因斯坦获得成功的另一个主要原因,就是正如他在对为他写传记的作家塞利希所说的他所具有的一种特殊素质:"我没有什么别的才能,不过喜欢寻根刨底地追究问题罢了。"他还对一位物理学界的同行说过:"空间、时间是什么,别人在很小的时候已经搞清楚了,我智力发育迟,长大了还没有搞清楚,于是一直在揣摩这个问题,结果也就比别人钻研得深一些。"④

① [法]瓦朗坦:《爱因斯坦和他的生活》,世界知识出版社 1989 年版,第 18—19 页。
② 《爱因斯坦文集》第 1 卷,商务印书馆 1976 年版,第 2 页。
③ [美]杜卡斯、霍夫曼编:《爱因斯坦谈人生》,世界知识出版社 1984 年版,第 69 页。
④ 秦关根:《爱因斯坦》,中国青年出版社 1979 年版,第 49 页。

　　有了固定的工作,基本生活有了保障。这当然是好事,但要拿钱就得上班。专利局的工作要占去他大量的时间,这样也就不可能集中全力研究自己感兴趣的问题了。

　　爱因斯坦每天上午步行到专利局去上班。他坐在四楼他那间狭长的办公室里认真地审查一份份专利申请。报来的专利申请,有专业发明家的,大多是人们业余搞出来的,他们之中有工人、农民、大学生。呈报上来的新发明大多是细枝末节的东西,还有不少属永动机一类的无聊玩意儿。爱因斯坦审查着这些新发明,由于有敏锐的直觉,他总是能迅速而正确地从大量申报来的材料中找出那些有意义的东西,而把那些错误的、荒诞的和异想天开的东西扔到一边。他按照局长所严格要求的那样,把有价值的、新颖有趣的发明和创造,分别写出一针见血的意见,然后归档。有时他还必须纠正其中一些粗俗的论述和用词不当的地方。他把这一工作叫做“鞋匠的工作”。不过他认为这一工作对他也是有意义的,迫使他考虑了许多问题,成了“万能博士”。这期间,他还曾和哈比希特的弟弟泡利·哈比希特共同设计出了一种可以测量出 0.005 伏电压的仪器,后来被命名为“爱因斯坦－哈比希特电位放大仪”。

　　好在专利局交给他的每天的工作往往不到半天他就能做完。尔后,他就可以拿出自己的小纸片来做自己的物理学研究了。一个接一个公式,很快占满了一张纸。一页页纸,很快变成了一叠。他眼睛盯在纸上,全神贯注地思考着,但也必须时刻提防着门外,一有脚步声,赶紧把“私活儿”藏到抽屉里去。因为局长规定,上班时间不能干私活儿。可是爱因斯坦从不会磨洋工。

　　建立家庭后,两个孩子相继出世。孩子们给爱因斯坦带来了巨大的欢乐,也带来了苦恼和沉重的负担。年轻的父亲下班后还必须带孩子。有时,他左手抱着儿子,右手做着计算,孩子的啼哭和自己哄孩子的声音——“哦,小汉斯,小汉斯!”仿佛都是另一个世界的,他脑子里全是分子、原子、光量子、空间、时间、以太这些东西在翻腾!他就是有这种本领:和人在一起,刚刚说完一句话,别人还以为他正专心致志地在与自己谈话,可是他会突然沉默,不再和你交谈,也可能不说一声就走开或坐在那里动也不动。他陷入沉思之中,对一切都置若罔闻。致使大家都盯着他,可这时他却既看不见也听不到周围一切了。

他带孩子,更经常的是,推着一部婴儿车,在伯尔尼的马路上迈着庄重的步子。每走十几步就站住,从上衣口袋里拿出纸片和铅笔,写下几行数字或公式,有时还把车停在按交通规则说是最不该停的地方。就这样走走停停,直到看到钟楼上那座大钟标明时间到了,自己已尽到了做父亲的职责,这才回家把儿子交给妻子,赶紧钻到一角去做未完成的计算。至于这样的工作到什么时候能结束,这就没有准儿,谁也说不清了。因为,这不像上下班,有钟点。他研究到节骨眼儿上,常常通宵不寐。

科学研究是一项十分艰苦的工作。对于爱因斯坦来说尤其是这样。他既无名师指点,又很难找到共同讨论的人,连研究物理学所必备的最起码的图书资料都没有。可这个年轻人,就凭着要造福人类的宏伟志向和献身科学的强烈愿望以及对事业的执著追求,他鼓足勇气,下定决心,要解决物理学中这一最困难的问题,他锲而不舍地向这一难题冲击。

困惑了许多大物理学家的"以太之谜",萦绕爱因斯坦心头已经十年之久。他反复地想啊、算啊,多少次,眼睛一亮,仿佛柳暗花明,眼看成功就在面前了;可再一推敲,又觉得还是不行,又坠入黑暗之中。有时因为思考它,大脑兴奋得通宵不能入睡。多少次想着想着,一骨碌从床上爬起来,悄悄走到外面的屋子,点上煤油灯,赶紧把自己新发现的、认为有可能解决问题的想法写出来。研究过程就像他后来的一封信中所讲的:"至于探索真理,我从自己不时撞入死胡同的痛苦的探索中认识到,在朝着了解真正有意义的事物方面每迈出一步,不管是多么渺小的一步,都是难乎其难的。"[1]在另一个场合他也谈到了从事科学研究的甘苦:"那种遐想联翩与怀着热切的奢望、信心与失望长年交织在一起的心情,以及最后向真理冲刺时的感情,所有这一切,唯有设身处地的人才能体会到。"[2]

"苍天不负有心人",爱因斯坦终于迎来了自己第一个大丰收的季节——1905年,好多问题他都想通了。他奋笔疾书,一气呵成,把长期研究的成果统统写了出来,并在这一年全都发表了。

自1901年大学毕业后,爱因斯坦每年都在德国莱比锡出版的权威科学刊物《物理学纪事》上发表一篇论文。1905年这一杂志一共发表了他4篇文

---

① [美]杜卡斯、霍夫曼编:《爱因斯坦谈人生》,世界知识出版社1984年版,第24—25页。

② [法]赫尔内克:《爱因斯坦传》,科学普及出版社1979年版,第36页。

章,问题不单是数量多,更主要的是这些文章质量之高也是空前的。现在人们只知道爱因斯坦是"相对论"之父,其实他在科学的其他许多领域(包括1905年发表的其他内容的文章)也作出了划时代的贡献。他的这些成果同样对自然科学后来的发展都起了巨大的作用。他本人也说过:"为什么总是在我的相对论上饶费口舌?我还干了其他有用的,或许是更好的事情嘛!"①具体地说,这一年发表的论文有:用统计方法分析原子、分子运动问题以及运动与热之间关系问题的《分子热运动论所要求的平静液体中悬浮粒子的运动》;有关光量子物理学的《有关光的产生和转化的一个试样性观点》;宣告相对论诞生的《论动体的电动力学》,第一次向人类预告有一种震动世界的力量的短文《物体的惯性同它所含的能量有关吗》,这是对前者的补充,从理论上提出了利用原子能的公式。他用这些论文中分量最轻的一篇取得了苏黎世大学哲学博士学位,博士论文的题目《分子大小的新测定法》。这篇论文他是题献给好友格罗斯曼的。

从事科学研究实在太苦太苦了,尤其是在他当时那种条件下。由于长期超负荷的拼搏,他在写完这几篇文章之后就病倒了,而且病势很重,一躺就是两个星期。他太劳累了!1947年爱因斯坦读了瓦尔林·怀特发表在《星期六文艺评论》上感人肺腑的文章——《为什么我仍是黑人》后,在给杂志编辑写的信中有这样一段话:

> 通向人类的真正伟大的道路只有一条——那就是历尽艰苦的道路。如果这种苦难是由囿于世俗传统的社会的盲目和昏庸所造成的话,那么它往往使弱者产生盲目的仇恨,而强者则因此产生高尚的道德力量,这是一种人间罕见的巨大的力量。②

这不正是他自己的生活道路和内心世界的写照吗!爱因斯坦就是完全凭借了这种要为人类探索大自然的秘密的巨大的高尚的道德力量才克服重重困难,取得辉煌的成就的!

历史上有许多本来没有多大意思的事情,当时人为地被捧得很高,有的

---

① [美]杜卡斯、霍夫曼编:《爱因斯坦谈人生》,世界知识出版社1984年版,第24—25页。
② [美]杜卡斯、霍夫曼编:《爱因斯坦谈人生》,世界知识出版社1984年版,第69页。

甚至成了某个国家、某个时期内家喻户晓压倒一切的大事。然而由于它本身毕竟没有多少价值,时间一长也就自然而然地烟消云散,被人们遗忘了。而另一些事恰恰相反,发生时可能默默无闻,被人看作是小事一桩,然而它在历史潮流的荡涤下,却像金子,被越磨越亮,日益放射出它的夺目的光辉。爱因斯坦在 1905 年发表的这些文章,就属于后者。当时注意到这些论文的重要性的人简直是凤毛麟角,过了好几年情况也没有多少变化。而现在,科学界谁都知道,物理学因爱因斯坦的文章在 1905 年发生了革命。从此,人类对自然的认识产生了飞跃。

证实原子的存在——解开布朗运动之谜

关于物质结构的问题一直是 19 世纪下半叶物理学家们争论的焦点之一。一些学术权威,如奥斯特瓦尔德和马赫等人,由于受实证论哲学成见的影响,不仅自己不能,还坚持反对别人对物质结构作出科学的解释。因为在他们看来,"存在就是被感觉",谁能看到分子、原子呢?所以分子、原子是不存在的。他们说:"存在原子吗?存在分子吗?多大?什么样子的?"当时普朗克等人认为就跟天体是实在的一样,原子也是实在的。马赫对此曾气愤地说:"假如相信原子对你是那么重要,那么我就放弃物理学的思想方式,我不愿做一个物理学者,我不愿意留在信徒们的团体里——思想自由对于我更可贵!"[1]他们甚至迫害不按规定的教学方式,讲物质是由原子组成理论的人。波尔兹曼就是因此而自杀的。

爱因斯坦相信世界是物质的,由原子组成的分子是存在的。这样的观点虽然当时早已有人提出,但他们既无数学基础,又没有任何实验的证明。爱因斯坦就是要用科学的方法来证实原子是存在的。

怎样才能用最有力的证据来说明原子和分子是客观存在的,是物质的真实结构呢?他开始研究分子运动论。早在那些失业的日子里他就开始研究这些问题了。这时,当他坐在专利局办公室里偷偷研究这个问题时,以前在联邦工业大学实验室里,在显微镜下看到的那种奇妙现象一下子浮现到眼前:粒子不规则的、永无止息的运动。其实,这种现象早就被人发现了,只是由于资料的缺乏,他并不知道。

---

① [苏]里沃夫:《爱因斯坦传》,商务印书馆 1963 年版,第 47 页。

1827年，植物学家布朗在观察花粉泡在水里形态有什么改变时，意外地发现一种怪现象，在水一点儿也不动的情况下，花粉就像在水中跳舞一样。他感到很惊讶，在实验报告中记下了这种奇怪的现象，但解释不了，所以一直没有发表它。在他去世后，人们才在他的文件中找到这一搁置了40年的报告，后来这种现象就称为布朗运动。

事后，人们一直设法解释它。也有人对这种现象作了描述。但爱因斯坦感到，仅仅是对实验观察到的现象的描述是不够的，必须以计算的方法找出其中的规则，给人以科学的解释。他把概率作为热学的数学演算基础，深入研究了运动与热之间的关系问题，用统计学的方法分析了原子和分子运动的问题，终于找到了布朗运动的规律。爱因斯坦发现：热是能量的一种形式，是由不规则的分子运动引起的。爱因斯坦在《分子热运动论所要求的平静液体中悬浮粒子的运动》论文中论证了悬浮粒子的运动速度及其颗粒大小与液体的黏滞系数之间存在着可用实验检验的数量关系：粒子越小，液体温度越高，运动就越激烈。科学地证明了法国物理学家对布朗运动的本质上是正确的解释。现在，根据爱因斯坦测定分子体积的方法，加上布朗运动的公式，可以用精确的数学方法对分子的实际大小和数量进行计算了。爱因斯坦的工作远远超过了奥地利天才的物理学家波尔兹曼和美国科学家吉布斯的研究结果，从而彻底解开了布朗运动之谜。所有这些都是爱因斯坦独自研究出来的。因此，有人曾评价说："统计力学方面中所有具有主要特点的新发现都是爱因斯坦搞出来的。"[1]但由于他手头缺乏充分的科学资料，所以在论文中只是十分谨慎地写道："可能，这里所讨论的运动就是所谓的布朗分子运动。"在论文最后也表示希望实验物理学家能用实验证实这一理论。

3年之后，巴黎大学的佩兰真的通过实验完全证实了"布朗运动的爱因斯坦定律"，计算出了分子的大小。爱因斯坦因此获得了1926年的诺贝尔奖金。这时，连最顽固地坚持反对原子论的马赫和奥斯特瓦尔德也不能不声称"改信原子学说"。

爱因斯坦的工作不仅从物理学上科学地揭示了物质是由分子和原子组成的，某些自然科学家否定和怀疑原子论是不对的，还从认识论上证明，世

---

① ［法］赫尔内克：《爱因斯坦传》，科学普及出版社1979年版，第20页。

界是不依赖于主体的客观存在,人对客观世界的认识是没有止境的,从而有力地反对了形而上学的主观唯心主义和思想僵化的教条主义,为辩证唯物主义的正确性增添了新的有力的自然科学论证。

爱因斯坦为原子论的决定性胜利所做的工作,是他在科学上的伟大成就之一。

创立新的科学理论,解开辐射之谜

关于光的本质,以往科学界有过两种看法,一是以牛顿为代表,认为它是由微粒组成的,直线传递的,是不连续的;一是以惠更斯为代表,认为它是一种波,是连续的。早在爱因斯坦研究它之前,微粒说与波动说已争论了很久,经历了一个彼消此长的过程。开始是微粒说占上风,这主要是因为当时牛顿的名气大,同时在当时看来,微粒说的论据也比较充分。但后来物理学发展史上发生的一些事使波动说占了上风,甚至完全占了统治地位。

先是 1801 年,英国有位学者做了一个实验,他让一束光穿过两个十分靠近的小孔,投射到一个屏上,结果发现呈现出来的是明暗相间的条纹。这给微粒说不啻是一个致命打击。因为如是微粒流,是直线传播的,呈现在屏上的应是两个亮点。可是这种结果用波动说却很好解释:条纹本身就说明它是以波的形式传播的,亮的地方是穿过小孔的两束光波互相增强造成的,暗条纹则是由两束光波互相抵消引起的。

再就是电磁现象的发现。1864 年,麦克斯韦利用前人的成果,提出了两组电磁场的方程。他据此预言存在着电磁波,他还计算出电磁波的传播速度等于光速,而且它具有光的各种性质。因此,他断言,电磁波与光是同一种东西,光不过是波长极短的电磁波。1888 年,赫兹通过实验产生出了电磁波,从而使麦克斯韦的磁场理论得到了普遍承认。从此,没有一个大胆的学者敢越雷池一步,没有一个叛逆者敢于突破这个根深蒂固的传统学说——光是波,而且只是波,除了波什么也不是!

但是新的实验事实又使这似乎成了定论的理论成了问题,这就是黑体辐射实验。

所谓"黑体",是指外界向它辐射电磁波它只吸引不反射的那种理想物体。一块烧红的铁近似于黑体。把铁加热到一定程度,它就呈现出暗红色,温度继续升高,铁的颜色也随之变化,由红到黄,再到白。我们知道,光是电磁波,有红、橙、黄、绿、蓝、靛、紫等颜色,频率由低到高。黑体的温度越高,在它辐射出来的电磁波中高频的成分就越多,而黑体辐射出来的能量,各种电磁波所占的比例,是可以用实验测定的。长期以来经典物理学都无法解释这种现象。

长期从事黑体辐射研究的柏林大学理论物理教授普朗克后来作了一个简单的假设就使一切问题都迎刃而解了。他假设黑体是由许多振子组成,每一个振子的能力又是某一基本能量的整倍数。普朗克把这个基本能量叫做"量子"。他从这种假设出发推导出来的黑体辐射公式和实验结果完全吻合。这就与传统理论发生了尖锐的矛盾:在电磁理论中,能量从来都是连续的,可现在到了微观世界,能量变成了一份一份的量子,能量从连续变成了不连续的了。

量子假设在经典物理学上打开了一个缺口,为新物理学的诞生奠定了第一块基石,可是由于受经典理论的禁锢,谁也不相信普朗克的量子假设,连他本人也不相信,在以后的多年中,他也一心想取消这一假设。

但爱因斯坦却赞成普朗克的假设。认为只要正确运用普朗克的假设,便可使光的学说焕然一新。

事情还得从光电效应说起。所谓光电效应就是光照射到金属表上,金属能释放出电子来。而这种释放与光的强弱无关,只取决于光的频率。这是先后由赫兹和勒纳德的实验发现的一种现象。微弱的紫光能使金属表面放射出电子,而很强的红光却不能。这与光的波动是相抵触的。按照波动说,它的能量是连续的,所以它应当只与光的强弱有关,而与光的频率无关。爱因斯坦为了正确解释光电效应现象,作了一个大胆的假设,认为光也与原子、电子一样,是由一个个粒子组成的,他把它们叫做光量子。和普朗克一样,每个光量子的能量是由这样的公式决定:$E = hv$,这里 h 是普朗克常数,v 是光的频率,E 是光量子的能量。用这个公式就能很好地解释光电效应了——光是由一个个光量子组成的,光的能量是不连续的,每一个光量子的能量要达到一定的质才能使金属表面释放出电子来。微弱的紫光,光量子虽然也较少,但每个光量子能量却是够大,所以能使金属表面释放电子;而很强的红光,光量子数量虽多,但每个光量子的能量却不够大,所以不能使金属表面释放出电子。

爱因斯坦于 1905 年 3 月 17 日撰就的《关于光的产生和转化的一个试探

性观点》就是专门讨论光量子问题的,集中反映了这些思想,后来他因此获得了诺贝尔奖金。

这的确是叫人难以接受的看法,习惯于波动说的物理学家们看到爱因斯坦这一在逻辑上无可置疑的成果,就像看到死人重新从坟墓里爬出来一样,震惊不已。"光究竟是什么呢?"爱因斯坦的好友问道,"是波还是微粒,要知道这两种是不能并存的!波充斥着连续不断的空间,微粒则反映实在世界的不连续的粒状面貌。不是这样,就是那个。然而无数次最精密的实验都要求光有波动的性质,可是普朗克的辐射公式和光电效应正如你在这里确切指明的那样,都以不可反驳的明确性说明了光量子的实在性。这怎么办?难道又是一条死胡同,无结果一场?不是这个,就是那个。没有第三种说法了!"

"不是这个,就是那个?为什么不可以又是这个、又是那个呢?光同时又是波,又是微粒。是连续的,同时又是不连续的。自然界喜欢矛盾——并且是事物最中心的矛盾。未来将告诉我们,光的结构的这一具体矛盾也许将是物理界一些新的、最伟大的事件的出发点……"①爱因斯坦回答道。

一个不相信光量子论的美国物理学家,花了 10 年工夫去做光电效应实验,本想用实验驳倒爱因斯坦的看法,然而使他感到意外的是,实验结果和爱因斯坦根据光量子假设推导出来的光电效应公式非常吻合。就这样,光量子论在科学界渐渐得到了公认。光同时具有微粒性和波动性两重性质,就像一个钱币有其正反两面。

爱因斯坦的光量子假说为整个原子物理学的发展奠定了基础,后来,玻尔正是在此基础上提出了赫赫有名的原子模型。法国物理学家德波罗依也正是在这一思想基础上提出了天才的"物质波"的假说。正是由于有了光量子假说,才有了 20 年后量子力学的诞生。

爱因斯坦创立的新的光学理论不仅对物理学具有划时代的意义,在哲学上对论证辩证法也具有不可估量的意义。首先,它证明了普朗克在热辐射问题上发现的量子现象并非是辐射现象所特有的,在一般物理过程中都有表现,这样,就动摇了旧的形而上学的观念,使大自然不作飞跃的观点破产了,因为,量子理论恰好证明大自然的变化是跳跃式的。此外,爱因斯坦

———————

① [苏]里沃夫:《爱因斯坦传》,商务印书馆 1963 年版,第 62—63 页。

关于光是有两重性——既是微粒又是波的理论。这就从物理学上证实了对立统一规律的正确性,有力地驳倒了对立的东西仅仅是对立的,它们是无法统一的形而上学观。

创立狭义相对论——解开以太之谜,为辩证唯物主义的时空观提供坚实的自然科学依据

以太的问题是爱因斯坦思考了很久、早就想解决的一个问题。要弄清他在这个问题上的成就,首先还得从时空观讲起。因为光以太学说与牛顿力学的绝对时空理论紧密联系在一起。

长期以来,在科学上占统治地位的就是牛顿的这种绝对的时空观。由于它与人们的经验常识相联系,所以在好几百年时间里,除了莱布尼茨提出过怀疑,几乎没有别的物理学家认真思考过这个问题并敢于提出疑问。

在牛顿那里,"绝对的空间,就其本质而言,是和外界任何事物无关,而永远是相同的,不动的"。而"绝对的,真正的和数学的时间自身在流逝着,并且由于它的本性而均匀地,同任何一种外界事物无关地流逝着"。与此相联系,牛顿还谈到"绝对运动",他给"绝对运动"下了这样的定义:它是"物体从一绝对地点转移到另一绝对地点"。

牛顿的这些说法显然是有毛病的。既然绝对的空间和时间都同外界事物没有关系,那么怎么知道它们是存在的呢?这个问题用牛顿自己的逻辑是无法回答的,他只好说"绝对的时间和空间"是上帝创造的,就跟康德把时间和空间看作是一种先验的"纯形式"一样。既然它们属于先天的领域,人们对它们也就既不能认识,也不能怀疑了。

莱布尼茨之后,马赫是较早起来批判牛顿的"绝对时间"、"绝对空间"和"绝对运动"观念的人。他在1888年出版的《力学》一书中试图推翻这些学说。由于当时条件的限制,马赫并没有能驳倒牛顿的时空观。但他对绝对时空观的怀疑及其批判牛顿绝对时空观提出来的思想——在自然科学中不能被感知的表象是没有意义的,也是没有依据的,都给了爱因斯坦变革时空观以很大的启迪。

更重要的是,随着物理学的研究对象由宏观领域进入原子和电子的微观领域,从低速进入到光速和近光速的高速领域,使牛顿的绝对时空观越来越暴露出了它的局限性。

地球以每秒 30 公里的速度在其轨道上绕太阳旋转。太阳系以每秒 20 公里的速度在宇宙中飞驰。我们的银河系与其他遥远的银河系相比又以相当高的速度在不停地运动。这样,要是以太真是以静止的方式存在于"绝对空间"中的,是一切物体运动赖以进行的介质,那么这样的运动对于以太来说必然是显著的,把运动着的地球看作是不动的,就应当测出以太就像每秒 30 公里的风一样拂过地球的表面。至少使用精密的光学仪器一定能测出来。可是迈克尔逊—莫雷实验对以太风的观测是零结果表明,在任何惯性系的所有方向上测得的光速是相等的,它与光源的运动无关。相对于以太的"绝对运动"是不存在的,关于宇宙中充满静止的以太的假说是不能成立的。很明显,这与经典的麦克斯韦电磁理论——电磁波是靠以太介质来传播的——相矛盾。

在经典理论遇到了新的实验事实的挑战之后,当时大多数科学家由于受形而上学机械论的影响太深,摆脱不了传统观念的束缚,就起来千方百计地设法修补原有的理论,力图使它们能自圆其说。然而事与愿违,越这样努力,就越暴露出原有理论的缺陷,越是为新的理论诞生提供更多的理论前提。

如有人曾用以太被地球所曳引的假说来解释迈克尔逊—莫雷实验。因为如果以太被地球所带动,地球相对于以太就是静止的,在地球上测得的光速自然就是各向同性的。但这种说法与天文学上早就知道的恒星的光行差现象又相矛盾。

在这种努力中值得提出来的是斐兹杰拉德于 1892 年提出、后来又经洛伦兹进一步发展的收缩假说,认为以太是存在的,它就是一个绝对静止的参照系。在以太静止的物体原长 l_0,如果它沿其长度方向,以速度 v 相对于以太运动时,将缩短为 $l_0\sqrt{1-(\frac{v}{c})^2}$ 这种缩短是相对的。此外,洛伦兹还推导出从以太绝对参照系的时空坐标 (x, t) 变换到另一个匀速运动参照系的时空坐标 (x', t') 的关系变换式:$u = u' \pm v$,这实际上表明绝对时间是不存在的。可是,因洛仑兹仅承认绝对时间 t,因此就只能把 t' 理解为不是真正的时间而是一个为了方便而引进的辅助概念,把它称为"地方时间"。彭加勒后来又在洛伦兹的基础上引进了四维时空观,提出了物理方程对于洛伦兹变换应具有不变形式的问题。他说,物理现象的规律,按照相对性原理,应该是一样的,不管一个观察者是固定的或者他是在作匀速直线运动,因此我们从没有也不可能有任何方法分辨我们自己是否在作这样一种运动,这种说法已经与后来爱因斯坦提出的相对论原理十分接近了。洛伦兹、彭加勒等人的研究成果虽然已经突破了经典理论的框架,走到了新物理学的大门口,但由于受旧的世界观的局限,出发点就是错误的,最终都未能进一步建立新的革命理论。

爱因斯坦与他们不同,这表现在思想上。首先,他认为,物理世界是第一性的,"相信有一个离开知觉主体而独立的外在世界是一切自然科学的基础"①。他的世界是客观存在,是可以认识的观念已经相当彻底和明确了。其次是由于他敢于怀疑,勇于思考,深信理性的力量,认为只要前提是正确的,按照科学的方法推演出来的各种公式是能正确反映世界的本来面目的。因此,他不能受学术权威们对当时自然科学界的教条主义思想垄断的束缚。正如 1938 年 1 月他在给一位友人的信中所讲的,"起先我相信马赫主义大同小异的怀疑主义经验论。但是后来地球引力问题又使我皈依了唯理论,也就是说它使我变成一个只是用数学来探求唯一可靠的真理源泉的人"②。在一次答复一位犹太教士的信时,爱因斯坦就这样揭示过相对论成果与理性之间的关系:"我认为相对论的基本原理和与一般科学知识大相径庭的宗教没有什么关系。我认为它们之间的联系在于人们能够通过一些简单的逻辑概念来领会客观世界内部的相互关系。当然对相对论来说,情况更是这样。"③在另一个地方他还讲到,"没有经验基础就很难发现真理。但是,如果我们探索得愈是深入,我们理论所包罗的范围变得愈是广大,那么,在决定这些理论时,经验知识所发挥的作用就愈小"④。的确,相对论,这一揭示了世界事物间根本本质的深刻理论,爱因斯坦主要是通过推理的方法得来的。

为什么光波一定要有媒介才能传播呢?爱因斯坦在对以太的长期思索中早就对以太的存在产生了怀疑。当迈克尔逊—莫雷实验的结果公布后,他更坚信以太是不存在的。光本身就具有客观实在性,它的传播不需要有

---

① 陈昌曙、远德玉主编:《自然科学发展简史》,辽宁科学技术出版社 1984 年版,第 298 页。
② [美]杜卡斯、霍夫曼编:《爱因斯坦谈人生》,世界知识出版社 1984 年版,第 59 页。
③ [美]杜卡斯、霍夫曼编:《爱因斯坦谈人生》,世界知识出版社 1984 年版,第 32—33 页。
④ [美]杜卡斯、霍夫曼编:《爱因斯坦谈人生》,世界知识出版社 1984 年版,第 82—83 页。

任何媒质。他坚信自然界的统一性。在他看来,那种一方面认为所有惯性系在力学上是等价的,但另一方面又认为可以用电磁学和光学实验把惯性系加以区分的观点是矛盾的,应该把相对性原理贯彻到电磁现象和一切物理现象中去。他还认识到,牛顿力学与电磁理论之间所以有矛盾,根本原因正在于牛顿力学体系以及伽利略变换式赖以建立的绝对时空观是错误的。只有在时空观上进行一场彻底的革命,修正牛顿力学的一些基本概念和原理,才能使矛盾得到解决。爱因斯坦正是在这些思想的基础上,于 1905 年在《论运动物体的电动力学》一文中正式提出了他的狭义相对论。他首先提出了两条假设:

(1)相对性原理。在伽利略力学相对性原理的基础上,爱因斯坦提出一切惯性系对于描述物理现象来说都是等价的,物理定律对于一切惯性系都应采取相同的数学形式。

(2)光速不变原理。在迈克尔逊-莫雷的基础上,爱因斯坦提出,光在真空中传播的速度是 c,与光源的运动状态无关。这就是说,在一切惯性系(都是匀速直线运动)中所测得的光速都是相等的,而且是各向同性的,与观察者的运动速度也没有关系。

爱因斯坦根据这两个假设,推导出了取代伽利略变换式的一个新的时空变换式:

$$k = \frac{1}{\sqrt{1-\beta^2}}$$

这个变换式与洛伦兹变换式一模一样,其中 k 是常数,β 代表 v(物体运动速度)除以 c(光速)。显然,当 β 无限小于 1 时,洛伦兹变换式就变成了伽利略变换式。这说明,在当物体运动速度较之于光速来说极小的情况下,即在低速条件下,狭义相对论的公式和原理与牛顿力学的公式和原理一致。牛顿力学是相对论在低速范围内的一种近似理论。

根据相对论的这两条原理,爱因斯坦推出了一系列推论。

——同时性的相对性。两个独立事件在一个惯性系看是同时出现的,在另一个惯性系参照系看并不同时,会发现一个事件发生在另一个事件之前。如相距 50 公里的两地同时遭到雷击,在处于这两地中间的人看来,两处雷击是同时发生的;而如这时有一飞机从两城市的中间向另一城市飞去,在飞机上的人看来,就会认为他们飞往的那个城市是先遭雷击的。这就表明同时是相对的,是既同时,又不同时。

——时钟延缓。从两个不同的惯性参数系看,两个事件的时间间隔不同。在一个惯性参考系中时钟的时间间隔是t;从另一个惯性系去看这一时钟的时间间隔为t',而且$t'>t$。这就是说,处于运动中的钟要比处于静止状态中的钟走得慢,相对速度越大,慢得就越多。根据这一原理,两孪生兄弟,一个留在地面,一个乘高速飞船到太空中遨游,在飞行很长时间后返回地面,兄弟二人重逢,乘飞船的要比留在地面上的显得年轻。

同时性的相对性与时钟延缓都说明,牛顿所讲的与运动着的物质无关的"绝对时间"是不存在的。

——尺缩效应。在相对于一个尺子为静止的参考系中,尺子的长度最长;相对于尺子运动的参考系中,尺子的长度在运动的方向上要缩短。在经典力学中,物理的长度是不会随参照系的改变而改变的。而狭义相对论从同时的相对性推导出,同一物体在不同惯性系中测得的长度是不同的,这就是说,物体的长度是相对的,这就否定了经典理论中关于"绝对空间"的观念。而"绝对时间"和"绝对空间"的概念站不住脚了,"绝对运动"的观念也就不攻自破了。"绝对运动"既然是不存在的,反过来也证明,物质运动所赖以进行的介质——以太是子虚乌有的。

——物体的质量随速度变化。设m_0为某物的静止质量,当它以速度v运动时,其质量$m>m_0$:

$$m = \frac{m_0}{\sqrt{1-v^2/c^2}}$$

这表明,在相对论中,质量也是一个相对量。在不同的参照系内,由于物质运动速率不同,物质的质量也是不同的。物体质量的大小与参照系的选择有关,与其他物体的相互关系有关。

——质能关系。爱因斯坦从狭义相对论出发,推导出了一个质能关系式。即当某物的质量发生了△m的变化时,必然会有△E的能量变化,且△E=△mc2。反之亦然。在推出这一结论后,他曾在给一位友人的明信片上写道:"我得出了结论,质量是含于物体中的全部能量的计量标准。由于能量的放出,质量显著减少,这应该在镭上观测得到……这一推断非常有意思,非常诱人。然而,在这里,上帝是否在笑我,我是否在骗我,目前还不得而知……"①正是这一公式为人类后来利用原子能奠定了基础。

所有这些,从经典物理学的观点和日常经验的角度看,是多么的不可理解!在当时,狭义相对论是一种怎样惊世骇俗的"疯狂"理论啊!正如劳厄在1911年所写的一篇文章中所讲的,自古至今的物理学问题,还没有比得上空间与时间概念对人们产生这样巨大的震动。

的确,狭义相对论的建立,改变了人们关于时间、空间、质量和能量等旧有观念,造成了物理学的革命,并使整个自然科学进入了一个崭新阶段。自从相对论诞生之后,人们不仅认识了宏观高速领域的运动,而且有可能进一步去研究微观高速过程。

相对论的建立还有重大的哲学意义,它表明对立统一规则不仅适用于人类社会,而且适用于自然界,是最普遍的规律;特别是它为辩证唯物主义时空观的基本原理的正确性直接提供了最有力的科学依据。相对论的原理表明,时间和空间不是脱离物质的时间和空间,而是与运动着的物质相联系的,是受物质运动状态制约的,离开物质及其运动的所谓"绝对时间"和"绝对空间"、"绝对运动"是不存在的。相对论还表明,时间和空间既有绝对性,又有相对性,是相对与绝对的对立统一。不仅如此,相对论原理还深刻地揭示了时间和空间的内在联系,即时间和空间彼此互相制约,互相依赖,他们的区别没有绝对的意义,在一定条件下可以互相转化,无论是单独的空间改变,还是单独的时间改变,都是不可能的,时间和空间的变化是必然地联系在一起的。所有这些都正好证明辩证唯物主义时空观的如下原理:即认为时间和空间是运动着的物质存在的基本形式,是物质的固有属性。也就是说它们同物质及其运动密不可分,是通过物质在运动中的相互关系表现出来的。

相对论的确立至今快90年了,自其建立之后,不断从各个方面得到了实践和实验的证实,如π介子衰变为光子的实验证明光速是不受光源的速度影响的;飞行u介子寿命增长的实验证明了时钟的延缓;电子电磁偏转实验

---

① [苏]里沃夫:《爱因斯坦传》,商务印书馆1963年版,第79页。

证明了质量对速度的依赖关系;原子核裂变和聚变的发现,原子能发电的成功,原子弹、氢弹的制造以及对基本粒子相互转化的研究,都证实了爱因斯坦所提出的质能关系式是正确的。可以说,至今还没有发现有什么实验结果是与相对论相违背的。

本来,一个人即使一辈子什么事也没有干,只有创立了狭义相对论,也就可以当之无愧地称之为伟大的科学家,永远名垂青史了！何况仅在 1905 年,爱因斯坦还提出光量子说,在分子物理学方面也作出了重大的贡献。所有这些成果的问世,实际上就像闪电划破了时代的夜空一样。然而这一革命的实质正如科学史上任何重大进步一样,一开始并没有能为很多人所认识到。爱因斯坦的巨大贡献又一次莫名其妙地遭到了冷落。这些论文发表后的几年,几乎没有什么反响。直到 1908 年,甚至到 1909 年,才有大量的科学工作者注意到爱因斯坦的研究结果。[①] 而且一开始,也是反对者居多。本来,用相对论可以很好地解释迈克耳逊的实验,而迈克耳逊由于站在旧立场上,反而认为新学说是一个怪物,曾因批判牛顿的绝对时空观因而对爱因斯坦创立相对论产生了积极影响的马赫也激烈地反对相对论。尤其可笑地是,时至 20 世纪 60 年代末期,对科学和马克思主义哲学一窍不通、自以为有了权就有了真理、专事倒行逆施的"四人帮",还组织人马要批判爱因斯坦的相对论！

毕竟懂得这些论文的意义和价值的人还是有的,只不过这类人在当时是少数罢了。克拉科夫大学有一位名叫威特利夫斯基的波兰教授,在读过这篇论文后大声喊道:"一位当代的哥白尼诞生了！"他的兴奋激起他的一位学生的热情,这位学生在同别人谈到爱因斯坦的论文时重复了他老师的话:"一位当代的哥白尼诞生了！"以极其兴奋的心情听他谈话的德国物理学家麦克思·玻恩和他一起跑到图书馆,找到 1905 年那期《物理学纪事》。后来玻恩写道:"在所有的科学文献中,最值得注意的卷帙就是 1905 年《物理学纪事》第 4 辑第 17 卷。"玻恩本人后来也成了研究相对论的先驱之一。

量子论的创始人、德国最著名的理论物理学家普朗克教授应邀评价爱因斯坦在科学界作出的贡献时声称:"如果爱因斯坦的理论如我所料的那样得到证明是正确的,他将被认为是 20 世纪的哥白尼。"显然他当时还没

---

① ［法］瓦朗坦:《爱因斯坦和他的生活》,世界知识出版社 1989 年版,第 35—36 页。

有把握,在讲法上还有保留。后来他在一次讲演中才毫无保留地称赞了爱因斯坦相对论的划时代意义。他说爱因斯坦时空观的"勇敢精神的确超乎自然科学研究和哲学认识论上至今所取得的一切大胆成果。"这就是说,爱因斯坦1905年发表的成果表明,他当时已是人类最伟大的科学家和思想巨匠了。

爱因斯坦在苏黎世时的数学老师闵可夫斯基教授也以自己的实际行动支持了爱因斯坦。在相对论问世后,他称赞它是时空观的根本变革,并给予了相对论以更完美的数学表达式。以至四维时空连续系统,即所谓"闵可夫斯基世界"成了相对论不可分割的一部分。

真理是不可战胜的。对爱因斯坦的相对论的各种诋毁和批判,客观上只是点燃了爱因斯坦誉满天下的火炬,加速了相对论的传播。时过80多年后的今天,它已被科学界普遍接受了。

爱因斯坦本人对于毁和誉都无动于衷,他所关心和感兴趣的只是对世界"凝神深思",在一切可能的条件下解开这个世界的一个个的谜。正如他自己所说的:"外面发表的针对我的无耻谎言和诬陷的东西多得可以用大桶来装,如果我对他们稍加注意的话,那我早就成泉下之鬼了。"[1]他一贯如此。当人们还围绕着他所发表的新见解争论不休的时候,他的思想早已进入了新的领域。

① [美]杜卡斯、霍夫曼:《爱因斯坦谈人生》,世界知识出版社1984年版,第63页。

第四章
教授生涯

这对爱因斯坦来说是辉煌的学术成就逐步被世人认识、接受的时期，也是他的生活和工作条件随之得到改善、在学术研究方面继续大步前进的时期。

1. 走向教授的路

普朗克看到《物理学纪事》上爱因斯坦写的《论动体的电动力学》的文章的清样时，正生病在家，看完文章以后，他再也待不住了，他意识到物理学的革命时代来到了。他的心怎么也平静不下来，立即给爱因斯坦写信，问他是干什么的，在学术界担任什么职位，并说："你这篇论文发表之后，将会发生这样的战斗，只有为哥白尼的世界观进行过的战斗才能和它相比……"

爱因斯坦未能及时收到这封信，他当时正和米列娃带着小汉斯去塞尔维亚探亲，他写完几篇论文后实在太累了，需要好好休息一下。当他回到伯尔尼看到普朗克这位量子论的创始人、德国物理学界的权威给他写来的充满信任、热情的信之后，十分高兴，大受鼓舞。他立即给普朗克回信，感谢他对自己的关心，告诉他自己在专利局工作，是"三级研究人员"，不过快升"二级"了。关于任教的事，他说，他正在为选一个什么题目来写取得副教授称号的论文这个问题发愁。相对论，对瑞士人来说太抽象了，关于布朗运动和光量子在苏黎世和伯尔尼又很难引起人们的兴趣。

这封信使普朗克又感动又气愤。这样一位天才的物理学家，连在大学教书的机会都没有，却在专利局干些琐事！他立即给伯尔尼的格鲁涅尔教授写了一封信："我所推荐的那位青年，也是我们时代最伟大的物理学家之一，那位阿尔伯特·爱因斯坦先生……"

格鲁涅尔接到普朗克的信后，请爱因斯坦向伯尔尼大学提交一篇论文。这时，苏黎世联邦大学的克莱纳教授也写信给爱因斯坦，建议他向伯尔尼大学申请"编外讲师"的职位，因为他想请爱因斯坦回苏黎世联邦工业大学当教授。但在拉丁国家中，对大学教师的要求极为严格，要想成为一名大学教授，就必须先当一段不拿工薪的"编外讲师"，而且这期间必须工作得很出色。在这种情况下，爱因斯坦给伯尔尼大学送去自己的相对论论文。格鲁涅尔读了爱因斯坦的论文,觉得这个理论有些问题,又请实验物理学家审阅。这位教授一点儿也读不懂,认为爱因斯坦申请在伯尔尼大学授课是没有根据的。伯尔尼大学所以拒绝爱因斯坦,还有另一个原因:伯尔尼大学怎么能让一个联邦专利局的小职员去任教授呢!

大学又一次给爱因斯坦吃了闭门羹。这使一向乐观的爱因斯坦也叹息了。他倒不希望什么教授头衔,他需要时间,需要工作条件。没有办法,他只好转而为谋中学教师的职务而奋斗了。他给温德都好技术学校写信,给州立苏黎世中学写信。不谙世事的爱因斯坦还问计于自己的好友们:要不要上门拜访校长先生?是不是应该向校长当面讲述自己的教书才能和优秀品质呢?

爱因斯坦依旧每天早晨 9 时到专利局上班,在那里干 8 个小时,下班后还要看孩子。1906 年 4 月 1 日,爱因斯坦晋升一级,工资也长到每年 4500 法郎。

随着时间的推移,爱因斯坦的影响正在逐步扩大:《物理学纪事》等科学刊物上,不断出现爱因斯坦的科学论文;著名的普朗克教授和他众多的学生在全德国各大学物理系里传播相对论,朗之万在巴黎,乌莫夫在莫斯科,围绕在德国人拉登堡和波兰人洛里周围的一个进步理论物理学派在波兰的布列斯劳也在积极研究、宣传爱因斯坦的科学成果。特别是闵可夫斯基于 1908 年夏天在科隆举行的"德国自然科学家和医生协会"第 80 届年会作了介绍相对论的报告,引起了巨大的反响,就像聚光镜一样把科学界的眼光一下子集中到了爱因斯坦身上,使越来越多的人想来见见这位科学巨匠。

维恩教授的学生劳布在自己的学位论文中引用了爱因斯坦的理论,教授不同意他的观点,叫他去请教这理论的创立者。劳布来到伯尔尼,碰巧爱因斯坦独自在家,他正跪在地上生炉子。客人稍稍迟疑了一下,爱因斯坦也没有察觉,两只乌黑的手和一双干净的手握在了一起。劳布说,在辐射的量子论中,有一点未弄明白的地方,维恩教授让我来向您请教。爱因斯坦打断了访谈者的话头,说他必须先让这个炉子引起辐射,因为他的妻子和儿子马上就要回来了……

普朗克的学生、助手劳厄听过普朗克第一次介绍并高度评价相对论的报告,当时他没有听懂,他打主意第二年暑假要去拜访这位相对论的创立者。后来劳厄真到了伯尔尼,他一下火车就直奔专利局。在走廊里看到一个年轻人在来回踱步,那位年轻人只穿了格子衬衫,领子有点儿拱起,头发乱得像团草。他一会儿把手托起那圆圆的孩子气的下巴,一会儿捋捋上唇的小黑胡子,一会儿又把手伸到那一头黑发里使劲地搔。劳厄看了他一阵,那人也没发现劳厄,只管自己踱来踱去。劳厄上前问他,爱因斯坦博士在几号房间办公。那人那双大眼睛像刚从梦游状态醒过来那样,微笑着说他本人就是。过了一会儿,他俩就坐到一家小餐馆里了。劳厄怀着惊异的心情端详着坐在他对面的这个怪人。"他看上去完全像个孩子,笑起来那么响亮……"劳厄后来这样写道。从此,这两个人开始了他们终生不渝的友谊。劳厄不久因在爱克司光片上获得反映出铅盐结晶内的原子分布情况的黑斑花纹而闻名于世。那次劳厄还知道了关于相对论的这样一个插曲:爱因斯坦关于相对论的第一次演说不是在学术机关或学术讲坛上作的,而是在伯尔尼食堂服务员工会的食堂里发表的。听讲的,是"奥林比亚"的成员,还有专利局里的几个同事。演讲者在一块石板上画图,他用粉笔画了一根直线,请他的听众想象在这根直线的每一点上都放有一块表。他滔滔不绝地讲了起来,完全陶醉在自己的科学发现中,想到自己规定的时间,立即问听众几点了?当得知已经远远超过规定后,戏谑地说:"我虽然在自己的相对论里给空间的许多点上都放了一块表,然而我还没有力量在自己的口袋里装上一只表呢!"

布列斯劳理论物理学派的领袖拉登堡也因科学研究中的问题专程到伯尔尼拜访爱因斯坦。1908 年暑假他来到伯尔尼,连续几小时和爱因斯坦讨论学术问题,爱因斯坦在科学上的巨大创造给他留下了深刻的印象。他立刻给了爱因斯坦一张第二年夏天在萨尔斯堡召开第 81 届德国自然科学家大会的请柬,拉登堡是大会的筹备委员。他到伯尔尼大学访问时特别表示了由于爱因斯坦不能在瑞士教授团体之中而感到惊奇。他认为这是无法理解的,他还礼貌地把这件事通知了伯尔尼的联邦政府。

也可能是他的这一行动起了作用,也可能是由于爱因斯坦在科学界名气越来越大,或者是二者兼而有之,1908 年 10 月 23 日,爱因斯坦接到了通知,他被确定为伯尔尼大学的"编外讲师"。这就是说,他有权在该校开选修讲座,学校不给工资,只能从听课者那里收取少量的报酬。爱因斯坦还必须继续在专利局工作。

爱因斯坦开的讲座是关于辐射的基本理论。这是一个首都大学生还不感兴趣的题目。这时,爱因斯坦的妹妹玛雅正好到伯尔尼来写学位论文,她想看看哥哥是怎样上课的。她鼓足勇气向大学的训育员询问爱因斯坦博士上课的课堂该怎么走。那人说:"假如您说的是那个连爱因斯坦先生在内一共只有 5 个人的教室,请到三楼去找。"实际上训育员还是搞错了,玛雅从门缝里看到,爱因斯坦的课只有 3 个人在听,其中还有一个是他的老朋友贝索。他们都倚在课桌上,嘴上叼着大烟、雪茄,你一言,我一语,正争论得热火朝天。一次,曾向伯尔尼大学推荐过爱因斯坦的苏黎世联邦工业大学的克莱纳教授来看他是怎样上课的,正好发现爱因斯坦出神地站在黑板旁,沉默了一会儿,擦掉黑板上的字,对 3 个听众说,对不起,下面几个数学变换式不讲了,因为他忘了在这里可以使用的巧妙演算方法,大家可以回去自己推导一下,但保证最后的结论没有错。

课后,克莱纳教授把爱因斯坦留下,告诉他,第一,要注意高等学府的礼仪;第二,要注意讲课的条理性和系统性;第三……爱因斯坦仿佛又回到了慕尼黑的中学时代,做错了事,听着老师的训斥。他露出窘困的神色,叹了口气说:"反正我也不想追逐教授的讲坛!"

1909 年 7 月,他应邀参加了日内瓦大学 350 周年的校庆活动,9 月又到萨尔斯堡参加"德国自然科学家和医生协会"的第81届年会。这是他第一次在年长的科学同道面前亮相。参加这次会议的有普朗克、卢本斯、维恩、宋梅尔菲德和其他一些德国物理学界的名人。当担任大会主席的能斯特说"我们年轻的同行阿尔伯特·爱因斯坦"发言时,大厅里掠过了一阵窃窃低语声。爱因斯坦学术报告的题目是《关于辐射的本质和结构的看法的演变史》。休息时,普朗克和报告人长久地热情地握手,向他致贺。这是他俩的第一次见面,但此前已经通过许多信,彼此已对对方的学术成就很了解了。爱因斯坦和普朗克除了共同的物理学研究,还都爱好音乐,尤其喜欢巴赫的作品。他俩在会后一起合奏"音律十分正确"的小钢琴,几乎直到天亮。

克莱纳教授也是萨尔斯堡会议的参加者。在回国的列车的车厢内,克莱纳对爱因斯坦说,并没有对他的教学能力失去信任,将在苏黎世设法为他弄一个教授职位。克莱纳说道:"这桩事为难的一面在于您不愿在母校的父老面前摇尾乞怜,那么只好由我代你去做了!"

在去苏黎世大学的道路上,另一位品德高尚的人的无私帮助也起了关键性作用,这就是他的职务的竞争对手弗里德里希·阿德勒,其父维克多·

阿德勒是奥地利社会党的领袖,知名度很高,在国外有大量的追随者,在苏黎世社会党人的圈子里很多人主张让他的儿子在苏黎世大学当副教授。弗里德里希·阿德勒是爱因斯坦在苏黎世联邦工业大学的校友,当时已留校任职。当他知道苏黎世大学要聘自己而放弃爱因斯坦时,正直和诚实的美德促使他出来坚决制止了校方这样做,说:"如果我们学校对像爱因斯坦这样的人不用,反而任用我,那将是荒谬的。我在物理学领域的造诣简直不能与爱因斯坦相提并论。"①不久,苏黎世大学给爱因斯坦寄来了请他当副教授的聘书。

对于爱因斯坦来说,苏黎世充满了一种亲切感,因为这里不仅是他读大学的地方,他的科学思想正是从这里成长起来的,这里还有他的挚友格罗斯曼,那位上了年纪的数学教授古尔维茨也在这里。

在苏黎世当上了副教授,地位是高了,名声也好听了,但年薪还是 4500 法郎,并未增加。不仅如此,因又生了个儿子,经济负担更重了。为此,米列娃不得不开了一个类似家庭食堂的小餐室。有人看到过当时书房兼卧室的爱因斯坦的房间,从这面墙上到另一面墙上拉了一根绳子,上边晾着孩子的尿布和衣服,而教授本人也把注意力的一半用在工作上,一半用在看孩子上。

2．执教布拉格

1911 年初,爱因斯坦收到了中欧第一所大学,也是欧洲最古老的大学——布拉格大学寄来的请他去当教授的聘书,那里的物理学编内教授职务出缺。

去不去呢? 去吧,又要离开自己所熟悉的苏黎世到一个完全陌生的环

---

① ［法］瓦朗坦:《爱因斯坦和他的生活》,世界知识出版社 1989 年版,第 37 页。

境中去;不去吧,这可是马赫担任过校长、开普勒也曾在其附近工作过的地方。而且,去那里当教授,待遇高,工作条件好。考虑再三,最后还是应了聘。

布拉格是一个古老而美丽的城市。但那时,总共只有几千人的德国人却统治着几十万捷克本地居民——捷克和斯拉夫人。德国人自认为是这里的主人,当地人是劣等民族,是他们的奴隶。他们横行霸道,为所欲为。一次,爱因斯坦走进一家捷克人常去的咖啡馆,惊异地发现菜单上用的是两种文字,而且大字体是德文,小字体是捷克文。服务员和顾客起初把爱因斯坦当作德国人,引起了几分钟的难堪的沉默,当一切清楚之后,服务员弯下身子对爱因斯坦说:"他们看不起我们,侮辱我们,可是,这块土地是我们的啊……"

德国人的专横使爱因斯坦十分反感,遭受压迫的捷克民族的苦难引起了爱因斯坦的深切同情。他对大学里的同事、数学家盖奥尔格·皮克说:"当我瞧着那些相信某一民族高于另一民族的人的时候,我觉得大脑皮层在那些人的生命里不起作用,他们只要有脊髓就足够了!"

在奥匈帝国,弗朗茨一约瑟夫皇帝坚持不许任何一个没有加入正式教会的人担任公职,当爱因斯坦办理手续时,一位官员问道:

"教授先生,你信什么教?"

"不信教。"

"不信宗教可不行,教授先生。"官员皱了皱眉,继续说道:"任命教授,要皇帝陛下批准,陛下规定,教授必须信仰上帝。你就随便说一个吧! 基督教还是犹太教?"

"我是犹太人。"

脑袋灵活的官员在爱因斯坦的履历表上填了"信仰犹太教"5个字。

事情虽然蒙混过了关,但这种强制信仰的做法却使爱因斯坦终生感到强烈的厌恶。

在布拉格,爱因斯坦结识了历史小说家兼剧作家麦克斯·勃罗德。作家后来发表了一部历史小说:《第谷·布拉赫的赎罪》。里面有这样一段描写:

第谷说:"哥白尼的世界体系和圣经相抵触,维护这个体系就等于侮辱教皇陛下!"

开普勒温和地笑着说:"我说的是真理,不是教皇陛下。"

……

第谷说:"……你的路子走对了,这是受到上帝祝福的道路,这是一个人所能遇到的最崇高、最幸福的命运。"

"不,我不幸福,我从来没有幸福过。"开普勒固执地重复说。随后,他又温和地加上了一句:"我也不想要幸福。"

第谷无以对答了……虽然他竭力把开普勒往坏处想,骂他狡猾,会算计,是个阴谋家,可是心里很清楚,事情完全不是这样,开普勒恰恰是阴谋家的对立面。开普勒从来没有明确的追求目标,他做起科学以外的事情,像做梦一样糊涂……①

显然,勃罗德把爱因斯坦的特征赋予了开普勒,对生活享受和世俗的娱乐不感兴趣,全身心地扑在自己的科学追求上,反对科学屈从于宗教一类的任何权威,甚至连一点做人的"世故"都不懂。能斯特读到这篇小说后曾对爱因斯坦说:"开普勒就是您啊!"爱因斯坦自己也曾不好意思地表示,如自己处在那种情况下"也会这样谈论的"。

在讲课方面,爱因斯坦也远不像在伯尔尼时那样没有经验了。关于他在布拉格大学的首次讲课曾有人作过这样的记载:"爱因斯坦极为朴实地出现在众人面前,从而使在场的人都为之倾倒。他讲起话来生动而开朗,从不矫揉造作,十分自然,有时还来点儿使人振奋的幽默。相对论原来是如此简单,这使不少听众为之惊叹!"②不过他还是不愿按传统的方法讲授,他觉得那样自己就成了一个图书馆的目录柜。过分的博学不过是浅薄的代名词。他讲课只讲人家从哪里都找不到的自己的研究成果,他并不追求体系的完全和论述的优美,他只希望把物理学的精神实质和研究方法传授给学生。讲课时,他不仅允许,还鼓励学生打断他的讲述,当场提出问题。他从不摆教授架子,学生有问题,随便什么时间都可以找他,即使是他正在研究最深奥的问题,也总是立即中断自己的工作,十分和气、耐心地解答学生的问题。

---

① 秦关根:《爱因斯坦》,中国青年出版社 1979 年版,第 102 页。

② [法]赫尔内克:《爱因斯坦传》,科学普及出版社 1979 年版,第 40 页。

他还常常和学生一起跑到咖啡馆里，一边喝咖啡，一边讨论问题。

然而所有这些，非但没有得到学校的赞许，还引起了不满。

他太不黯"世事"了！刚到布拉格，他就宁可大街小巷地一个人溜达，也不去进行礼节性的拜访。他喜欢的就先去，不喜欢的就后去，或干脆不去。这在大力推行官阶制的大学里，成了藐视职务等级的证据，是一种不小的问题，也引起了许多有身份的人的不满。加之，他不修边幅，那一头蓬松的黑发和总是心不在焉、像梦游人的神情，这哪里像德国教授，倒更像一个流浪艺人！为了参加对皇上效忠的宣誓仪式，每一位皇家大学的教授都要统一定做一身特别的服装：一套绣金的绿色礼服，一顶三角帽和一把佩剑。爱因斯坦对此不以为然，还公然嘲笑这种做法。校方规定，不许捷克学生使用布拉格德国大学拥有优良设备的实验室。爱因斯坦又是公然藐视这种不合理规定，他是唯一让捷克学生去那里做实验的布拉格大学教授。他还满不在乎地大声指责布拉格德国大学里表现出的各种沙文主义和民族主义。更重要的是，布拉格大学一开始之所以选择他，是认为他的相对论能为马赫的错误的哲学观点提供论据，想利用他的伟大学说的崇高声望和他的名字。没有想到，马赫虽然曾经给过爱因斯坦以很大的影响，但这时爱因斯坦的世界观与那时已完全不同了。正如弗兰克所写的，爱因斯坦"对马赫的哲学表示了一些反感……（马赫主义里）有不少观点是他不能接受的……"[①]其实连马赫本人也认为相对论是"唯物主义的形而上学"，这是在"逻辑实证主义"旗帜下聚集起来的青年马赫主义者们开始所没有认识到的。

布拉格大学在19世纪90年代根据奥地利政府的命令被分成了两半，德国大学和捷克大学。马赫早于1867年就在布拉格任实验物理教授，他在此任教长达30年之久，威望也是从这里树立起来的，后来又是布拉格德国大学的首任校长。他在这个学校有着广泛、深刻的影响，他走后，学校的许多领导都是他的学生和拥护者。像这样一个地方，一旦发现爱因斯坦与他们原来的理想相去甚远时，怎么能容得下他?！

到期自然就不续聘了，实际上早在未到期之前，学校马赫主义的领导们就对他很反感了，这从系主任后来在与接任爱因斯坦职务的弗兰克就职后的谈话可以看得很清楚。

① ［苏］里沃夫：《爱因斯坦传》，商务印书馆1963年版，第110页。

"我们对您的专业方面没有多大要求,我们只希望您是一个正常的人。"系主任说。

这使新来乍到的教授吃惊不小:"难道在物理学家中这种品质如此罕见吗?"

系主任说:"您难道要我相信您的前任是一个正常的人吗?"[①]

爱因斯坦依然我行我素。当时在大学里,热烈争论的都是些没有意义的琐事。同事们的狭隘眼界丝毫引不起他的兴趣,他从不参加这样的争论,也不注意把自己融合到环境中去,他就像一个人处在孤岛上那样,也不管别人对自己怎么看,只管专心致志地从事自己的研究工作,走自己的路。这时他正全力想把自己于1905年阐述的相对论思想进一步推广到非惯性系中。他说:"我现在才完全意识到这一事实,当我试图把万有引力统一到那个理论框架中去时,我才发现狭义相对论仅仅是走向一场必然的发展过程的第一步。"[②]1912年,爱因斯坦在《物理学纪事》上发表的6篇论文,其中大部分是关于万有引力问题的。引力到底是怎样产生的?是一个极其困难的问题,他后来回忆道,"那条路比预期的还要困难","因为它和欧几里得几何学是矛盾的"。然而,他以坚韧的毅力毫不动摇地继续向上攀登,向所谓的权威理论挑战。这场挑战所引起的巨大反响,是他当时自己也完全没有想到的。在检验万有引力对光的影响时,他宣布:得出了与牛顿物理学相悖的结果,光线传播的偏差与引力成比例,因此,光线成抛物线形。他记下了这些重要的结论。据此,他在继续为《物理学纪事》撰写的论文中指出,静止行星光线的偏差在日食期间肯定能观察到。他在文章结尾时说:"即使本文的结论还未得到充分证明,甚至有点冒险,但是,对于天文学家来说,对这个问题的关注已是责无旁贷的了。"在爱因斯坦的倡议下,德国的日食考察工作很快准备就绪,准备拍摄1914年在俄国境内将能观测到的日全食照片,但由于战争爆发未能进行。后来直到1919年两个英国考察队进行的观测,终于证实了爱因斯坦的预言,从而为他登上世界荣誉的峰巅奠定了基础。

在布拉格大学另一件难忘的事就是他以奥匈帝国皇家大学教授的身份到布鲁塞尔参加了索尔维会议。

---

① [苏]里沃夫:《爱因斯坦传》,商务印书馆1963年版,第113页。
② [苏]里沃夫:《爱因斯坦传》,商务印书馆1963年版,第40页。

索尔维是比利时化学家和工业家。他由于发明新的制碱法而成为百万富翁。索尔维看到,当时的物理学正在向原子、电子等微观领域深入,这必将对人类的未来产生深远的影响,他想效仿诺贝尔,为促进这一科学的进步作出自己的贡献。他与好友物理学家能斯特谈起这个问题,能斯特建议建立一个国际机构,邀请世界各国最杰出的物理学家到布鲁塞尔来做学术报告,就物理学的发展问题自由地交换意见,索尔维采纳了这一意见,于1911年秋向欧洲20多名著名的物理学家发出了邀请,给他们订了头等来回客票,在大都会饭店包下了几十间头等客房和两个会议大厅,还为每位科学家准备了1000法郎的礼金,这就是物理学发展史上有名的索尔维会议。

"德国来了能斯特、维恩,法国来了居里夫人、朗之万和彭加勒,英国来了卢瑟福和金斯,荷兰来了洛仑兹和昂内斯……"普朗克热情地向爱因斯坦介绍着。

就是这位昂内斯教授,10年前爱因斯坦曾给他写过求职信,他连理都未理。这时他抱歉地对爱因斯坦说:"现在应该由我来给你当助教了。你10年前写出的那张明信片我还保留着,将来把它送到博物馆去,让后人看看我这个老头子当年有多糊涂!"

爱因斯坦走到居里夫人面前。居里夫人摘下黑手套,露出一双灵活而瘦削的手,手指上伤痕累累。她笑着说:

"这就是放射性的功能,你的公式的证明。"

说着,她用手指在空中划了一个 $E=mc^2$。

在这次会议上,爱因斯坦根据"辐射理论与量子"的议题系统地总结了量子论的各种应用。

索尔维会议后,爱因斯坦应法国物理学会的邀请于1913年3月去巴黎讲学。在那里,他们夫妇受到居里夫人的热情接待。为了答谢居里夫人,后来爱因斯坦邀请居里夫人一家到瑞士度了暑假。

3. 到柏林教学与研究

　　爱因斯坦在科学界的名声越来越大,不少的人已经认识到,这位天才已是当时物理学界的最高权威,世界已经开始在抢爱因斯坦了。荷兰的两所大学给他发出了邀请,柏林的帝国大学向他发出了邀请,大洋彼岸美国著名的哥伦比亚大学也来信请他去任教。他的母校——苏黎世联邦工业大学这时终于也认识到了自己的错误——当初没有留下这位后来给学校带来了最高荣誉的学生,向这位几年前竭力想留下当助教而遭拒绝的人发出到这里来任教授的邀请,请他来主持一门新开设的数学物理讲座,聘期为10年。

　　面对众多的邀请,爱因斯坦选择了母校。一是爱因斯坦始终把苏黎世当作自己的故乡,对母校也有一种依恋之情。二是感到自己要解决面临的科学难题需要自己的挚友格罗斯曼的帮助。

　　全家又从布拉格搬回苏黎世。这是一次真正的凯旋:他再不是饥肠辘辘在大街上徘徊和遭人白眼的穷学生了,甚至也不是两年前不得不收留几个寄宿生、不开家庭餐室就无法维持家庭收支平衡的副教授了;现在,他以一个名震学术界的教授的身份回到了昔日自己曾坐在里面听课的教室开始讲课了。在苏黎世联邦工业大学执教的几个学期中,爱因斯坦先后开设的课程有:解析力学、热力学、连续介质力学、热的动力学理论、电和磁、几何光学等。此外,他还主持每周一次的物理学讨论课。

　　当时的苏黎世,学术空气十分活跃,特别是在数学和物理方面。爱因斯坦主持的讨论课所有的副教授和大学的许多物理系学生都来参加。当时在苏黎世,在继爱因斯坦之后任苏黎世大学理论物理副教授的劳厄,在慕尼黑因发现意义重大的伦琴射线干涉现象不久获得诺贝尔奖金;在数学方面,除了后来参与广义相对论公式表述工作的威尔,还有格罗斯曼教授,当爱因斯坦在新的科学探索道路上遇到了拦路虎——数学知识不够时,是格罗斯曼再一次帮助了他,指出要解开引力之谜,有现成的数学工具——黎曼几何和张量分析。两个老朋友携手共同攻克难关。他们的一个合作成果就是《广义相对论和引力理论纲要》,其中物理部分和数学部分是由他们分别撰写的。这是爱因斯坦在广义相对论的探索道路上迈出的第二个主要步伐。

与爱因斯坦的两次接触和通过看他的科学成果,普朗克最先认识到爱因斯坦的意义与价值。索尔维会议后,他就决心要把爱因斯坦弄到柏林去,并为此作了一系列努力。

首先是普朗克为爱因斯坦争取成为普鲁士皇家科学院的院士。他利用自己在科学院院士中无可争议的权威,首先征得 20 世纪少数最著名的化学家之一能斯特和其他两位大科学家的同意,写了一份推荐爱因斯坦当普鲁士皇家科学院院士的推荐书,他们这样写道:

签名人十分明白,他们为这么年轻的学者呈请科学院正式院士的任职,是异乎寻常的。然而他们认为,由于他本人的非凡成就,足以证明他符合院士条件,从科学院本身的利益出发,也要求尽可能为这样的特殊人物提供应选机会。尽管推荐人对被推荐人的未来无法作担保,但他们根据被荐人现在已取得的学术成就,都能满怀信心地认为,他完全符合国家最有声望的科学机构院士的条件。推荐人进而坚信,对于爱因斯坦进入柏林科学院,整个物理学界将会认为,这是科学院的一次特别重大的收益。

1913 年 7 月 10 日,普鲁士皇家科学院召开全体学部委员会议,根据普朗克等人的提名,对爱因斯坦的院士资格进行投票,结果以 44 票对 2 票的绝对优势获得通过。同年 11 月 12 日,选举得到确认,爱因斯坦成为普鲁士皇家科学院的正式院士。一般院士是一个不领薪水的荣誉头衔。但爱因斯坦担任的是实任院士,年薪高达 12000 马克。

爱因斯坦在收到这一崇高荣誉的通知后,在从苏黎世给柏林科学院的信中写道:

对于你们选举我担任贵院正式院士,我表示由衷的感谢。我谨此声明,接受这一选举,并深深感谢你们,使我在你们中间获得一个职位,从而使我摆脱职业的负担,能够全心全意献身于科学工作。当我一想到自己每天思想上暴露出来的弱点，就会对这一崇高褒奖显露出惴惴不安的心情。但是，有一种想法促使我鼓起接受这次选举的勇气，那就是对一个人来说，所期望的不是别的，而仅仅是他能全力以赴和献身于一种美好的事业。正是在这一点上，我觉得自己还是能胜任的。①

其次是普朗克等人为他争取到正在筹建中的威廉皇家研究所所长的职位。这个职务，如果高兴，可以出出主意，不高兴，可以撒手不管，日常事务由常任秘书负责。表明一个人地位和荣誉的职位。这只是可以研究自己感兴趣的任何问题。

三是由柏林大学聘任他为教授。爱因斯坦有去那里讲课的权利，但没有非去不可的义务。讲多讲少，讲课的内容和时间，都由爱因斯坦自己定。大学里的一切事务他都不必过问。

一切都办妥之后，德国当时最有名望的两位大科学家普朗克和能斯特亲自到苏黎世来请爱因斯坦。

这下爱因斯坦又踌躇起来了：去吧，他实在不愿意离开苏黎世这个和平、宽松和熟悉的环境。同时，一想到德国统治者的黩武精神，要去同那专制、傲慢和伪善的环境打交道，他心里真有些发怵。不去吧，丰厚的待遇，充裕的时间，好得不能再好的研究条件，不正是自己所向往的吗？一个学者还能企望有什么比这更好的呢？这太具有诱惑力了，即使是爱因斯坦这样一位对优越的物质条件和个人荣誉无动于衷的人，也不可能不为之所动了。特别是柏林当时是新的科学观点和精神文化生活的中心，是欧洲文明的前哨。无论在艰苦的科学研究、大胆的哲学探索，还是在艺术创作方面，柏林都推崇最新的东西。柏林大学的教授，在各个方面都是起带头作用的。

"你的生身之地，你真正的祖国在等待着你！"祖国，这是两个多么神圣的字眼，由普朗克这样的大科学家郑重地说出来，更具有了一种特殊的力量。

"可是我是个和平主义者，德国是不是不太欢迎呢？"爱因斯坦说。

"我们想到的是物理学家，相对论的创立者……"

"但是，"爱因斯坦打断了普朗克的话，笑着说："这算得了什么呢！相对

---

① ［法］赫尔内克：《爱因斯坦传》，科学普及出版社1979年版，第44页。

论是不算数的。朗之万说过,全世界只有 12 个人懂相对论。"

"这一点我们同意。可是,在这 12 个人里,倒有 8 个在柏林呢!"说完,能斯特哈哈大笑起来,3 个人都笑了。

爱因斯坦思考了一下说:"你们把我当作良种母鸡,想把我弄到柏林去多多下蛋,可是我自己还不知道能不能再下蛋呢?这样吧,你们二位先到吕吉山去玩,现在正是避暑的好时光,等你们回到苏黎世,我到车站来接你们。要是我手里拿着一束白玫瑰花,就表示不去柏林;要是拿一束红玫瑰花,就是去柏林。"①

几天后,游玩归来的普朗克和能斯特乘火车缓缓开进苏黎世时,他们看到爱因斯坦手里拿着一束红玫瑰花正在月台上来回地踱步。

这次,爱因斯坦是只身赴柏林的。这是他第一次与妻子米列娃暂时分开。但这时他已意识到,他们之间的永远分离已经成了不可避免的事。与儿子们的分手使他极其痛苦,当着送行人的面,他流下了眼泪。

他与米列娃之间的感情裂痕早就出现了。还是在结婚不久,在伯尔尼时代,当时他们在经济上还相当紧张,可爱因斯坦老是和一大群朋友一起散步,野餐,举行家庭音乐会,讨论各种在米列娃看来是属于云里雾里、一点儿不切实际的问题。这一切使她感到厌烦。而骨结核、严重的神经衰弱和与日俱增的病态的猜忌心,使她变得越来越暴躁。爱因斯坦漫不经心的性格也使她非常反感。到布拉格之后,德国人对斯拉夫人的种族歧视更使米列娃感到压抑,这也进一步加剧了他们夫妻之间的矛盾。他们两个人个性都很强,发生了摩擦谁也不肯让步,米列娃总是觉得做爱因斯坦的妻子,成了一个庸俗的家庭妇女,把自己的科学才能埋没了,太冤屈了。可是,这位大学物理学系毕业的家庭主妇,操持家务的本领也实在不高明,家里经常搞得乱七八糟。她作为一个女人,需要得到丈夫的关心、帮助、体贴和爱,可是爱因斯坦自己还是一个永远长不大、需要别人照顾的大孩子。他虽然也照看孩子,负责生炉子,但心却完全扑在物理学研究上。两个人心灵上的交流越来越少,摩擦日益频繁,就是重新回到他们开始认识和相爱的苏黎世,情况也没有得到好转。越是得不到妻子的理解与支持,爱因斯坦就越是全身心地扑到事业上;米列娃越是得不到丈夫的关怀与温暖,也就越对爱因斯坦不

---

① 转引自秦关根:《爱因斯坦》,中国青年出版社 1979 年版,第 110—111 页。

满。然而,大科学家也是人啊,他感情需要得到宣泄,埋在心底的话需要找到一个倾吐的对象。妹妹到伯尔尼写论文时就告诉他,曾经专心听他儿时拉小提琴的堂妹埃丽莎,因与一商人结婚,合不来,离了婚,现在带着两个女儿在柏林和自己的父亲住在一起。这也许是爱因斯坦在潜意识中最终决定去柏林的一个因素吧!

在柏林,爱因斯坦进行科学交往的基本形式是每周一次的物理学讨论会。参加讨论的除爱因斯坦外,还有普朗克、能斯特、劳厄、弗朗克和创立量子力学原理的薛定谔。有一个时期,发现铀裂变的丽萨·迈特纳也出席过讨论会。后来这些人都成了爱因斯坦的朋友。所有参加过讨论的人都对讨论会留下了美好的记忆,其中特别是对爱因斯坦的印象。他不仅能讲出最深刻的思想,作风上无拘无束,十分诚挚亲切,这一切都给讨论会定下了基调。当时,他的主要注意力还集中在相对论问题、引力问题和空间几何的属性对空间中发生的事件的依赖性问题上。他的思维在加速运动,无时无刻不在琢磨这些问题。

但是柏林的繁文缛节也使爱因斯坦大伤脑筋,新当选的院士必须逐一拜访 50 位院士。这些礼节性拜访中无非是"今天天气好"、"你好"之类无意义的寒暄。1914 年 5 月,他在给苏黎世的胡尔维茨教授写的信中说:"出乎意料,在这里我的生活安排得还算顺利;我内心的平静只是由于人们在每件琐事上对我苛求才遭到破坏,譬如我该穿什么样的衣服,要不然某些所谓长者就会把我归入'社会渣滓'之列。"[1]

不管怎么说,初到柏林的一段时间还是比较舒心的。然而,好景不长,爱因斯坦到柏林半年后战争爆发了。

柏林街头,到处人山人海。被军国主义宣传鼓动起来的人们就像一座火山一样在柏林爆发了。战旗飘飘,军号嘹亮,出征的队伍由此开赴前线。人们欢呼,把花束投向战士,少女们跑上前去吻别战士。看到这一幕动人情景的外国人都赞扬德国人民举国一致的英勇气概。可爱因斯坦把这一切看在眼里,心情却无比沉重。

皇帝、大臣和议员都纷纷起来号召人民"为保卫祖国而战",于是,青年们穿上军装,奔赴战场。他们被子弹穿透胸膛,被马刀砍断手臂,倒在血泊

---

[1]　[德]卡·塞利希:《爱因斯坦》,黑龙江人民出版社 1979 年版,第 139 页。

中,马蹄从他们身上践踏过去。而政治家和将军们则不断庆祝德国版图的扩大,军火商庆祝他们的利润大增。

这时连素来不问政治的清高的教授们也卷进了战争。学术界93个显要人物起草了《告文明世界书》,表示支持国家的战争政策。普朗克也签了字。许多科学家都自觉地为战争卖力,能斯特教授也当了国防部顾问,爱因斯坦的另一位好友哈伯教授也穿上了军装。他解决了人工合成氨的方法,解决了火药生产的大问题,接着又开始研究糜烂性毒气和窒息性毒气,他说:"在和平时期,科学家是属于全世界的;在战争时期,科学家是属于自己祖国的。"[①]

然而,爱因斯坦永远是"世界公民",他永远属于全世界。这时他再也不能像从前那样自由地和同事们交往了,在原来的朋友中反战的人实在太少了。他像躲避瘟疫那样避开普鲁士科学院和威廉皇家学会那些数不清的研究炮弹、潜艇和飞机的委员会。他把自己锁在工作室里,夜以继日地紧张地进行着研究。这时,他给埃伦费斯特写信说:"在惊慌失措的欧洲正在发生某种难以置信的事情。这样的时刻表明,我们是属于多么卑劣的生物品种啊!我沉默地继续进行和平的研究与思考,但却被怜悯与厌恶所笼罩。"[②]

9月初,他在给埃伦费斯特的信中进一步讲道:"国际的灾难沉重地压在我这个国际主义者身上。一个生活在'伟大时代'的人很难理解,自己是属于发狂的、堕落的、并以自由意志而自豪的生物品种。"这封信充满了对民族堕落的厌恶,对战争的愤怒。

爱因斯坦在那疯狂的岁月所以能如此保持清醒的头脑,这是由他自己对战争和军国主义的一贯态度所决定的。他后来在《我的世界观》中曾写过这种态度:

"一个人能洋洋得意地伴随着音乐在队列中操练步伐,这已使我对他鄙视了;他丢了一个大脑只是出于误会,对他来说单单一根脊髓就完全足够了。文明的这种耻辱,应当尽快加以消灭。由命令而产生的勇敢行为,毫无意义的暴行和讨厌的军国主义,都多么使我深恶痛绝啊!在我看来,战争是多么卑鄙和丑恶的现象,我宁愿被千刀万剐,也不愿参加这种可耻的勾当!

---

① 秦关根:《爱因斯坦》,中国青年出版社1979年版,第115页。
② [苏]库兹涅佐夫:《爱因斯坦传》,商务印书馆1992年版,第158-159页。

尽管如此,我还是把人类想得这样好,我深信,要是人民的健康感情没有被那些通过学校和报纸起作用的商业利益和政治利益而系统地进行败坏,那么战争这个妖魔早就该绝迹了。"①

面对侵略战争对人民的蹂躏,爱因斯坦觉得沉默是有罪的,在这样的时刻应该站出来大声疾呼,唤醒那些受了蒙蔽的人民。"善良的欧洲人,团结起来!"他站出来呼吁了。他与另3位不大有名的人针对《93人宣言》,发表了《告欧洲人民书》。

这时,他发现罗曼·罗兰也发出类似的大声疾呼:

"敌人不在国外,他在每一个民族的内部……那就是帝国主义这个恶魔!"

他终于找到了以罗曼·罗兰为代表的志同道合者,以及聚集在罗曼·罗兰周围的反战学者和作家。

爱因斯坦参加了反战组织"新祖国同盟"。他于1915年3月22日给罗曼·罗兰写了信:"在'新祖国同盟'的帮助下,也从报纸上,知道了你的大无畏精神。为了消除目前把德、法两国人民隔绝的重重障碍,你发表了意见……在我们欧洲,300年紧张的文化工作,只引导到民族主义的狂想来代替宗教的狂热,后辈人能感谢我们欧洲吗?许多国家的学者作出的举动,似乎他们的大脑已被切除……如果你认为我微薄的力量有所裨益,那就请随便使用吧!"爱因斯坦觉得自己已经是反抗沙文主义暴行的国际友好团体的一名战士了。

1915年秋,爱因斯坦在苏黎世朋友赞格尔的陪同下拜访了那时住在瑞士斐维的罗曼·罗兰,这次拜访使爱因斯坦了解到所有的交战国都有反战团体。

对于这次会面,罗曼·罗兰在日记中写道:

"……爱因斯坦还年轻,身材不高,脸盘大而长,头发浓密,略微有点卷曲、干燥、黝黑,夹杂着少许银丝。高高的前额,嘴很小,鼻子略肥大,双唇丰满,小胡子剪得短短的,双颊圆润。他说法语,有困难时,常常夹着一些德国话。爱因斯坦活泼、爱笑。他偶尔用幽默的方式来讲述最深刻的思想。爱因斯坦自由地发表对德国——自己的第二或甚至是第一祖国的看法。任何

---

① 《爱因斯坦文集》第3卷,商务印书馆1979年版,第45页。

别的德国人决不会这样自由地讲话。在这可怕的一年里,每一个处在他这样地位的人都会由于精神上的孤立感到痛苦。然而爱因斯坦却不,他经常笑。他找到了继续进行科学活动的办法。这里说的是他那著名的相对论。我对这个理论没有什么概念,而爱因斯坦却提都没有提到它。不过赞格尔凑到我的耳边说:'这是牛顿时代以来科学中最伟大的精神上的革命。'我问爱因斯坦,他是否把自己的见解告诉德国朋友们。他回答说,他避免此事;他愿意采用苏格拉底的方法,即提出一连串有逻辑关系的问题使读者思想上震动。'不过人们并不怎么喜欢这个。'——爱因斯坦补充说。"[①]

1926 年,当罗曼·罗兰 60 寿辰时,爱因斯坦就 1915 年的会晤写道:

我只亲眼见过您一面,那时欧洲危机的最初冲击还使您心神不安,在那些备受折磨的群众中间,您像一个孤独的幻想家,他们由于您不能给他们带来光明和解放而感到失望。您从来不满足于把您那罕见的创造才能只用于高雅的人物交往;您热望帮助一切蒙受自己造成的苦难的人。

粗鲁的群众被邪恶的激情驱使着,这种激情支配了他们,也支配了他们的政府。他们狂言谎语,但结果只是彼此弄得更加悲惨。总而言之,他们似乎没有经过内心的冲突就造成了全部的这种苦难。至于那些不带群众浅薄粗鲁情绪的和不受这种情绪影响而信守着兄弟友爱理想的少数人,他们所面临的情况就更加困难。他们会被自己的同胞所摒弃,并且会受到像麻风病人那样的迫害。除非他们以一种违心的方式行事,或者胆怯地把自己真实思想感情隐蔽起来。您,可敬的大师,却没有保持沉默,您起来战斗,忍受着痛苦,并且支持着那些在苦难中的人们。您是伟大的精神鼓舞者。

在这个使我们欧洲人深深感到羞耻的年代,甚至连有高尚思想的人也会被野蛮情绪所俘虏,这已经是一清二楚了。我不相信,高尚的为人态度,在大学和科学院里,要比默默无闻的、沉寂的普通人所在的店铺里发扬得更好。

可是有一个集体,您是其中最有声望的杰出人物之一,这是这样一些人的集体,他们对于仇恨这种疫病都是有免疫力,他们企图消除战争,并以此作为走向人类道德革新的第一步;比起他们自己特殊国家和民族的特殊利

①　[德]卡·塞利希:《爱因斯坦》,黑龙江人民出版社 1979 年版,第 140—141 页。

益来,他们认为这个任务重要得无可比拟。①

这封信表明,有教养的人道德上的残暴是怎样深深铭刻在他的心里。他当时只寄希望于"默默无闻的、沉寂的普通人"。在社会绝大多数人都被卷进了战争狂热的情况下,爱因斯坦表现出了惊人的冷静、深刻的理性和大无畏的反"潮流"的精神,以自己的行为再次证明,大思想家从来都是人类的大脑与灵魂,是社会的良心。他的言行是指引人类绕过暗礁、驶向幸福彼岸的航灯。

在当时,罗曼·罗兰和爱因斯坦等人的声音与莱茵河西岸民族自大狂的喧嚣声比起来是太微弱了。然而这是理性的声音,迟早总有一天全欧洲都会听到它。

整个大战期间,爱因斯坦一直生活得很压抑。他常常去看自己的堂叔——鲁道夫·爱因斯坦。堂妹埃丽莎就住在那里。她是一位举止温柔、非常幽默,与爱因斯坦有许多共同的特点和爱好的年轻妇女。她给了孤独、苦闷的爱因斯坦以许多安慰。1919 年,爱因斯坦与米列娃离婚后就与她结了婚。

大战结束的前一年,爱因斯坦病倒了。他早就因在苏黎世和伯尔尼吃不饱而得了胃病。一个人住在柏林后生活又没有规律,加上成年累月、不分昼夜的紧张思索,希望和绝望、激动与狂喜所造成的感情上的巨大波动,终于把身体彻底搞垮了。两个月,体重就减轻了十几公斤,他还以为自己是患了癌症呢!

---

① 《爱因斯坦文集》第 3 卷,商务印书馆 1979 年版,第 27－28 页。

第五章
创立广义相对论　解开引力之谜

　　在狭义相对论问世后的 10 年里,创立广义相对论——解开引力之谜,就成了爱因斯坦思维的兴奋中心及其生活的主旨和基本内容。这一点就是在第一次世界大战爆发,许多人,其中包括许多科学家,尤其是德国人因此而陷入疯狂状态时,爱因斯坦也未有过丝毫的动摇与偏离。他正是用自己的创造力发展到巅峰状态的人生最好时光创立起广义相对论的。随着广义相对论及其推论的被证实,爱因斯坦的影响与声誉也被推到了新的高峰。

1. 实践推动与理论发展的内在逻辑

爱因斯坦自己曾经说过,即使没有他,也会有别人发现狭义相对论,因为问题已经成熟了。他认为像朗之万这样的科学家就有可能成为狭义相对论的创立者,因为他已经清楚地认识到了狭义相对论的基本特征。但爱因斯坦同时又认为这对于广义相对论就不适用了。这种说法如果是表示创立广义相对论的极其艰难性——没有大胆的革新精神和百折不回的毅力,没有敏锐的物理直觉和精湛的数学演算技能,要想创立广义相对论是不可想象的——是有合理之处的。但是,如果把它理解为仅仅是因为爱因斯坦是空前绝后的天才,这纯系他的精神的自由的创造,这就太夸大了精神的作用。事实上,任何伟大的发明创造都是有历史前提的,都是实践推动和科学理论内在发展的逻辑结果。广义相对论也是这样。其实,爱因斯坦本人于 1933 年 6 月 20日在英国格拉斯哥大学作报告时,关于这些前提也讲了许多①。

牛顿的运动三大定律和万有引力定律是牛顿力学的两大支柱。狭义相对论的创立改造了牛顿的运动三定律,特别是其中的第二定律。但万有引力定律在人们心目中仍是至高无上、神圣不可动摇的。200 多年来,牛顿的万有引力定律在天文学上一再被证实,其成就实在是太大了!然而它毕竟也是有局限性的,只是相对真理。细究起来,它不仅与爱因斯坦创立的狭义相对论存在着许多矛盾,在天文学实践中有的事用它也无法解释。

天王星是在 1781 年发现的。半个多世纪的观测表明,它绕太阳公转的轨道有些反常。天文学家因此断定,这是因为有一颗尚未发现的行星对天王星有引力作用。英国天文学家亚当斯和法国天文学家勒维烈根据牛顿的引力理论计算出了这个行星的位置。1846 年,德国天文学家加勒按照勒维

---

① 《爱因斯坦论文集》第 1 卷,商务印书馆 1976 年版,第 319－323 页。

烈的预测通过望远镜果然看到了一颗暗淡的行星,这就是海王星。这证明牛顿万有引力定律是正确的。

但是,离太阳最近的水星运动的轨迹还是有些叫人费解。水星每绕太阳公转一圈,它离太阳最近的那一点的位置就有些改变,这就是所谓的水星近日点的进动。人们观测到的结果是每 100 年进动 5600 秒。[①] 根据牛顿的万有引力定律,考虑金星对水星的吸引以及其他种种因素,可以对其中的 5557 秒作出合理解释,但余下 43 秒无法作出科学的说明。于是,有人像勒维烈预言海王星那样,预言还有一颗尚未发现的行星。认为水星这未能作出合理解释的 43 秒进动就是由它的引力造成的。有人甚至把这颗星命名为火神星。半个多世纪时间里,天文学家们一直在设法寻找这颗行星,但始终未能找到。这是半个多世纪以来飘浮在牛顿引力理论天空的一朵乌云。水星近日点每 100 年为什么会有这无法用牛顿引力理论解释的 43 秒进动呢?解决这一实际问题也是推动爱因斯坦创立广义相对论的原因之一。

按照牛顿的引力理论,物体由空中下落,是由于地球对它们有引力。地球围绕太阳转动,是因为太阳在吸引地球。任何物体,大到两个天体,小至两粒尘埃,不管它们相距多远,彼此间都有吸引力。地球和太阳相距 1.5 亿公里,茫茫太空,没有任何传递媒介,引力是怎样从太阳传到地球上的呢?光从太阳传播到地球上需要 8 分多钟的时间,可是引力的传递却不需要时间。对于万有引力的这种超距即时作用,连牛顿本人也感到不可思议。

狭义相对论与牛顿引力理论的矛盾是显而易见的。

首先,在狭义相对论中,光速是速度的极限。这就是说,任何物体的运动,任何信号的传递,速度都不能大于光速。既然如此,力的传递速度当然也不能例外。可是,按照牛顿的万有引力理论,引力的传递是不需要时间的。这就是说引力传递的速度是无穷大,这与狭义相对论的光速最大是直接相矛盾的。

其次,按照狭义相对论的原理,同时性概念也是相对的,既同时又不同时,每个参照系里都有自己的同时性标准。说引力作用不需要时间,是"即时",也就是同时的意思,它究竟是相对于哪个参照系的"即时"呢?

牛顿的引力理论与狭义相对论发生了冲突,问题究竟出在哪方面呢?

---

①　1 圈为 360 度,1 度为 60 分,1 分为 60 秒。

肯定在牛顿的引力理论方面。因为爱因斯坦对自己所创立的狭义相对论是深信不疑的。牛顿的引力理论究竟有什么问题？爱因斯坦决心把这个问题搞清楚。

爱因斯坦建立的狭义相对论，依据的是两条简单的原理。其中一条是相对性原理——在两个互相做匀速直线运动的参照系（即惯性系）中，一切物理定律都是相同的。为什么一定要作匀速直线运动呢？作加速运动行不行呢？实验表明，任何相对于惯性系作加速运动的参照系都不是惯性系。在这样的参照系中，惯性定律就不成立。狭义相对论并没有改变牛顿力学的结论，它所否定的实际上只是绝对时间和绝对空间，而且它在否定一个特殊优越的参照系——绝对空间时，却肯定了一类特殊优越的参照系——惯性系。一般认为惯性系是"好"的参照系，在所有做匀速直线运动的"好"参照系中，一切物理定律都是相同的。非惯性系是"坏"的参照系，在这个"坏"参照系中，有的物理定律，如惯性定律就不能成立。这里是不是有问题呢？爱因斯坦正是在这个大家都习以为常，谁也不认为其中有什么问题的问题上感到有问题：

自然界为什么要给匀速直线运动以一种特殊优越的地位呢？自然界为什么要给惯性系以一种特殊优越的地位呢？

在爱因斯坦看来，自然界是统一的、和谐的，它不会优待某一类运动而歧视另外的运动，不会优待某一类参照系而歧视另外的参照系。在自然界中，所有的运动都是相对的，所有的参照系都具有平等的权利。在每一个参照系中，物理定律都应该成立，而且应该具有某种相同的形式，不论它是惯性系还是非惯性系。现在，非惯性系中的物理定律与惯性系中不同，有些物理定律在非惯性系中干脆不能成立，这就说明原有的表述物理定律的理论还有问题。问题究竟在哪里？怎样才能把狭义相对论的原理从惯性系进一步推广到那些非惯性系中，使物理定律在所有的参照系中都成立，而且具有某种相同的形式呢？

不容否认，在这个问题上爱因斯坦还有一位直接的思想先驱，这就是马赫。马赫在对牛顿的惯性定律历史地作批判性研究过程中，思想已经朝着广义相对论——加速相对性方向发展。尽管他并没有能为新的理论提供有用的基础，但这无疑给了爱因斯坦创立广义相对论以很大的启发。众所周知，爱因斯坦对马赫很熟悉，在当时也还是相当崇拜他的。

生活不仅给爱因斯坦提出了创立广义相对论的课题，科学发展的历史本身还为这一课题的解决锻造了合用的工具。

前面我们已经提到,爱因斯坦原来的老师,哥廷根大学的数学教授闵可夫斯基于 1907 年给了爱因斯坦的狭义相对论一个新的数学表述形式。但这不仅仅是表达形式上的转换,而且还为深入到物理学的新的更深层次指明了一条出路,提供了一种工具。

闵可夫斯基发表在《哥廷根数学通报》上的文章的题目为《动体的电磁现象的基本方程式》,很像爱因斯坦表达自己狭义相对论的那篇著名的论文的题目。这表明了两篇研究著作之间的深刻的内在联系。闵可夫斯基的文章立即引起了敏感地注视新思想发展的学者们的注意,其中也包括爱因斯坦本人。

闵可夫斯基发现爱因斯坦的力学方程式可改写为这样:与这些方程式中空间的三个坐标相并列,可以对称地引入一个第 4 坐标,这个坐标系由一个常数乘以时间的值组成。这里的常数又等于另外两个数字的乘积——即 $\sqrt{-1}$ 和光速。

闵可夫斯基所发现的第 4 坐标绝不是某些科普读物所讲的"时间坐标",因为闵可夫斯基的第 4 坐标虽然包含着时间的值,但按物理的性质——即维数来说,又不与它相吻合,实在的物理空间是用 3 维,而且只用 3 个坐标来计量。闵可夫斯基提出的第 4 坐标即在爱因斯坦的力学方程式里加入一个等于 $\sqrt{-1} \cdot c \cdot t$ 的积的新数值,这就使它具有了严整和对称的形式,并大大简化了原来的方程式。这种添加的重要性还在于,在物理学面前揭示出,在自然界里存在着一种新的、惊人的物质性的本质,即一种把作为物质存在的形式的时间和空间包括在自身之中的特殊统一。空间和时间坐标既没有融解于这一统一中,又是这个新发现的整体的组成部分。这个新的本质被命名为"时空连续统"。

闵可夫斯基的"时空连续统"在形式上是作为"四维空间"出现的,然而它所反映的真正的物理意义却是,坐标上的"间隔"在数量上表示着空间与时间之间在闵可夫斯基的连续统中体现出来的不可分割的联系。闵可夫斯基的"四维连续统"里的两点之间的最短距离,是这样一种量值。这"间隔"不依赖于"观察者的位置",在任何一个位移的相对速度换成另一个速度时也并不改变,正是这样才显示出作为物质的实在属性的它的真正的客观存在以及它的性质。

闵可夫斯基的爱因斯坦相对论的新的数学表达式之所以值得重视,就在于它以数学的绝对可靠性论证并表述了这一具有头等重要意义的物理发现。不仅如此,这位哥廷根的数学家还采用并完善了计算四维空间连续统的方法——这就是"张量分析"。向引力之谜作决定性进军所必需的准备工作,绝大部分已经完成了。当然主要的任务还在后头。

不过,对此,连爱因斯坦本人一开始也没有认识到。在闵可夫斯基的文章刚发表时,爱因斯坦也只是持好奇的态度,未能严肃对待。有一次,他坐在古尔维茨教授的桌子跟前还打趣说:"你们这位数学同行给我的相对论加了工之后,我简直完全弄不懂它了。"①不过他很快就改变了自己这种看法,而且不得不赶紧补数学知识了。

闵可夫斯基的数学解剖刀解剖空间与时间相互关系的最深刻的本质的结果立刻又引出了另一个问题:作为整体的时空连续统与物质之间究竟是一种什么样的关系?

狭义相对论已以最一般的形式把这个问题提出来了,但并未能就这个问题深入地作出具体的解答。在爱因斯坦-闵可夫斯基的方程式里也没有把物质对于时空结构的影响确立下来。具体地说,需要建立质量、能量这样一些物质的基本特征与"时空结构"之间的新的数学联系。

先说单纯的空间结构。空间的"性质",众所周知,在数学上两点之间的距离是用直线来确定的。古代伟大的数学家欧几里得就是根据这个证实了的事实建立起了严格的位置系统,这就是所谓的欧几里得几何学。

但过了 2000 多年之后,另两位不朽的思想家罗巴切夫斯基和波耶发现,在欧几里得几何学之外,存在另一种反映不同的"空间"结构的几何学是可能的。而在这个"空间"里最短的距离从欧几里得几何学的观点来看,不是直线,而是曲线。他们指出了弯曲空间的局部例子。后来,哥廷根的黎曼进一步提出用无限邻近点的距离作为几何学的基础,并于 1854 年提出了著名的公式 $\dfrac{1}{1+\dfrac{a}{4}x^2}\sqrt{\sum dx^2}$ 为无限邻近点之间的距离的表达式。黎曼指出,式中 a 的不同数值对应着不同的几何学:当 a>0 时为球面几何;a=0 时为欧几里

---

① [苏]里沃夫:《爱因斯坦传》,商务印书馆 1963 年版,第 136 页。

得几何学；a＜0 时为罗巴切夫斯基几何学。

罗巴切夫斯基、黎曼等人的发现有着极重要的意义。它告诉人们，空间的实在结构、物质世界实在的几何图形，并非几何学家们的思维的天才创造，而是物质世界客观实在的反映，它取决于物质的构造、物体在空间的分布。由日常经验所证实的欧几里得几何学只是近似地反映了实在世界的空间结构。这样，罗巴切夫斯基等人就把几何学从纯粹思维的平面图转移到各种具体的自然科学世界中去，从而彻底冲破了科学思想 2000 多年来的一个重要传统。

爱因斯坦广义相对论的创立正是从这些地方开始的。他长久以来觉得无从下手，苦苦寻求的解答引力之谜的数学钥匙原来就是非欧几里得几何学和里奇、列维·契维塔等人在黎曼几何基础上所创立的张量分析的结合。

爱因斯坦的挚友、大学时代的同班同学、数学家格罗斯曼清楚地记得，1912 年秋的一天，爱因斯坦脸色忧郁地跑到他那里对他说："格罗斯曼，你一定要帮我的忙，不然我就要疯了！"格罗斯曼答应了帮忙，但附加了一个条件，那就是对于他帮助找到的数学资料的物理解释不负任何责任。

格罗斯曼一头扎进了数学资料大海，没用太多的时间就找到了极为重要的资料。格罗斯曼对爱因斯坦说："最有希望的计算方法，隐藏在几乎被人遗忘了的黎曼以及他的学生埃利文·克里斯多弗尔的著作中，还有较晚的意大利人格里戈里·里奇和都里奥·列维·契维塔等人的著作里。"

格罗斯曼说的是对的。后来爱因斯坦就是利用这些成果创立了广义相对论。广义相对论的一些方程式就包含了他所寻求的"时空连续统"结构依赖于物体分布的规律。"时空连续统"在巨大物体存在情况下原来真是非欧几里得的"四维连续统"。物理学从此得出了这样的推论：实在的三维空间在接近巨大物体时便会发生弯曲，物理时间的进行速度，在这种情况下也引起变化，而弯曲的发生遵循的是黎曼的非欧几里得几何学的定律。这就是说，任何物体进入非欧几里得领域，就开始以曲线运动，就像在弧形路线上的列车顺着给定的弯曲的轨道的曲度行进那样。引力之谜的谜底正好隐藏在这里。

工具是找着了，但要利用它挖掘出隐藏在大地深处的瑰宝，也还要走漫长的路程。首先，要掌握如此复杂、精巧的工具，对于这个由于不重视、甚至因有偏见而在大学时代没有好好学数学的科学家来说要费不少气力。正如有一次爱因斯坦自己对数学家维利所讲的，他现在懂得了为什么劈木柴是那么愉快了,因为事情通行无阻地进行着,你可以立即看到你的劳动成果!但在所期望的海岸出现之前,先得在数学之海的波涛上经过 7 年之久的哥伦布式的跋涉①。

掌握了工具是一回事,利用这工具达到预期的目的也需要长期的、艰苦的、创造性的劳动。对此,爱因斯坦在不少场合以不同方式谈到了其中的甘苦与艰辛,也反映了伟大科学家在科学探索过程中百折不回、坚忍不拔的坚强意志和毅力。爱因斯坦在他的《广义相对论的来源》一文中,在谈到他在解决"黎曼度规(即 gvu)本身的微分定律是怎样的问题"时曾说道:"它们耗费了我两年极端艰苦的工作,直到 1915 年底,我才最后认清了它们的本来面目。"在这篇文章的结尾,他写道:"从已得到的知识来看,这愉快的成就简直好像是理所当然的,而且任何有才智的学生不需要碰到太多的困难就能掌握它。但是,在黑暗中焦急地探索着的年代里,怀着热烈的向往,时而充满自信,时而精疲力竭,而最后终于看到了光明——所有这些,只有亲身经历过的人才能体会到。"②在广义相对论创立后不久,爱因斯坦在一篇提到普朗克的讲话中,引用了莱布尼茨的话来解释那激励着每一位科学家探索的热情:"渴望看到先定和谐。"他认为普朗克之所以在科学探索过程中具有不屈不挠的顽强精神和忍耐力,是因为"促使人们去做这种工作的精神状态,是同信仰宗教的人或谈恋爱的人的精神状态相类似的,他们每天的努力并非来自深思熟虑的意向或计划,而是直接来自激情。"③

苍天不负有心人,更不会辜负聪明过人而又锲而不舍的伟大的科学家。通过整整 10 年的奋斗,爱因斯坦终于研究出了广义相对论。其内容主要反映在 1913 年发表的与格罗斯曼合作的《相对论和引力理论综合理论草案》以及在这之后发表的一系列关于引力理论的论文中。这些是 1914 年 6 篇关于引力的文章,1915 年发表的《论广义相对论》和《水星近日点运动的解释》,特别是 1916 年初发表的作为这一长期研究的总结和全面阐述的长达 50 页的论文《广义相对论原理》④中。

---

① [苏]里沃夫:《爱因斯坦传》,商务印书馆 1963 年版,第 138 页。

② 《爱因斯坦论文集》第 1 卷,商务印书馆 1976 年版,第 322—323 页。

③ [法]瓦朗坦:《爱因斯坦和他的生活》,世界知识出版社 1989 年版,第 53—54 页。

④ 此文题目有的在译成中文时为《广义相对论基础》。如瓦朗坦和赫尔内克等人写的爱因斯坦传。笔者认为,译成《广义相对论原理》符合原意。

2. 广义相对论的创立

广义相对论主要包括作为狭义相对论中相对性原理的推广的广义相对性原理,即广义协变原理、等效性原理、时空弯曲理论、引力理论以及光谱线引力红移、引力场使光线偏转、和水星近日点每 100 年的 43 秒进动等推论。

等效性原理

如果说对于狭义相对论,爱因斯坦是从同时性又不同时获得突破的话,那么对于广义相对论,他则是以等效性原理作为突破口的。

众所周知,物理的质量具有双重性,即惯性和引力。通常人们把它们分别称作惯性质量和引力质量。惯性质量出现在牛顿力学的第二定律中:力＝惯性质量×加速度,而引力质量出现在牛顿万有引力定律中:力＝引力质量×引力场强度。由上述两个公式不难看出:

惯性质量×加速度＝引力质量×引力场强度,即

$$加速度 = \frac{引力质量}{惯性质量} \times 引力场强度$$

这就是说,如果引力质量＝惯性质量,那么在均匀的引力场中,各种不同的物体的加速度是相等的。事实也正是如此,这早为伽利略在比萨斜塔上所做的让不同重量铁球同时从同样的高空下落的实验所证实。

在牛顿时代,谁也没有怀疑过惯性质量和引力质量相等这一事实。人们甚至把它们不加区分地都称作质量。但是,在牛顿力学中,这两个完全相等的质量之间却不存在任何内在的联系。爱因斯坦正是由此得到了启发,他对此感到惊奇:惯性质量与引力质量之间如果不存在某种内在的联系,为什么会这么巧,两个毫无关系的量会如此精确地相等呢?

"可是这些研究所得的结果却引起了我强烈的怀疑。依照古典力学,物

体在竖直引力场中的竖直加速度,同该物体的速度的水平分量无关。因此,在这样的引力场里,一个力学体系或者它的重心的竖直加速度的产生,同它内在的动能无关。但在我所提出的理论中,落体的加速度同它的水平速度或者这体系的内能却不是无关的。

"这不符合这样一个古老的实验事实:在引力场中一切物体都具有同一加速度。这条定律也可以表述为惯性质量同引力质量相等的定律。它当时就使我认识到它的全部重要性。我为它的存在感到极为惊奇,并猜想其中必定有一把可以更加深入地了解惯性和引力的钥匙。其至在我还不知道厄匋的令人钦佩的实验[①]结果之前——如果我没有记错,我是到后来才知道这些实验——我也未曾认真怀疑过这定律的严格可靠性。于是我就把按上述方式在狭义相对论的框子里处理引力问题的企图当作不合适的东西而抛弃了。这种企图显然无法正确处理引力的最基本的特征。"[②]

爱因斯坦就是在这个大家习以为常的从不怀疑它有问题的地方看出了大问题:惯性质量与引力质量完全相等绝不可能是偶然的,其中一定有某种未被发掘出来的深刻的内在联系——这就是等效性原理。

用一枚多级火箭把一个封闭的物理实验室发射到遥远的宇宙空间去,使它远离一切天体。这时实验室、实验室里的人和一切实验设备都处于失重状态。这就是说,这时实验室、实验室里的弹簧秤和秤钩上挂着的砝码以及做实验的物理学家都悬浮在空中。它们都受不到任何引力的作用,都保持着静止状态。这样密封的实验室是一个惯性系,因为惯性定律在其中是起作用的。但是如果有一个力使实验室向上作匀加速直线运动,加速度刚好等于地面上的重力加速度即 9.8 米/秒^2。这时,物理学家就会觉得自己恢复了重量,又站到封闭的实验室下边的内壁上了,弹簧秤上的指针也会指向砝码的实际重量的刻度,一切都会和在地面上一样。

在这里,相对于惯性系作加速运动的参照系是非惯性系,但是它和惯性系平权。在这个实验中,加速系中物体受到的惯性力的作用为:惯性力=惯性质量×加速度。

同一物体,在引力场中受到引力的作用为:引力=引力质量×引力场强度。

---

① 厄缶,匈牙利物理学家,由于怀疑惯性质量与引力质量是否精确地相等,于 1890 年做了一系列极其精密的实验,结果还是表明,二者是精确相等的。

② 《爱因斯坦论文集》第 1 卷,商务印书馆 1976 年版,第 320 页。

因为惯性质量等于引力质量,只要加速系的加速度等于引力场强度,惯性力就等于引力,所以,加速系的惯性力场等效于引力场。这就是等效性原理。这一原理是爱因斯坦于1907年建立起来的。然而从这里到建立起完全的广义相对论,还要走艰苦、漫长的路程。

时空弯曲

假如有一束水平方向的光,射进一个惯性实验室。根据狭义相对论,光在惯性系中将以不变的光速 c 作直线运动。然后使实验室向上加速,成为加速实验室。既然这束光在原来的惯性系中是水平地向前运动的,那么它在加速实验室中的运动必然要向下弯曲。根据等效性原理,加速实验室等价于引力实验室,因此,这束光假如射进引力场,它也会向下弯曲。

过去,人们一向认为光是沿直线传播的,可现在说,在引力场中光线是弯曲的。对于这种现象,在过去,人们只能借助于强大的引力来解释。而爱因斯坦认为这可以通过由于时空弯曲,空中的光线也随之弯曲来解释。

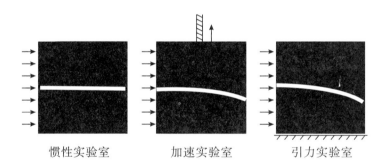

惯性实验室　　　　加速实验室　　　　引力实验室

一个人在惯性实验室里向斜上方抛出一个小球,抛出后小球不再受力,它将遵从惯性定律做匀速直线运动。如果一个人在向上加速的加速实验室里向斜上方抛出一个小球,这个小球将会作抛物运动。如果他在引力实验室里向斜上方抛出一个小球,根据等效性原理,这个小球也会作同样的抛物运动。

对在三个不同性质的实验室中做的三个相同的实验而会有不同的结果。按照牛顿的理论只能做如下解释:(1)惯性实验室属好的参照系,在那里惯性定律成立,所以抛出的小球做匀速直线运动;(2)加速实验室属非惯性系,是不好的参照系,在那里惯性定律不适用,所以小球不服从惯性定律做匀速直线运动而作抛物运动;(3)在引力实验室中,小球所以作抛物运动是因为它受到引力的作用,所以它不能做匀速直线运动而作抛物运动。这就是说,对于这三个实验室中所做的完全相同的实验,牛顿理论是用三种不同的理由来解释的。

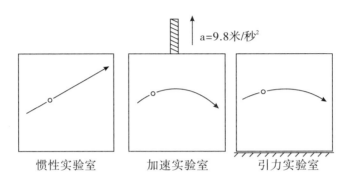

爱因斯坦认为这种解释是很难令人信服的。他认为惯性定律应当适用于一切参照系,不论它是惯性系还是非惯性系。因为引力场中每一点的附近都局部地等价于一个加速系,所以惯性定律在引力场中也应该适用。在三个实验中,惯性定律都应该成立。在三种不同的情况下,即当小球未受到外力作用而做匀速直线运动和在加速实验室、引力实验室中作抛物运动,本质上是相同的,它们应该具有共同的特点,服从同样的惯性定律。

爱因斯坦是怎样解释这个问题的呢? 他提出:第一,四维空时是弯曲的,曲率由物质的分布决定。这样,牛顿所说的物质产生引力就变成了物质引起空间时间弯曲,也就取消了引力这种力。第二,爱因斯坦把牛顿的惯性定律修改为在"不受外力作用的时候,质点的运动在四维时空中的轨迹是一条短程线"①。经他这样一改,惯性定律在三个实验室中就都成立了。

就这样,爱因斯坦从牛顿力学出发,承认牛顿的引力,得到等效性原理。然后根据引力场的每一点附近局部地等价于一个惯性力场,即等价于一个相对于惯性系作加速运动的非惯性系。由于惯性系和非惯性系之间是可以通过坐标变换变来变去的,这样就取消了引力的惯性系与局部等价于引力场的非惯性系之间的差别。它们之间只剩下了时间、空间结构的某种不同。

———————

① 所谓"短程线",即两点之间最短的连线。在平面上,两点之间最短连线是直线;但在曲面上,两点之间最短的连线就是弧线,即弧线是球面上的短程线,是球面上"最直的线"。

由于引力场的每一点附近都归结为一个非惯性系,整个引力场也就可以归结为时间空间的某种内在结构。爱因斯坦正是从这种等效性原理出发,把引力场归结为空间时间的弯曲,从而取消了牛顿的引力,改造了牛顿的力学。

没有引力的引力理论

爱因斯坦究竟是怎样给上述实验作出统一解释的呢？他说,在惯性实验中,空间时间是平直的,所以小球做匀速直线运动;在加速实验室和引力实验室中,空间时间发生了弯曲①,所以小球作抛物运动。匀速直线运动在平直的四维空时中的轨迹是短程线,抛物运动在弯曲四维空时中的轨迹也是短程线。这就是说,在三个实验室中,小球实际上都未受到外力的作用,都是按惯性定律作的惯性运动。这样,三个实验室就平权了。物理定律在三个实验室中具备了相同的形式,所不同的只是空间和时间结构,空间时间结构的变化在加速实验室中是由运动引起的,在引力实验室中是由物质引起的。从而,空间、时间、物质和运动就完全统一起来了。

这种解释等于说,以解开引力之谜为目的的爱因斯坦的广义相对论的引力理论认为,引力的作用是不存在的,原来引力场不过是空间时间的弯曲！

又一个惊世骇俗、石破天惊的理论。然而这实在太叫人难以置信了:炮弹飞出沿抛物线运动,你可解释为空间时间弯曲,苹果落地又怎样以空间时间弯曲来解释呢？我们每个人不是都感到有一个向下的力作用在自己身上,这不就是重力即地心引力吗？怎么能说根本没有引力这种力存在呢？这与常识太不一致了！不仅常人无法理解和接受,就是一些科学家也理解不了,接受不了。

爱因斯坦在世界各地介绍他的广义相对论时就遇到过这种情况:

一位物理学教授中途气愤地退席了:"讲的什么玩意儿！用几何代替力学,用数学代替物理学。我可不是数学家！"

---

① 加速运动所引起的非永久引力场和物质分布所引起的永久引力场是不同的。非永久引力场中的空间时间结构与永久引力场中的空间时间结构也有本质的区别。前者空间弯曲,空时作为一个整体并不弯曲,而后者,空时作为一个整体也是弯曲的——转引自秦关根:《爱因斯坦》,中国青年出版社 1979 年版,第 135 页。

过了一会儿，又一位头发花白的数学家离开了报告厅："天哪，玩的什么玄哪！我可不是哲学家！"

在听众中有些既是物理学家又是数学家同时又有哲学头脑的人也在嘀咕："唉，牛顿的理论多么简单明了！爱因斯坦为什么要搞得那么复杂呢？这广义相对论，真是没法懂！"[①]

然而真正的科学并不会因为与常识相矛盾，或为那些只会固守已有教条的所谓学术权威的无法接受而不再是科学，就不正确了。爱因斯坦的广义相对论是由经过实验验证的基本原理出发，通过大胆突破原有的物理学概念的框框，引进全新的物理概念，经过复杂、严密的数学推导和运算才建立起来的。作为一种科学的抽象，从表面上看它仿佛离真实很远，事实上它是在更深的层面上更正确、更完全地反映了客观世界的本来面目。

其实，人们所以感到广义相对论的理论难以接受，主要是由于人们在日常生活中，眼界总是受到局限。如，生活在地球上的人，看到他脚底下那片地，总以为地球是一块平板，看不到它实际上是球面。他在测量一个小三角形的三个内角之和又不要求特别精确时是 180°，当现在要测量一个很大的三角形，这个三角形就不再是在平面上，而是在球面上了，它的三个内角之和就大于 180°了；同样，在平面几何中，圆的周长和直径之比是一个常数，约等于 3.1415926，但是在球面上，圆的周长和直径之比就小于 π 了。由于欧几里得几何学是与眼界受到局限的人们的生活经验相一致的，所以它能深入人心，被人们看作是天经地义的绝对真理，而事实上更精确的非欧几里得几何学由于受为先入为主的人们的欧几里得几何学观念的"抗阻"，反倒难以被接受，甚至被视为谬误了。

然而科学就是科学，它并不会因为有人对它不理解，甚至反对它，就不能成立，就不再科学。过去，根据牛顿的理论，地球绕着太阳转动，是因为太阳对地球有引力。现在，根据爱因斯坦的广义相对论，地球绕太阳转动，并不是因为太阳对地球有什么引力，而是因为太阳有巨大的质量，使太阳周围的空时发生了弯曲。在弯曲的四维空时中只有曲线，没有直线。因而地球不可能在四维空时中做匀速直线运动，它只能沿着短程线做曲线运动。

如图 xy 平面和时间坐标轴，螺线是四维空时中的短程线，是地球由于

---

① 秦关根：《爱因斯坦》，中国青年出版社 1979 年版，第 137—138 页。

惯性沿着一条最"直"的线作惯性运动留下的轨迹。地球由 A 点出发,一年后到 B 点,两年后进到 C 点的位置。A、B、C 投影到 xy 平面上是同一个点,螺线投影到 xy 平面上是一个椭圆,它就是我们所看到的地球围绕太阳转动的运动轨迹。

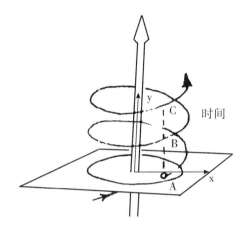

尤其值得提出来的是,在解决水星近日点进动这个实际问题上,爱因斯坦从广义相对论的引力理论中,不仅得到了牛顿引力理论的结果,而且还得到了牛顿理论中找不到又无法说明的 43 秒。爱因斯坦给慕尼黑大学的索末菲教授写信时说:

"上个月是我一生中最激动、最紧张的时期之一,当然也是收获最大的时期之一。我不可能想到写信。"

他给莱顿大学的埃伦费斯特教授写信时说:

"……方程式给出了水星近日点运动的正确数字,你可以想象我有多么高兴! 有好几天,我高兴得不知怎样才好。"①

广义相对论终于解开了水星近日点找不到归宿的每百年 43 秒的进动的问题,原来根本不存在什么火神星,只是由于牛顿的引力理论不够精确,用到水星轨道的计算上发生了误差,这才引起了想找一颗新星——火神星的误会。

事实表明,广义相对论并没有彻底抛弃牛顿力学,而是以扬弃的方式保

---

① 秦关根:《爱因斯坦》,中国青年出版社 1979 年版,第 146—147 页。

留着牛顿的力学理论。从相对论中能推导出牛顿力学,相对论又能给出牛顿力学所没有的东西。广义相对论较之于牛顿力学,是一种更全面、更精确,因而也更科学的理论,牛顿力学只是广义相对论的一级近似。

至于说广义相对论用几何代替力学,用数学代替物理学,其中还充满了哲学思辨,这就不能怪爱因斯坦了。自然界本来就是一个具有多种性质的有机整体,人们为了研究的方便,把它的某一方面从有机整体中割裂出来作为自己的研究对象,最后忘记了这一对象只有在其总体联系中才是有意义的,反而以"局部的观点"来反对从总体的有机联系上来把握客观世界的科学,这就只能怪他们自己的形而上学局限性了。

广义相对论的创立表明,高度的理论思维能力对于重大的科学发现是何等的重要,为什么许多大科学家往往同时也是大哲学家、大思想家? 其共同的基础就是由于他们都是思维能力特别强的人。

两条推论

第一个推论:光谱线的引力红移。物理学界都知道,在高温下,每一种气态的化学元素会辐射出几种一定频率的光线。分析恒星的化学成分,就是利用对恒星所发出的光进行光谱分析的办法。有什么样的光谱线,就有

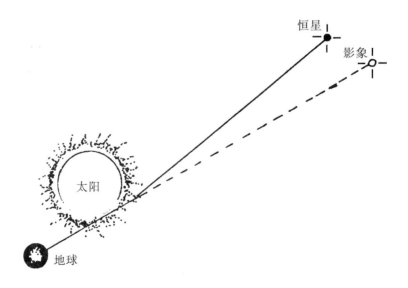

什么样的元素存在。根据广义相对论,引力场会使时钟变慢,因此在原子中,电子的振荡频率变低,辐射出的光的频率也随着变低。所以,引力场很强的恒星发出的光谱线,应该向低频端,也就是向红端移动,这就是所谓的引力红移现象。

第二个推论:引力场会使光线偏转。爱因斯坦通过计算于 1911 年就曾预言,从远处的恒星所发出来的光线,如果掠过太阳表面,光线会偏转 0.83 秒的角度。后来,他于 1915 年纠正了自己的错误,提出应是 1.7 秒。[①]

3. 理论的证实及其意义

早在爱因斯坦于 1911 年提出光线掠过太阳表面会发生 0.83 秒的偏转时,柏林的天文学家弗劳因德利希就决定去验证这一推论了。

怎么验证呢?在白天强烈的太阳光下根本看不到星星。晚上可以看到星星,可是太阳又早落山了。怎样才能在有太阳的时候看到星光呢?只有日全食的时候,月亮遮住太阳,刹那间,仿佛夜幕降临一样,这时就能看到紧挨着太阳的星光了。1914 年 8 月,在俄国的克里米亚半岛可以看到日全食。于是弗劳因德利希就率领观测队奔赴克里米亚。不巧,弗劳因德利希率领的观测队刚到俄国,第一次世界大战就爆发了。他们不仅未能去观察日全食,还被抓了起来,直到后来交换战俘才被遣送回柏林。

然而,科学的进步是任何人都阻挡不了的。弗劳因德利希的验证遇到挫折后,当天文学界告知 1919 年在巴西北部的索布拉尔和几内亚的普林西比岛可以观察到日全食时,英国皇家天文学会于 1917 年 3 月召开紧急会议,通过决议立即组织委员会筹备 1919 年的日全食观测。

1919 年 2 月,英国组织了两支伟大的远征队分赴两个观测点,其中一支

---

①　这是当时爱因斯坦给出的数字,现在一般采用 1.75 秒。

由英国伟大的天文学家阿瑟·爱丁顿爵士亲自带队。像一首进入未知世界的伟大史诗,像一次扣人心弦的探险,不是去寻找财宝,也不是为了了解那里的风土人情,完全是凭着对一个伟大科学家的信赖,因为他详尽地阐述了一种大胆的理论,而且仅仅是依靠他的科学推理获得的。他从纯粹的思维领域里大胆地断言:从远处的恒星所发出来的光线掠过太阳表面时,会发生1.7秒这样大角度的偏转(后来他经计算得到这个数字,纠正了他于1911年得到的0.83秒的数字)①,而按照牛顿的引力理论应当是0.87秒。

科学家们深知,这不单是对一位科学家的一种推测的验证,究竟是0.87秒,还是1.7秒,是关系到两个引力定律,两种物理世界图像哪个更精确的问题,它关系到两个科学时代!

爱丁顿爵士率领的远征队提前一个月到达普林西比岛,然而直到最后一分钟,他们却几乎什么东西也没有得到。爱丁顿爵士清楚地记得,那天的黎明是在阴云密布中到来的。当接近日全食时,黑暗的月轮周围围绕着光环,浮现出云层,就像人们经常在看不见星星的夜晚所看到的那样。"没说的,按照原计划进行,但愿结果美好"。一个奇怪的、鬼魂似的、半明半暗的光环笼罩住了地球。观察场上死一般的寂静——撕破它的只有蟋蟀的鸣叫声、换底片暗匣的咔嚓声和挥霍珍贵的几秒钟节拍器时的滴答声。这时,突然一束闪光出现在看不见的太阳的上方,在太阳的表面几亿公里上空持续飘浮。普林西比岛上的观测队员们没有时间去欣赏这奇异的太空景象,他们急切地期待着实验成功。

天空的云层越来越厚,仿佛存心要与观测队作对,不让人们照到爱因斯坦所料定的情况似的。第一张照片上没有一颗星星的影子,然而在2~20秒的时间内,大约拍了16张照片。接近日全食结束时,云层消失了,最后几张照片倒很清楚。在许多照片中,有一个或几个非常重要的星星没有照上。但是,有一张底片终于成功了:五颗星星的光照在底板上,这样就足以证实或证伪爱因斯坦的理论。

细心地检验带回来的结果。把从索布拉尔带回的照片与格林尼治观测台的照片加以比较,经过反复验证计算,终于得出,光线偏转的角度是1.64秒。与爱因斯坦推断的1.7秒更接近。

---

① 不少传记中把这个数字说成是1.75秒,是不符合实际的——作者。

　　1952 年 2 月,芝加哥大学组织了一支新的远征队,旨在进一步证实已被人们接受了的实验。他们在喀土穆拍摄了日全食时见到的星星的照片。他们的实验结果比由索布拉尔和普林西比得到的更精确,也更接近爱因斯坦用理论计算出的数字:光线偏移角度为 1.7 秒。

　　1919 年 11 月初,在英国皇家物理学会和皇家天文学会举行的一次重要的联席会议上,在热烈而紧张的气氛中,他们公布了两个队的观测的结果。皇家学会主席汤姆逊宣布爱因斯坦的相对论是人类思想史上最伟大的成就之一。他说,这不是发现一个孤岛,而是发现了整个新的科学思想的新大陆。这是牛顿首先阐明万有引力原理以来所做的和引力相关的最伟大的发现①。尽管在当时,爱因斯坦的理论对于一般人来说还是深不可测的,就是高度赞扬了它的、作为这次会议主席的那位英国物理学界的权威就坦白地说:"我不得不承认,到目前为止,还没有一个人能用简单的语言向我讲述爱因斯坦的理论实际描述的内容。"然而,这件事本身却以其重大的意义在某些方面震撼了整个世界科学界,震动了每一个人。

　　"人类思想史上最大的成就之一",汤姆逊的评价是公允的。广义相对论确是人类认识自然界的历史上的一次巨大的飞跃。无论怎么评价它,都不会过高。难怪最不爱说话的英国物理学家、诺贝尔奖金获得者、相对论量子力学的创始人狄拉克也说:"广义相对论也许是人类曾经作出过的最伟大的科学发现。"②直到 1955 年,世界著名物理学家玻恩在报告中还曾讲道:"对于广义相对论的提出,我过去和现在都认为是人类认识大自然的最伟大的成果,它把哲学的深奥、物理学的直观和数学的技艺令人惊叹地结合在一起。"③只要能站到这样高度来理解爱因斯坦作出的新贡献,对在千年之交人们评选最伟大的思想家时,他能得票率高居第二名,应该是名至实归的了。爱因斯坦本人当然更清楚自己所创立的新理论的意义,所以他也一直把广义相对论看作是自己毕生最重要的科学成就。为此,他对自己后来不是因此,而是由于光量子方面的成就获得诺贝尔物理学奖还很不以为然。

　　爱因斯坦在广义相对论中阐明了引力的几何学理论,这是自然科学史上最伟大的理论成就之一,它使整个物理学的理论基础大为单一化。广义

---

①　[法]瓦朗坦:《爱因斯坦和他的生活》,世界知识出版社 1989 年版,第 59 页。
②　秦关根:《爱因斯坦》,中国青年出版社 1979 年版,第 118 页。
③　[法]赫尔内克:《爱因斯坦传》,科学普及出版社 1979 年版,第 54 页。

相对论是数学与自然科学之间相互有效结合的光辉范例,它用数学公式精确地表达了物理问题,既促进了数学的发展,又推动了物理学研究的深入。广义相对论还具体勾画出了欧几里得几何学和牛顿引力理论的适用范围,证明这两个学说是物质世界在特殊情况下的图像。爱因斯坦提出的引力学说和运动规律反映了凌驾于它们之上的更为普遍的自然规律。

　　广义相对论的成果在哲学上也有十分重要的意义。过去,人们或者从牛顿形而上学的机械观出发,或者从日常的经验出发,把空间和时间看作是互相独立存在的东西,而康德则把它们看作是人们认识世界时所固有的一种纯形式。广义相对论的创立,就使辩证唯物主义长期以来所主张的、自然科学始终尚未提供证明的论点得到了验证,这就是空间和时间都是运动着的物质的"存在形式",不仅它们与物质不能分,它们相互之间也是密不可分的。爱因斯坦有一次在向一位记者半开玩笑地解释相对论的重要成果时就突出地强调了这一点:如果所有的东西都从世界中远离出去的话,人们在过去就会认为残留下来的便是空间和时间。那么,现在人们知道了单独的空间和时间根本不存在。物质、运动、空间和时间不可分割的关系,除此之外,大概不再能更加简单明了地表达出来了。[①]

　　广义相对论的研究和创立还有一个极为重要的意义,这就是对爱因斯坦本人思想认识发展所产生的深刻影响。

　　如果说,在早期,爱因斯坦在受休谟、马赫、斯宾诺莎、亥尔姆霍兹、彭加勒等哲学家和自然科学家的复杂影响与自己自发唯物主义倾向的作用下,主要表现为一种以唯物论的经验论为主伴有潜在的唯理论的混合物的话,在研究并创立狭义相对论之后,其中潜在的唯理论的因素已大大膨胀,如他在回忆中谈到:"早在1900年以后不久……渐渐地我对那种根据已知事实用构造性的努力去发现真实定律的可能性感到绝望了。我努力得愈久,就愈加绝望,也就愈加确信,只有发现一个普遍的形式原理,才能使我们得到可靠的结果。"[②]而通过广义相对论的研究,理性主义因素又进一步突出出来。他通过广义相对论的创立,领悟出正确思维的可靠性与力量,看出了概念与理论与经验材料之间常有的非逻辑关系,看到了概念构造的普遍性。一句

---

① [法]赫尔内克:《爱因斯坦传》,科学普及出版社1979年版,第55页。
② 《爱因斯坦文集》第1卷,商务印书馆1976年版,第23页。

话,由于广义相对论是一种空前抽象的物理学理论,作为广义相对论的创立者,爱因斯坦比任何其他的自然科学家都更早、更深刻地领悟到广义相对论远离经验事实的构造性质以及在创立理论时人类想象与思维的巨大作用,更早地看出马赫哲学的狭隘经验论性质,看到这种哲学的弊端和局限性,从而使自己的哲学认识论完成了以唯物主义经验论为主要特征向以唯物主义唯理论为主要特征的飞跃,使广义相对论的创立不仅成为他科学研究道路上的丰碑,也成了他哲学思想发展道路上的一个重要里程碑和转折点。对此,爱因斯坦本人在1938年回顾自己的哲学思想的历程时就曾明确指出,自己从有点像马赫的那种怀疑论的经验论出发,经过引力问题,转变成一个信仰唯理论的人。"成为一个到数学的简单性中去寻求真理的唯一可靠源泉的人"[①]。

爱因斯坦思想上的这一重大转折首先表现在他对马赫的经验论的批判上。1917年春天,他在给挚友贝索的信中,在提到他的一位老同学弗里德里希·阿德勒时写道:"他骑着马赫那匹可怜的马,搞得精疲力竭。"[②]同年5月,他在给贝索的信中更进一步指出:"我不曾谴责马赫的小马。但你知道我是怎样想它的。它不可能产生出任何有生命的东西,'它只能消灭有害的虫豸'。"[③]与对经验主义的批判相一致的就是他对理性力量的颂扬:"在某种意义上讲,我认为像古老人所梦想的,纯粹的思维能够掌握实在,这种看法是正确的。"[④]可以说,这也是在研究广义相对论过程中始终支配着他的一种信念。而这种信念,在他越到后来就越是坚定。1931年10月4日,爱因斯坦在柏林天文馆讲课时就强调指出:"要创立一门理论,仅仅收集一下记录在案的现象是远远不够的,还必须有深入事物本质的大胆的、创造性的思维能力。因此,物理学家不应该仅仅满足于研究那些从属于事物现象的表面因素,相反,他应该进而采取推理的方法,探索事物的根本实质。"[⑤]1952年12月8日,在布朗大学学哲学的一位大学生给爱因斯坦写了一封热情洋溢的长信,滔滔不绝地表白自己如何从记忆所及的时刻起就一直狂热地崇拜

① 《爱因斯坦文集》第1卷,商务印书馆1976年版,第380页。
② 《爱因斯坦文集》第1卷,商务印书馆1976年版,第106页。
③ 《爱因斯坦文集》第1卷,商务印书馆1976年版,第106页。
④ [法]瓦朗坦:《爱因斯坦和他的生活》,世界知识出版社1989年版,第54页。
⑤ [美]杜卡斯、霍夫曼:《爱因斯坦谈人生》,世界知识出版社1984年版,第8页。

爱因斯坦。长期以来爱因斯坦的一切,不管是他的理论观点,还是他的人格,都使他五体投地。他希望爱因斯坦能给他回一封信,信中能包括一个不管什么样的信息。1952 年 12 月 9 日,爱因斯坦给他复信也特别鲜明地表达了他的唯理论倾向。他写道:"对于一个为了发现一点真理而奋斗终生的人来说,如果他能亲眼看到别人真正理解并喜欢他的工作,那他就得到了最美好的报偿。因此我对你的称赞之词不胜感激。我空暇不多,只能写上短短的几句赠送给你——诚然,没有经验基础就很难发现真理。但是,如果我们探索得愈是深入,我们的理论所包罗的范围变得愈是广大,那么,在决定这些理论时,经验知识所发挥的作用就愈小。"①

爱因斯坦广义相对论的研究和创立,在思想上经历了由唯物主义经验论向唯物主义唯理论的转变还突出地表现在他对理论评判的标准的看法上。看一种理论的正确与否,他并不过分依赖直接的经验事实,而是更注重于普遍性原理。狭义相对论创立不久,考夫曼于 1906 年提出,他的高速电子荷质比实验有利于亚伯拉罕的电子模型理论而不利于爱因斯坦的狭义相对论。

面对这样严重的挑战,爱因斯坦处之泰然。一方面固然是出于他的高度的科学道德情操,因为在他看来,对真理的追求比对真理的占有更为可贵。另一方面也是出于爱因斯坦对普遍原理的信任更甚于对个别实验事实的信任。在广义相对论创立之后,爱因斯坦又基于对普遍原理的高度信任而对广义相对论的正确性充满了自信心,在不同的场合反复强调了这样的意思,"现在,我非常满意,不管对日食的观测成功与否,我对整个体系的正确性已经不再怀疑。这件事的道理太明显了"②。

任何人的思想都有一个形成、变化和发展过程,而且面对不同的情况强调问题的侧重面也都会有所不同,大思想家也不例外。对爱因斯坦这样伟大的思想家、划时代的科学家,人们都很重视他是怎样谈论如何进行创造性劳动的,这是很好理解的。有的学者不是忠实地、完整地介绍他这方面的思想,也不是把有关论述放到提出它的背景中,放到他的思想整体中去阐述,甚至在曲解了他的原意——如把直觉理解为感觉,甚至是具有神秘色彩的

---

① [美]杜卡斯、霍夫曼:《爱因斯坦谈人生》,世界知识出版社 1984 年版,第 82 页。
② 《爱因斯坦文集》第 1 卷,商务印书馆 1976 年版,第 409—410 页。

东西,把想象等同于无根据的自由构想——孤立地引用,片面地强调他关于"我相信直觉和灵感","想象力比知识更重要,因为知道是有限的,而想象力概括着世界上的一切,推动着进步,并且是知识进化的源泉。严格地说,想象力是科学研究中的实在因素"①,等等,我认为这种做法是极不严肃的,对读者只能产生误导。

爱因斯坦没有能亲自参加英国科学家宣布观测结果的盛会。就在这次有纪念意义的聚会的第二天,《泰晤士报》的一个记者赶到柏林,请他写几句话来解释他的理论。他很高兴有这个机会就相对论讲几句话。在由于战争,学术界人士之间的国际交流可悲地中断了之后,他说道:"为了一个在战争时期在你们的敌国完成并发表的理论,你们优秀的科学家耗费了很多的时间和精力,你们的科学机关也花费了大量金钱,这完全符合你们国家中科学工作的伟大而光荣的传统。"爱因斯坦还近乎歉意地强调了他个人对英国物理学家和天文学家们的感激之情:"要是没有英国同事们的这一工作,也许我就难以在我活着的时候看到我的理论的最重要的含义会得到验证。"不过在这篇文章中,他也没有忘记以他独特的幽默感发泄一下他一直隐藏在心灵深处的一种苦涩:"今天我在德国被称为'德国的学者',而在英国则被称为'瑞士的犹太人'。要是我命中注定将被描写成为一个最讨厌的家伙,那么就倒过来了,对于德国人来说,我就变成了'瑞士的犹太人',而对于英国人来说,我却变成了'德国的学者'。"②《泰晤士报》的读者当时似乎没有认识到这个笑话的含义。

任何人都会对自己的成功感到高兴,爱因斯坦当然也不例外,何况这是对他的理论的最重要的验证。在他的自述中,有一段是回顾那个重要时刻的。他这样写道:"牛顿啊,请原谅我! 你所发现的道路,在你那个时期,是一位具有最高思维能力和创造力的人所能发现的唯一的道路,你所创造的概念,甚至今天仍然指导着我们的物理学思想,虽然我们现在知道,如果要更加深入地理解各种联系,那就必须用另外一些离直接经验领域较远的概念来代表这些概念。"③

然而,任何真正伟大的人物都不会老是陶醉在自己已取得的成就上。

---

① 《爱因斯坦文集》第 1 卷,商务印书馆 1976 年版,第 284 页。

② [法]瓦朗坦:《爱因斯坦和他的生活》,世界知识出版社 1989 年版,第 62 页。

③ [法]瓦朗坦:《爱因斯坦和他的生活》,世界知识出版社 1989 年版,第 59 页。

埃丽莎还清楚地记得爱因斯坦收到第一批英国远征队寄来的照片时的情景,他以吃惊的表情看着、看着,很快就高兴起来,"太妙了,简直妙不可言!"当他把这解释给埃丽莎听时,她低声说:"阿尔伯特,这肯定使你非常高兴!"爱因斯坦这时双眼仍在死死盯着那张照片,大声说:"这确实使我高兴极了!"埃丽莎还以为他是在为自己取得的巨大成功而高兴。其实,使他高兴的是照片的质量,因为他马上补充道:"我从没有想到当今的照相技术达到了这样完美的水平。"①因为,理论迟早总会得到证实,对此爱因斯坦从来都是深信不疑的。早在1915年11月28日,他在给阿诺尔德·索末菲写信报告自己已创立了广义相对论,对此索末菲还有些怀疑。为此,他在1916年2月8日给索末菲的明信片上就写道:"只要你研究一下广义相对论,你一定会信服它。因此,我不用发表一个字为其辩护了。"②他还不止一次地对来访者说过:"我没有期待过其他的结果!""说到理论,那我还要对您说一遍,我没有期待过其他的结果。我相信这个理论的预测是终究会证实的,就像我确信今天是星期二而不是星期五一样……那天夜晚——那是10月23日,当时我在莱顿——当海尔茨·施普尤格教授把他接到爱丁顿告诉他这个发现的信交给我的时候,我对他说的也是我方才对你说的话——我没有期待过其他的结果! 我只为我能活着听到这个消息而感谢命运。"③

战争时期作为反潮流战士、和平主义者的孤寂和愤怒的心情需要得到抚慰,由于战争造成的生活必需品的极度匮乏需要有人帮助克服,整天沉溺于科学领域的紧张探险的人,需要一个温暖的港湾好好休整以利再战。在那特殊的岁月里,如果爱因斯坦始终一个人生活在普鲁士的首都,也许很难维持平静的生活,至少广义相对论的研究进展还要更不顺利。爱因斯坦的堂妹埃丽莎是一位具有标致的仪表、高雅的天性、生动的表情、极富魅力的中年妇女。他们常常互相探视,共同回忆许多事情,有关于他们自己小时候的,也有关于他们长辈的,讲的是家乡风趣的语言和流传的谚语、格言,他们彼此交换着理解的眼神,就像老朋友一样。埃丽莎的性格无比温柔,她特别善解人意,对堂兄的照顾和关心无微不至。特别是1917年爱因斯坦得病时,埃丽莎整天守在爱因斯坦的身旁。他静静地躺在病床上,她坐在他的身

① [法]瓦朗坦:《爱因斯坦和他的生活》,世界知识出版社1989年版,第61—62页。
② [法]瓦朗坦:《爱因斯坦和他的生活》,世界知识出版社1989年版,第53页。
③ [苏]里沃夫:《爱因斯坦传》,商务印书馆1963年版,第148—149页。

旁边为他织毛衣,边给他讲柏林的各种新闻,有时也给他读读诗、小说和报纸。她那带着浓重故乡方言的述说,就像涓涓细流默默地滋润着他的心田……

埃丽莎对爱因斯坦太了解了:他喜欢吃什么东西,穿什么衣服,做什么事情,最讨厌什么……一切她都了如指掌。埃丽莎把爱因斯坦的生活安排得井井有条,甚至连爱因斯坦每天抽多少烟她都给准备好了,以便让他能专心致志地从事科学研究。埃丽莎处处保护他,以便使这个"不谙世事"的大孩子不受这个充满敌意的世界的侵犯,就像后来支持他反抗那些别有用心的人的攻击那样。共同的生活把两颗孤寂的灵魂紧密地结合在一起。

1919 年初,爱因斯坦与已分居了 5 年的米列娃办妥了离婚手续。米列娃不能使爱因斯坦有一个安静、温暖、幸福的家庭,但是她懂得爱因斯坦的价值。他们是友好地分手的。离婚后,爱因斯坦对前妻和两个孩子仍一如既往地关心、照顾。后来他由于光量子问题的研究而获诺贝尔物理学奖。爱因斯坦把全部奖金给了米列娃和两个孩子。他们也多次到柏林看望爱因斯坦。

同年,爱因斯坦与当时守寡的堂妹埃丽莎结了婚。从此构成了他一生唯一永久的个人关系,而且这种关系在他以后的生活中始终处于支配地位。埃丽莎不是物理学家,并不分担爱因斯坦的科学研究工作。青年时期爱因斯坦曾把这种希望寄托在米列娃身上,可是后来落空了。埃丽莎凭着她敏捷的才智也许能看到自己丈夫生活的世界,但她谨慎地回避了这一切。对此爱因斯坦十分满意,并对她一直怀有感激之情。

爱因斯坦再婚后的生活是十分幸福的。每当爱因斯坦遇到不随心的事,埃丽莎就耐心地开导、劝慰,说一些幽默的话,尽量使丈夫生活得轻松愉快;他们有时也带着孩子到郊外的森林中玩一天,在那里野餐、散步。爱因斯坦常常与助手关在屋子里一干就是很多小时,每当他眼里闪着光芒出现在烟雾缭绕的门口时,埃丽莎就会像唤醒一个梦游者那样慢慢把丈夫引到现实中来。她能使他逐渐注意起周围的人和盘中的食物。有一天,在消遣时,埃丽莎问丈夫:"人们都在谈论你的研究工作,他们一直在向我打听关于你的新闻。我说我一点也不知道时,你不知道我有多傻了,你能只给我讲一点点吗?"

"是的,这肯定会使你不痛快。"爱因斯坦说。他想了一会儿后又温柔地笑起来。埃丽莎用她那双茫然、宁静的眼睛盯着他。他以一种显然很认真的态度开始讲了："嗯……"但他很快又停了下来，然后兴奋起来："这样，如果有人问你，你就告诉他们你全部都知道，只不过你不能告诉他们，因为这是重要的秘密。"他为自己发现了这样一种解释洋洋得意。

埃丽莎具有敏锐的观察能力，天性善良、待人宽容，她为丈夫避免无谓的干扰，不声不响地妥善地处理了不知多少作为名人难免要碰到的各种意想不到的事情。

更重要的是，埃丽莎极富幽默感。这种幽默感帮助他们战胜了生活中不知多少大大小小的困难。有些在别人遇到了可能会烦恼得要死的事，她却可能大笑起来，用笑声赶走笼罩在心头的抑郁。她有时还用不算过分夸张的方法模仿丈夫和周围的人的言谈举止，而且模仿得惟妙惟肖。每当这些时期，爱因斯坦总是第一个开心地大笑起来。

广义相对论的关键性部分的研究成果爱因斯坦正是在这种条件下——大环境是炮火连天、战争狂热，小环境是柔性似水、情意绵绵；科研工作高度紧张、辛苦，家庭日常生活特别轻松愉快——作出的。

最难能可贵的是，埃丽莎充分认识到作为伟大思想家和科学家的爱因斯坦对人类无可替代的巨大作用。她始终全心全意地爱自己亲爱的丈夫胜过了爱自己。为保持丈夫免遭生活的拖累和任何攻击，并为他建立起一个极其安静的环境，她总是准备随时献出自己的一切。她对自己的丈夫就像对招人疼爱的与众不同的大孩子一样，始终充满了伴侣、妻子和母亲的最温柔的感情。正是埃丽莎这种崇高、深沉、伟大的爱，在爱因斯坦以后漫长的人生道路上，不仅使他在紧张、繁重的劳动之余得到温暖和慰藉，还使他在许多意想不到的打击下变得坚强，增强了战斗的勇气。

4. 现代宇宙学的诞生

　　1917 年,饥馑无情地肆虐着处于战乱中的德国首都柏林。像爱因斯坦这样不担任军事工作的院士和教授只能靠领取已经削减过的口粮生活。年初,阿诺德·宋梅尔费德去看望爱因斯坦,发现他变得苍白而消瘦。这座位于柏林阔人住宅区的寓所连火也没有生,屋里潮湿而阴冷。主人正一个人裹着一件补过的旧晨衣坐在桌子跟前吸着烟斗。可是客人立即发现烟斗里是空的,原来主人早就一点烟草也没有了。

　　"您现在在干什么呢?"宋梅尔费德问。

　　"在看一本《关于狭义相对论和广义相对论》的通俗读物的校样。"爱因斯坦告诉客人。菲维格出版社请他为一般人写一点关于相对性原理的东西,他很乐意地接受了这个建议。然而他怀疑现在——在这兵荒马乱的年代是否有人喜欢读相对性原理这样的书。说着,他把书的清样递给了宋梅尔费德。

　　宋梅尔费德翻一会书的校样,请作者注意那本书的副题——"人人可懂的论述"。

　　"这里要是写上'人人不懂的论述'反倒更正确点!"爱因斯坦高声接着说,他在这次谈话中头一次高兴起来。

　　总的说来,爱因斯坦一生都不太喜欢写书,而更愿意以短小精悍的论文的形式把自己在科学上的新发现和创造发表出去。在他,能用一句话表达清楚的东西,绝不用两句话。他更乐意把发表的研究成果敛到一起的工作让对此有兴趣的人去做。伟大的思想家和科学天才独具的特点就表现在:他感兴趣的是科学的基础——支配一切发生于世界中的东西的普遍原理,而不是什么个人的知名度和私利。他的每篇东西都有自己独到的发现和个性,他从不写那种拼拼凑凑、除了浪费纸张、浪费自己和别人的时间而不会有别的意义的东西。所以,他一生发表、出版的东西是很少的。1924 年,他写给索洛文的信很好地对此作了解释:"对我来说,对科学的兴趣限于研究原则性的东西,最好用这一点来解释我的活动的特点。我发表的东西这样少,原因就在于上述情况:认识原则性的东西的强烈愿望,导致了把大部分时间耗费在无结果的努力之中。"[①]

"最近您还发表过什么作品?"宋梅尔费德接着问道。

"一篇把引力理论的观念应用到整个宇宙结构上去的研究,"爱因斯坦回答说,"文章的题目是《有关广义相对论的一些宇宙学方面的思考》。"

就在德国可怕的屠杀还在进行的时候,在物质生活极度困难的条件下,在广义相对论创立后仅一年,爱因斯坦又在对新的领域的探索中提出了自己独特的新看法!

"把引力理论的观念应用到整个宇宙结构上去的研究",即根据广义相对论的原理,研究宇宙应该是什么样的?

宇宙到底是什么样的? 在人类居住的地球之外还有些什么? 这是一个与人类历史同样古老的问题。那深邃辽阔的苍穹,那闪烁着神秘光辉的星空,隐藏着多少诱人的奥秘,引起过多少诗人的遐想、圣哲们的沉思啊! 牛郎织女鹊桥相会的神话宇宙,天堂、地狱、上帝造人的宗教宇宙,有限无限的哲学宇宙,不同的人给出了形形色色的宇宙图景。然而,最有权利谈论宇宙的还是那些踏踏实实研究宇宙的人;是那些彻夜不眠,把望远镜指向茫茫太空的天文学家;是那些在实验室里、在伏案计算中度过日日夜夜的科学家。当时的世界科学界所认为的宇宙是一种什么样子呢?

当时在世界科学界占主导地位的看法,也就是今天一般人心目中的宇宙形象。这是经过哥白尼、开普勒、伽利略等先驱者们的开拓工作,由牛顿以他的力学体系为根据建立起来的宇宙图像,这一图像彻底打破了以地球为中心的有限宇宙论,建立起了一种无限宇宙观——宇宙是无限的,无限多的天体中包含着无穷大的质量,大致均匀地散布在无穷大的宇宙空间中。

其实,牛顿的这种无限的宇宙模型是没有经过理论和实践的充分证明的,它不过是一种设想,一种推论罢了。而且这一模型与牛顿力学之间存在

---

① [苏]库兹涅佐夫:《爱因斯坦传》,商务印书馆 1992 年版,第 360 页。

着不可克服的矛盾:既然无限大的空间中均匀地散布着无限多的天体,那么这无限多天体的无穷大质量就将使宇宙间的每一点上的引力场强度无限大,这显然是不符合实际的。爱因斯坦着手宇宙学的研究正是由于看出了牛顿无限宇宙模型同他的力学理论之间的深刻矛盾。

爱因斯坦通过对这一深刻的内在矛盾的分析,根据广义相对论空间时间弯曲的观念,提出了一个有限无边的静态宇宙模型,他关于这一问题的思想就反映在他1917年发表于《普鲁士科学院会议报告》中的前面已提到的论文中。

爱因斯坦提出的新的宇宙模型主要有三个概念。一是"静态"。他提出了一个所谓的"宇宙学原理",认为宇宙间的物质均匀分布,从宇宙的随便什么地方观看宇宙,所看到的宇宙图像都是相同的。就像站在球面上观看球面,不论站在哪一点,看到的球面都是一个模样。爱因斯坦的静态宇宙模型还进一步假定,宇宙空间中的物质不但分布均匀,而且还是静止不动的。不用说,他作这些假设都是从宇宙观的角度讲的。二是"有限"。与"有限"紧密相连的第三个概念是"无边"。这就是说,爱因斯坦的宇宙图景虽是有限却是无边的,所以它也并没有什么"之外"的东西。爱因斯坦的理论根据是物质在空间的分布,会使空间发生弯曲。物质怎样分布,空间就怎样弯曲。物质按某种方式分布,空间就有可能弯曲成一个封闭的区域——有一定的直径,有一定的体积。这就是爱因斯坦的有限无边的宇宙。

好,大科学家爱因斯坦认为宇宙是有限的,消息传到牧师、神父的耳朵里,他们简直高兴得得意忘形了!"什么?宇宙有限?嗯——好极了!"他们满以为这次可捞到了稻草。

罗马教廷学院的天主教哲学家为此发表了长篇大论,对爱因斯坦大加恭维。仿佛宇宙有限,也就一定有边,在其外就只能是天堂,那就是上帝的处所。

对这样的人有什么好说的呢?他们反正总是要利用科学"证明"自己是正确的。对于他们,爱因斯坦作了最好的回敬。他在第一次访问英国的时候,在一次宴席上,他的邻座是坎特伯雷大主教。这位大主教对相对论颇感兴趣,并且指望能从相对论中找到一些对于上帝存在有用的东西。他对爱因斯坦亲切地说:"郝尔丹勋爵对我说,相对论会改变我们的宗教道德观念呢!教授,关于这个问题,你有什么看法呢?"

"别信他,相对论讨论的纯粹是科学问题。"爱因斯坦斩钉截铁地说。

对于宗教,对于形形色色的神秘主义与科学的关系,爱因斯坦的观点向来是很鲜明的。1921 年 2 月,爱因斯坦在柏林收到维也纳一位妇女的来信,她希望知道爱因斯坦是否就灵魂存在与否以及人死后的个人发展情况形成了自己的见解。爱因斯坦在这之前也收到过许多提出与此大同小异问题的信。于是他于 1921 年 2 月 5 日写了一封篇幅较长的信,其中谈到:"我们这个时代的神秘主义倾向表现在所谓的通神学和唯灵论的猖獗之中,而在我看来,这种倾向只不过是一种软弱和混乱的症状而已。"

"我们的内心体验是各种感觉印象的再造和综合,因此,脱离肉体而单独存在的灵魂这种概念,在我看来是愚蠢而没有意义的。"[1]

20 世纪 50 年代初,爱因斯坦收到一封来信,信中摘引了爱因斯坦与一位著名的进化论专家关于智力在宇宙中的地位的论述,两人的观点似乎是抵触的。爱因斯坦为此写的德文回信中有这样的话:"这里的误解是由于德文文章翻译失误造成的,尤其是'神秘'那个字,我从未说过大自然有什么目的或目标,也从未说过任何可以理解为大自然具有人的特点的话。"

"我在大自然里所发现的只是一种宏伟壮观的结构,对于这种结构现在人们的了解还很不完善,这种结构会使任何一个勤于思考的人感到谦卑。"[2]相反,爱因斯坦倒认为,神秘主义的增长正是一般社会机体衰败和崩溃的时代的特色。

对于那些唯心主义者因宇宙理论所作的别有用心的恭维,爱因斯坦从来都是嗤之以鼻。作为一个自然科学家,爱因斯坦身上自发的唯物主义始终都是居支配地位的。

唯物主义阵营,甚至自称是辩证唯物主义阵营的一些人也对爱因斯坦的"宇宙有限"大为恼火,说它是唯心主义、形而上学。他们提问题的方式和宗教神学也一模一样。"在有限宇宙之外是什么?""只能是上帝!"不同的只是神学家为此感到高兴,他们则大为恼火。他们根本就没有弄清爱因斯坦的宇宙学理论究竟是什么意思,它是怎么得出来的,就根据"宇宙无限就是辩证唯物主义,宇宙有限就是唯心主义、形而上学"的简单公式赶紧披挂上

---

① [美]杜卡斯、霍夫曼:《爱因斯坦谈人生》,世界知识出版社 1984 年版,第 41 页。
② [美]杜卡斯、霍夫曼:《爱因斯坦谈人生》,世界知识出版社 1984 年版,第 41 页。

阵,开展了对爱因斯坦宇宙有限论的声讨和批判。

　　爱因斯坦是拥护十月革命的。他支持年轻的苏维埃政权并尊敬它的伟大领袖列宁。他在校阅《关于狭义相对论和广义相对论——人人可懂的论述》的第三版的清样时就曾写过:"那种品质的人,像列宁那样的人,是人类的良心!"①他对苏联的社会主义建设十分赞赏,认为这是在极为艰难条件下所作的大规模实验。它的成功必将雄辩地证明,现在开始的事业才是正确的。有一次,爱因斯坦还公开称赞苏联的社会主义建设是"伟大的尝试"。对于苏联人民,他总是情谊满怀。20世纪20年代,他在柏林经常与苏联知识分子交往,其中不乏共产党人。1923年,爱因斯坦还参加了刚刚成立的旨在促进德国和苏联各族人民谅解、推动两国文化交流发展的"新俄国朋友会"。爱因斯坦的民主主义的激进倾向使他的同事中的大多数人都认为他实际上是坚定的社会主义者。由于他经常参加被压迫被剥削民众的斗争,具有鲜明的反法西斯军国主义的倾向,人们和他的政敌甚至经常把他当成共产党员。对于来自自己朋友中以科学的辩证唯物主义自诩的苏联理论界的这种做法使他感到特别痛心。作为对1953年苏联哲学和科学家们对爱因斯坦唯心主义观点的批判的答复,他写了这样一首打油诗:

　　　　含辛茹苦流汗水,
　　　　只为求点滴真理?
　　　　真理来自党告示,
　　　　傻瓜何苦累半死。

　　　　若有勇者存怀疑,
　　　　当头一棒作奖励。
　　　　傻瓜傻瓜听我言,
　　　　乖乖听话是妙计。

　　爱因斯坦除了真理,他不崇拜、迷信任何别的权威。在他看来,在科学王国里,谁要是以为"有了权就有了真理",想搞长官意志,这只能暴露出他

---

①　转引自[苏]里沃夫:《爱因斯坦传》,商务印书馆1963年版,第157页。

们愚蠢和可笑。所以他说:"在真理和认识方面,任何以权威自居的人必将在上帝的嬉笑中垮台!"①

爱因斯坦的静态、有限、无边的宇宙模型与牛顿的无限宇宙模型一样,他们都是在根据一定数量的观测事实,再按某种理论作一定的外推之后得出的,都是人类认识宇宙过程中的重要阶段。他们的结论虽然至多只能是相对真理,还很可能是错误的,但他们不迷信已有的教条,敢于探索,这都是很可贵的。科学正是由于有了这样的精神才发展的。他们的研究态度和方法也是科学的,是后人可资借鉴的。

事实上,爱因斯坦在提出他的宇宙模型之后过了12年,天文学上有了一次重大的突破,这就是美国著名天文学家哈勒发现,所有的星系,彼此之间的距离都在不断地增大。恒星不"恒",我们看不到它们的分离运动,是因为它们距离我们太远了。整个宇宙就像一个受了热的肥皂泡,在不停地膨胀。星系就像肥皂泡上的各个点,它们彼此之间的距离也在不停地增大。宇宙在膨胀! 这就是说宇宙不是静止的。在哈勒利用大口径望远镜作出这个重要发现之后,爱因斯坦这位世界公认的物理学权威坦然地承认自己的宇宙模型是错误的。这有什么呢? 难道大科学家就无权犯错误了吗? 或者说犯了错误的人就不伟大了吗? 伟大之所以伟大,不仅是由于他作出了别人作不出的巨大贡献,还在于他能实事求是地承认自己的错误,改正自己的错误。

爱因斯坦为了从广义相对论中解出他的静态、有限、无边的宇宙模型,甚至修改了自己心爱的引力场方程——在方程中增加了具有斥力性质的一项,即宇宙项。有人认为引入宇宙项是爱因斯坦一生在科学上犯的最大的错误。

这种说法也许不无道理。但爱因斯坦提出了一个错误的宇宙模型,却引起了一门新的科学——现代宇宙学的诞生。这难道还有什么可奇怪的吗? 哥白尼的日心地动说是人类认识史上的一次革命,可他在《天体运行论》中所阐述的那些思想就都那么正确吗? 他说包括地球在内的行星都绕着太阳作圆周运动也是正确的吗? 这难道妨碍说他揭开了近代天文学的序幕吗?

---

① [法]赫克内尔:《爱因斯坦传》,科学普及出版社1979年版,第5页。

研究宇宙的整体结构,过去根本没有合适的理论指导。爱因斯坦利用广义相对论来研究宇宙的结构,给了人们一种启示,一种可以利用的科学方法。在爱因斯坦提出宇宙模型之后,又有其他学者提出了许多新的宇宙学理论。随着观测手段的不断发展和完善,理论科学水平的不断提高,现代宇宙学正在蓬勃发展起来。从这个意义上讲,正是爱因斯坦引起了现代宇宙学的诞生。

5. 荣　誉

自 1919 年 11 月 6 日伦敦皇家学会和天文学会联席会议公布了他们两个观测队的观测结果后,著名的《泰晤士报》发表了题为《宇宙结构》的社论,说:

"关于宇宙结构的科学观念必须改变……最杰出的专家们确信,世世代代以来认为无可置疑的事实,已被有力的证据推翻,需要一种新的宇宙哲学……"①

第二天一大早,爱因斯坦的大门就被记者敲响了。第一位记者还没有走,又来了第二个、第三个。从早到晚,记者和来访者络绎不绝,一向安静的书斋,一下子成了闹市。

记者们发回去的访谈、通讯,添枝加叶,大肆渲染。一下子爱因斯坦这位"改变了宇宙结构的科学观念"的学者成了各国报纸杂志的新闻热点,也成了人们谈论的热点。连市场上都出现了"爱因斯坦式"的雪茄,"相对论"牌的香烟,不少商品还印上了爱因斯坦的像。于是,这位照片被登在画报封面上、名字出现在报刊的大标题里的"20 世纪的牛顿"——爱因斯坦一时成了全世界几乎无人不晓的人物。以至两个美国大学打赌:从美国发出一封

---

① 　秦关根:《爱因斯坦》,中国青年出版社 1979 年版,第 180 页。

信,信封上只写"欧洲,阿尔伯特·爱因斯坦收",看能不能寄到?结果信不仅收到了,而且是按时收到的。尽管爱因斯坦把这件事解释为邮局的工作出色。

英国驻柏林大使霍勒斯·朗博尔德爵士曾经向爱因斯坦讲过这样一段经历:他的儿子由学校回家时,有一只脚还没有完全从车上迈下来就迫不及待地问他:"爸爸,你见过爱因斯坦吗?"当这位大使先生不得不承认自己还不曾获得那份荣幸时,孩子惋惜地耸了耸肩,仿佛是说,爸爸你枉费了在柏林的时光。霍勒斯爵士说:"我确实被他的轻蔑弄得羞愧了!"①

1927年爱因斯坦把自己的一张照片赠送给一位老朋友内莉亚·沃尔夫,他在照片下面写了这样几行诗:

无论我去到何方,
到处有我的肖像;
在书桌上,在大厅里,
或挂胸前,或悬高墙。

人们的游戏多么新奇,
殷殷恳求:"请您签名",
不容学者有半点儿推辞,
非要他写下几笔才行。

听着耳畔这阵阵的欢呼,
有时我被弄得稀里糊涂;
偶尔清醒时我竟会怀疑,
真正发疯的莫不是我自己。

在第二次世界大战期间,沃尔夫夫人渡过大西洋来到哈瓦那,以后又去加利福尼亚。当轮船在特立尼达停泊时,一位英国军官盘问了她,并准备检查她的行李,因她持有的是德国护照。虽然她知道英方不允许旅客携带任

① [法]瓦朗坦:《爱因斯坦和他的生活》,世界知识出版社1989年版,第1—2页。

何文件或照片,但她还是舍不得丢下爱因斯坦的这张照片。没想到那军官发现这帧照片后立即停止了盘问,并且彬彬有礼地问她是否愿意把照片借给他,他想把照片上的小诗抄录下来,并想把照片给同事们看一看。沃尔夫夫人告诉这位军官他甚至有权扣下这张照片,但他却说第二天开船前一定奉还。第二天,他果然毕恭毕敬地把照片送了回来,也再没有进行盘问或检查行李。① 由此亦可见爱因斯坦影响之大和人们发自内心的对他的崇敬。

就是在那个宣布爱因斯坦的广义相对论理论得到了证实的历史性会议之后,整个世界立即掀起了一个巨大的"相对论的热潮"。无穷无尽的、各种引人入胜的关于相对论和爱因斯坦的传说在世界各地不胫而走。在美国,一篇不到 3000 字的有关相对论理论的概要可挣得 5000 美元的赏金。这就是说,只要懂得相对论,写 3 个字即可挣 5 美元。

那时,每当爱因斯坦在柏林讲课,大厅里总是挤得水泄不通,听众常常有上千人。要想知道爱因斯坦教授在哪里作报告,只要看一下这时人们朝哪里奔跑就知道了。听众中还有许多凑热闹的人,尤其是不少外国游客。一位目睹当时情景的人曾作过这样的描述:"报告厅里坐着许多身穿珍贵裘皮大衣的美国、英国阔太太,他们手举望远镜,仔仔细细地端详着这位学者。"报告一结束,这些外国游客冲向黑板,为了抢夺这位红极一时的学者写字留下的粉笔头而争吵不休。他们想把这些东西带回去,珍藏起来留作纪念。②

任何事情一"热"起来之后就难免有过火之处:浮夸、拔高,什么都来了。这种情况对于那些虚荣的人来说,正是求之不得的事。而对于实事求是的科学家爱因斯坦本人来说,简直是无法忍受的。他说:"在我看来,个人崇拜是没有道理的。虽然如此,这却仍然成为我所经历过的命运。把公众对我能力和成就的估计同实际情况作个对照,简直怪诞得可笑。意识到这种离奇的情况,就会无法容忍,但有一点却令人感到巨大的欣慰:在这个被大家斥责为物欲主义的时代,居然还把那些一生目标完全放在知识和道德领域中的人看作是英雄,这该是一种可喜的迹象。"③科学来不得半点虚伪。真正伟大的科学家、思想家不需要任何修饰和吹嘘,这就是科学家、思想家不同

① ［美］杜卡斯、霍夫曼:《爱因斯坦谈人生》,世界知识出版社 1984 年版,第 64－65 页。
② ［法］赫克内尔:《爱因斯坦传》,科学普及出版社 1979 年版,第 64－65 页。
③ ［法］瓦朗坦:《爱因斯坦和他的生活》,世界知识出版社 1989 年版,第 60－61 页。

于阶级社会中的政治家之处。这是他们的可爱之处,也是他们受到人类永远铭记的原因。他们总是反对任何不实事求是的吹嘘,反对一切形式的个人崇拜,把它视为庸俗得无法忍受的事。1919年圣诞节,他给苏黎世的朋友亨里希·粲格尔的信也表达了同样的心情和自己对这种情况的态度:"自从出名以来,我变得越来越笨,当然这是一种普遍现象。在一个人同他在其他人心目中的形象之间,至少在同其他人所说的他们心目中的形象之间,确实有着天壤之别。但他却不得不以一种诙谐幽默的心情来接受这一事实。"①

每天早班邮差一到,成百上千封要照片、征求签名的信整口袋地递了进来。也有一些是讨论科学问题的。有人请他解释空间怎么会弯曲,有人请他说明宇宙怎么可能是有限的,也有请他说明时间怎么可能拉长或缩短,也有请求帮助的。有的青年没有考上大学,求爱因斯坦帮他到教育部说说情;有的青年发明家的新发明被埋没了,请爱因斯坦在科学院帮他讲两句话……

爱因斯坦想出一个办法:请慈善机构代办要照片和征求亲笔签名的信。谁捐了钱,谁就可以拿到爱因斯坦的照片和亲笔签名。这既满足了来信者的虚荣心,又帮助了穷人,还节省了自己的宝贵时间。对于请求帮助和请教问题的信,爱因斯坦一般都要尽量回复,自己忙不过来,就请埃丽莎的大女儿帮忙。

信件还好对付,难打发的是找上门来的人。摄影家、画家、雕刻家,甚至知道爱因斯坦喜欢音乐后,音乐家、提琴手、三教九流的各种艺术家都来找他。已经成名的是为了丰富自己的作品,尚未成名的是想借爱因斯坦的大名去扩大自己的知名度。幸好有埃丽莎礼貌周全地为他挡了不少驾,但也总有不少能软磨硬泡的人非要白白浪费爱因斯坦的宝贵时间不可。

爱因斯坦知道,自己所以声名大震是由于创立了广义相对论。但当9岁的小儿子问他时,他还真的被问愣了。

"爸爸,你怎么变得那么出名?你到底做了些什么呀?"

爱因斯坦给问住了,他想了想,回答说:"当一只瞎眼睛甲虫在一根弯曲的树枝上爬的时候,它看不出树枝是弯的。我碰巧看出了那甲虫所没有看出的事情!"这里,爱因斯坦把人类比做瞎眼睛甲虫当然是不合适的,但不这

---

① [美]杜卡斯、霍夫曼:《爱因斯坦谈人生》,世界知识出版社1984年版,第15页。

样他又怎么能使 9 岁的儿子懂得他所说的空间时间弯曲呢？

尽管如此，他对全世界因此对他崇拜到如此地步还是感到有些难以理解："我真不明白为什么会这样？""由于写了几篇在全世界只有少数人能看懂的文章，我似乎才得到了这种声誉？"一部关于爱因斯坦的电影在纽约的自然科学博物馆上映时，人流像海潮拥向这个博物馆，当时的情况简直成了一场骚乱，以致不得不动用警察加以平息。

历史是公正的，人们心中都有一杆天秤。谁为他们做了多少多大的好事，他们总是清清楚楚，念念不忘，感激他，以各种方式表示对他的崇敬。爱因斯坦的理论是极其抽象的。但是科学愈是不局限于直接的主观的观察，愈是深入到自然界的客观规律中去，它就更与人接近，更富有人性。这就是说，一种理论在越是普遍的形式中表现出来，它就越光彩夺目，丰富多彩。由于爱因斯坦的理论远离各种具体的个别的问题，是全世界人民都关心，而且是人类世世代代都受益无穷的宇宙的一般图景的问题，所以整个世界都崇敬他，并且这种一般说来不夹带个人因素、发自内心的崇敬达到了无以复加的地步，还经久不衰，使他与那些即使再好，一般说来也总是在有限的时期内为有限的人服务、生前显赫无比，但很快就烟消云散，甚至还要遭到清算的政治家形成了鲜明的对照。

著名物理学家、思想家——爱因斯坦后来的学生和助手英费尔德对爱因斯坦享受的这种盛誉，曾联系当时的时代背景提出了一些原因分析：

"这件事是在第一次世界大战结束后发生的，人们厌恶仇恨、屠杀和国际阴谋。战壕、炸弹、屠杀留下了悲惨的余悸。谈论战争的书籍没有销路和读者。每个人都在期待一个和平的时代并想把战争遗忘，而这种现象能把人类的幻想完全吸引住。人们的视线从布满坟墓的地面聚集到满天星斗的太空。抽象的思维把人们从日常生活的不幸中引向远方。日食的神秘剧和人类理性的力量，罗曼蒂克的场景，几分钟的黑暗，尔后是弯曲光线的画面——这一切和痛苦难熬的现实是多么不同啊！"

英费尔德还指出："还有一个看来最主要的原因：新现象是一位德国学者预言的，而英国的一些学者验证了它。不久前还属于两个敌对阵营的物理学家和天文学家们又开始一道工作了。或许，这就是新的时代、和平时代的一个开端？据我看来，人们向往和平是爱因斯坦荣誉不断增长的主要原因。"①

还有两个原因是：战争期间通行的是反智力的路线——神秘主义和一种类似宗教的战争狂热。而相对论，即使是许多并不完全了解它的内容的人也能感觉出，它是特别颂扬人类的健全理性的。而饱受战争之苦之后的人类，当他在考虑这一切究竟是怎样发生的和何以能发生时，自然要对这种充满了理性，甚至可视为理性的代名词的广义相对论及其作者佩服得五体投地。不用说，沙文主义和一切反动势力对爱因斯坦及其相对论的诽谤中伤，对"爱因斯坦热"客观上也起了一种推波助澜的作用，因为这也激起了广大公众对相对论及其创立者的兴趣。

有人说得好："荣誉这东西，是人民大众对于杰出人物的嘉奖。它像美酒，给人以欢愉。但美酒喝多了，却也能使人陶醉、麻木，甚至昏死。"②长久生活在荣誉的包围之中，却不受荣誉侵蚀的人是很少的，而爱因斯坦就是这种不受侵蚀的一个。

虽然在我们看来，爱因斯坦受到世界各国人民无比崇敬是很自然的，他当之无愧，而他自己对此却总觉得诚惶诚恐。因为在他看来，"仅凭知识和技巧并不能给人类的生活带来幸福和尊严。人类完全有理由把高尚的道德标准和价值观念的宣道士置于客观真理的发现者之上。在我看来，释迦牟尼、摩西和耶稣对人类所作的贡献远远超过那些聪明才智之士所取得的一切成就。如果人类要保持自己的尊严，要维护生存的安全以及生活的乐趣，那就应该竭尽全力地保卫这些圣人所给予我们的一切，并使之发扬光大。"③他还在各种不同的场合反复多次地强调过道德的至上性。重视伦理道德对社会的巨大作用无疑是正确的。这也表明他自己是一位很注重道德修养的人。但道德作为一种社会意识，归根到底是由社会经济基础决定的。而科学作为技术进步、生产力提高的决定性前提，归根到底是社会进步最强大的推动因素。所以马克思说，与手推磨相联系的是封建社会，与蒸汽磨相联系的是资本主义社会。这种历史唯物主义的观念，爱因斯坦显然还没有达到。当然，他的这种认识恐怕也是与他所处的时代，在沙文主义的影响下，不少

① 秦关根：《爱因斯坦》，中国青年出版社 1979 年版，第 184 页。
② 秦关根：《爱因斯坦》，中国青年出版社 1979 年版，第 184 页。
③ ［美］杜卡斯、霍夫曼：《爱因斯坦谈人生》，世界知识出版社 1984 年版，第 61—62 页。

自然科学家也致力于使科学技术变成刽子手手中强有力的杀人工具这种现象分不开的。

　　当然,这只是把科学与伦理道德相比较,决不意味这位伟大的科学家自己就看不到科学对社会进步的巨大意义。相反,他认为科学研究对于一个社会的进步来说是不可缺少的。他就曾经明确说过:"当科学研究开始落后时,一个国家的精神生活就会崩溃,并且它窒息了将来可能的发展。"①

　　说来简直令人难以置信。爱因斯坦是一个多少带点羞怯的人,他谦卑、胆怯,甚至缺乏"正常剂量"的自信力。他对狂热的崇拜者的无以复加的虔诚和热情是那样地受不了、不习惯,但他内心又却是那么坚强,他像高山巍然屹立,抗击着尘世浮华和奢望的侵蚀,一如抗击当年仿佛要摧垮他的艰难生活和经常遇到的别有用心的人对他的中伤和诽谤。他,就是他,永远是他,不论在什么情况下,他总是那么朴实、自然,自然得就像未加修饰过的大自然本身一样。有些活动他不得不出席,他出现时,场上总是欢呼声振聋发聩,每当这些时候他总是摆摆手,微笑着向人群答谢,可很快你就会发现,他只是机械地在维持着这种动作,思想早已不知飞到什么地方去了。常常是情况已经变了,他原有一些动作还按惯性在持续着;或者情况突然有了改变,他也发现不了,常常需要通过别人的提醒才能重新回到现实中来。这世界上恐怕再也没有比爱因斯坦对有关自己的这种事情更超脱的了,对这样的荣华能如此地不动心,这无疑也是他像在科学上创立相对论那样作出的空前的一种创造。在接到广义相对论得到证实的消息后,他做的唯一的事不过是给母亲拍了一份电报。其目的是为了使年老多病的母亲能从中得到一点快慰。有一位柏林最有名气的主妇,一天想请爱因斯坦赴宴,她列出了邀请参加的所有著名客人的名字,然后去找爱因斯坦,爱因斯坦尖刻地问:"如此看来,你是想让我担当宴会的主角了?"说完转身就走了。埃丽莎悄声对那位夫人说:"阿尔伯特是不可能这样去做的。"爱因斯坦对吃吃喝喝、挥霍劳动者的血汗从来就很反感。对借这一种做法要达到别的不可告人的目的就更不待说了。早在1909年夏,他应邀参加日内瓦大学为纪念加尔文创建该校350周年时就表露过这样的情绪。庆典活动结束时举行极为丰盛豪华的宴会,当时他问坐在自己身边的一位日内瓦显贵:"你知道如果加尔文

---

　　① 　[法]瓦朗坦:《爱因斯坦和他的生活》,世界知识出版社1989年版,第98页。

至今还健在,他来这里会干些什么吗?"那人说不知道,并反问他会怎样。爱因斯坦说:"他肯定会点燃一堆熊熊烈火把我们这些罪恶的贪吃鬼统统烧死!"①这种看法他终生未变。所以,他讨厌数不清的宴会作为少数例外,他只接受与五六个人共同进餐的邀请。一旦他察觉到这是别有用心的借口,他就会毫不留情地表现出来。对有些实在很难推托的宴请,埃丽莎怕失礼,只好编一个爱因斯坦有更重要的原因实在不能参加的谎代他前往。

有一位好奇的女士,不知疲倦地做了许多工作。她曾以自己的建议纠缠了爱因斯坦和埃丽莎很长时间。她是那么不屈不挠。爱因斯坦固执地不愿见她竟使她感到那么痛苦。这使埃丽莎深受感动。有一次,埃丽莎问爱因斯坦:"我们可以在开音乐晚会时请她来参加一次吗?"爱因斯坦耸了耸肩,因为对他来说,听演奏的人多一个少一个都无所谓。这次音乐会,他是为了给一个很有才华但尚未成名的音乐家捧捧场,当然对他自己来说也是一种很好的休息。其实,"他演奏得很好,而我却不怎么样,但他相信与我同台演奏会使他扩大名场"。爱因斯坦对这种不合逻辑的社会事实感到好笑。

在那次演奏过程中,他沉湎在音乐中,完全忘记了很多人已经拥进他的房间。他茫然地看着川流不息的拜访者,动听的旋律在他脑海里回荡,完全压倒了那些低声的祝贺。快结束时那位不屈不挠的女士面带着迷人的表情走到他面前:"教授先生,我希望您允许我下次能再来。""不。"爱因斯坦平静地对她说,没有一点严肃生硬,仿佛是在讲与他们两个人都毫无关系的一件事。他以吃惊、不解的目光盯着那位慌乱、狼狈的女士离开了他的房间。埃丽莎大叫起来:"阿尔伯特,你怎么能这样!""可是她为什么还要再来?"他显出一脸真正吃惊的样子,他丝毫不能理解他惹出来的尴尬局面:"我没有发现她有再来的必要。"像这类事多了,有时他能毫不留情地向一位地位虽然显要但很庸俗的人下逐客令。他对一切世俗的考虑都充耳不闻,因此他常常被人指责为"天真幼稚"、"固执"。但他的巨大声望帮了他的忙。有的人在他那里明明碰了一鼻子灰,出去后还要吹嘘爱因斯坦如何平易近人,如何有教养,对自己如何热情等。此外,他的性格古怪的名声在某种程度上也掩护了他。这些做法在伟人身上不仅不是遭人痛恨的毛病,反而也成了铸成他伟大成就的有机组成部分的轶事与他的成就一同被人们传诵了。

① [美]杜卡斯、霍夫曼:《爱因斯坦谈人生》,世界知识出版社1984年版,第14页。

　　名誉也能带来许多物质上的好处和好运气。但是爱因斯坦坚决拒绝各种令人难以相信的供奉和巨额酬劳。如在银幕上露 10 分钟的面就可以拿到一笔惊人的报酬。他们坚持说，这对他来说毫不困难，只是站在黑板前，手里拿一支粉笔。爱因斯坦不禁大笑起来："下一步是什么？你们难道真的相信我会像一只马戏团的猴子那样表演？"爱因斯坦和埃丽莎都渴望摆脱各种各样的额外收入。他们认为，那收入对于他们朴素的生活方式来说是多余的。

　　但是也有例外。也许是由于他青年时代经受过太多的苦难，对别人给自己的无私帮助始终抱有崇敬的感激之情。他对那些虽然并不重要但确实需要他的人总是有求必应。他常常会毫不犹豫地把一位要求见他的可怜的倒霉人引进小屋，亲密地谈上几个小时，帮他想办法，解决问题。任何出于道义或物质上的遭遇所发出的呼吁他都是不遗余力，大力帮忙。有时，他知道后，在别人尚未向他提出请求之前他就主动为他们做了。名声大震之后，他也常常被那些乞讨者所包围。而且一大批相信能得到他的帮助的亲戚也找上门来，还有一些根本不相识，遇到了困难的人也来请求爱因斯坦夫妇帮助。为此，埃丽莎不得不询问每个人的情况，把这些人的问题分类解决。因此有些滑头的人也趁机钻空子。而遇到这种情况爱因斯坦由于对贫穷者的深刻同情也往往上当。有一次，埃丽莎气愤地对爱因斯坦说："怎么，阿尔伯特，你又给那骗子这么多钱？他已经愚弄你好几次了！"爱因斯坦平静地回答说："他肯定还是那样需要钱，人怎么会为了欢乐去乞讨呢？"他凝视着大家，样子仿佛是向大家挑战：你们能否定这样的理由吗？他把他的精力全集中到他的探索的大事情上去了。

　　有一次，他从伦敦去布鲁塞尔。本来他身上带了好多钱，但由于遇到了许多比他更需要钱的人，他就给了人家。以致当他去买到布鲁塞尔的车票时，手头的钱除了买一张三等车厢的票外就只剩下几法郎了。为此，他不得不在布鲁塞尔的大街上徘徊了好久，他想找一处便宜的住所。最后，走到了一个贫民窟。他浑身是灰，头发蓬乱，衣服破敝，除了手中提着一只小箱子外什么也没有。他找到店主问："你们有电话吗？""电话在酒吧间。""你知道怎样接通莱肯吗？对，是莱肯城堡。""王室所在？"那位店主和坐在酒吧间的先到的顾客们听到这位流浪汉似的外地人在找王室，交换着吃惊的眼神，立即警觉起来：他是疯子呢，还是个无政府主义者？很可能是个危险主义分子。当爱因斯坦走出电话间时,发现门口已经聚集了一大群人。原来,在他紧张地打电话时,这个新闻已传了出去。两个警察站在门口,在等一辆救护车。人们做梦也没有想到,站在他们面前的流浪汉原来就是他们的王室正期待着的最尊贵的客人——当时在全世界最著名的人——爱因斯坦。埃丽莎为避免这样的事再度发生,丈夫每次旅行,只要自己不跟着,总要为他订好头等车厢的往返票。可是爱因斯坦本人每想起这次经历却大不以为然,也许他还有些暗自得意:总算有一次没有被人认出来。平时,他常常趁家人不在,把人家刚给他送来的许多贵重的礼物送给别人。

他当然也知道声望的意义,并且有时也利用它为穷苦的人、为人类效劳,宣传他希望得到传播的观点。其表现之一就是在为慈善机构募捐或为某项事业辩解时,他同意在公共场合露面、讲话。由于埃丽莎知道他的为人,有时在他不在的情况下答应了这类安排。他回来后虽然总要发两句牢骚,但最后总是去尽职尽力。事后还常常对埃丽莎开玩笑说:“这一次你把我卖了多少钱?”有时甚至还用赞赏的口气讲到埃丽莎为他作的这些安排:“她知道怎样去做这些事,每次她都能用我得到相当巨额的收益。”

不过,对此他内心是很矛盾的。一方面,他感到自己对人类有责任,随着声望的提高,他愈加感到对人类的义务的加重。作为一个社会的人,作为一个对同胞充满了兄弟般的同情的道德高尚的人,他感到这类事他不能不管,自己应该努力为公众事业服务,贡献自己的力量,声望成了一笔必须偿还的债务。他常常强调科学家对人类的责任。他说:“对人类及其命运的关心肯定始终是一切技术努力的主要兴趣,在你埋头于图表与方程时,永远不要忘记这一点。”在爱因斯坦看来,在象牙塔里的科学家永远是荒谬可笑的,甚至是“罪犯的同谋”。他曾用这样的话概括过自己的生活动机:“只有为了他人而生活才是有价值的。”①另一方面,他生性清高孤独,不愿受任何束缚。他曾谈到那种“难以言明的孤独”,那孤独甚至深深地影响了他和那些与他最亲密的人的关系。同时,精深的理论研究本身也需要清静,需要科学家不受干扰,全身心地投入。岁月的流逝日益加深着他对孤独的热爱,他更乐于享受孤独。越这样,他也就对那种喧闹的、意义不大的应酬场面感到反感、讨厌。他不愿让人家宣扬自己,尤其不愿意人家把自己的照片登到报刊上,

① [法]瓦朗坦:《爱因斯坦和他的生活》,世界知识出版社1989年版,第69—70页。

所以他对那些不知疲倦的、热心的摄影师特别不友善。他总是抱怨这些人剥夺了他隐姓埋名地生活的权利,他谴责他们使他每天都遭到麻烦。他对他们的不满甚至到了这样的地步:一次,摄影师正给他照相,他冲着摄影师吐舌头,做鬼脸。没想到这位摄影家真把这张一条大舌头占据了一张脸中部、一束束头发耸立在头顶——活像一个魔鬼的照片登了出来,结果各国出版界争相印刷、发行。这成了科学史上的一则笑话。

广义相对论的创立为爱因斯坦赢得了巨大的声誉和普遍的崇敬,同时也激起了某些人强烈的嫉恨和恶意的中伤。在相对论的热潮席卷世界的时候,在德国成立了一个旨在把相对论搞臭的"德国自然哲学家研究小组",它的头头是魏兰德。由于他手中有的是来路不明的钱,只要有人肯写文章、作讲演攻击相对论,辱骂爱因斯坦,他就付给丰厚的报酬。因此,他很快拉起了一帮只要金钱、不要良心的人的小圈子。

他们的精神领袖是勒纳德教授,他是实验物理学家,因研究光电效应获1905年度诺贝尔奖。爱因斯坦正是在这一年发表了光量子论,对勒纳德的实验结果从理论上作出了解释。当时勒纳德对爱因斯坦佩服得五体投地。但在第一次世界大战爆发后,勒纳德投入了反动派的怀抱,成了狂热的德意志至上主义者和反犹太主义者,公开攻击起爱因斯坦这位坚决反对沙文主义的和平主义者、犹太科学家来了。

最早是1920年2月,他们操纵柏林大学的一些大学生妄图在爱因斯坦讲课时捣乱。爱因斯坦被迫中断报告,愤然离开了课堂。后来,学生会出面调停,对此次破坏表示歉意,请求爱因斯坦继续上课,这样事情才算过去。但该年夏天,在柏林街头又贴出了海报,预告将在德国各大城市举行20多次声讨相对论的报告会。首次报告会是8月24日在柏林音乐厅举行的,爱因斯坦也参加了,他与老朋友劳厄坐在同一个包厢。

魏兰德首先跳了出来。他说:"诸位,我们今天在这里集会,要从科学、哲学、国家和民族的角度来讨论相对论。首要的,是要从国家和民族的角度来讨论相对论,因为国家和民族是至高无上的!"他的追随者和一帮沙文主义者使劲地鼓掌。

接着,他又别有用心地煽动道:"所谓的相对论创立者,据我所知,不是德国人!"下边立即有人尖声怪叫:"他是犹太人!"

魏兰德看到台下的反应,得意地接下去说:"这个爱因斯坦,他大肆剽窃,热衷于吹嘘。他的相对论是自己吹出来的,是人家捧出来的!那是什么货色呢……这不是科学的进步,这是科学的退化!诸位请看,我们的敌人把他捧到天上,俄国的布尔什维克也肉麻地吹捧他。诸位,我们要警惕呢!敌人那样吹捧他,这就很说明问题啦!但是,很遗憾,有不少德国报纸也跟着起哄!"

"那是犹太人的国际阴谋!""这个犹太小子,我们非要给他点颜色瞧瞧不可!"台下的打手们大叫大嚷。"为了相对论大叫大嚷,闹得甚嚣尘上,这是与德意志的科学精神背道而驰的!"魏兰德声嘶力竭地说。

会议的过程完全是事先串演好的一场双簧。

劳厄实在听不下去了,一面跺脚,一面骂道:"不要脸,真是丧尽天良!"而爱因斯坦自己反而忍不住哈哈大笑起来,他还跟着大家一起鼓掌。并不是他被气疯了,而是报告人说得太好了:"大叫大嚷,闹得甚嚣尘上!"

第二个报告人是柏林大学的物理学讲师。他引经据典地企图论证爱因斯坦的成果是剽窃来的,而且是多么"荒谬绝伦"。他的演讲搞得人昏昏欲睡。

"看,爱因斯坦!"不知谁这样说了一声,会场上几乎所有的人都把目光转向了被批判对象。这时,除劳厄外,还在聚精会神地倾听对相对论批判的就只有爱因斯坦本人了。在整个闹剧的始终,他都泰然自若,仿佛自己只不过是一个好奇的观众。

这丑恶的闹剧引起了德国科学界许多正直的、有良心的学者的愤慨。第二天,劳厄与能斯特和鲁本斯联名向柏林各大报发表了声明:怒斥无耻之徒们对相对论和爱因斯坦的恶毒攻击。他们在声明中说道:"……凡有幸与爱因斯坦接近的人都知道,在尊重他人的文化价值上,在为人的谦逊上,在对一切哗众取宠的厌恶上,从来没有人能超过他。"

8月27日,《柏林日报》上登出了爱因斯坦的声明——《我对反相对论公司的答复》:"……我非常明白,那两位讲演者都不值得用我的笔去回答,而且我有充分的理由相信,他们办这个企业的动机并不是追求真理(要是我是德国公民,不管有没有'卐'装饰,而不是有自由主义和国际主义倾向的犹太人,那么……)因此,我之所以要答复,仅仅是由于一些好心人的劝说,认为应当把我的观点发表出来。"

德国物理学会主席索末菲也给爱因斯坦写来了信。对于迫害爱因斯坦的事件,他表示震惊和愤怒。他希望爱因斯坦的心不要因此受到干扰,并呼吁他在德国处于困难的情况下不要离开德国。

9月23日,在"德国自然科学家和医生协会"的年会上,反相对论的策划者枢密顾问勒纳德教授终于亲自出场了。爱因斯坦发言一完,勒纳德就要求发言,结果两人在讲台上进行了一场激烈的辩论。但在这个会上,勒纳德们不仅理屈词穷,而且势单力薄。因为真正的科学家都是站在爱因斯坦一边的。

但是,沙文主义者们并没有甘心他们的失败,他们由于害怕爱因斯坦的社会主义倾向及其影响,还出版了一本《反爱因斯坦百人文集》,甚至把他的名字秘密地列入了暗杀对象的名单[①]。有人竟公然在柏林的报纸上狂吠要谋害爱因斯坦。

为此,他当时对记者说:"我像是个躺在舒适的床上的人,臭虫总是要来打扰我!"他还说:"在柏林,大家——主要是我的那些同行,都对我十分热忱。但是,这几个月,尤其是英国公布的日食考察结果证实了我的预言以后,有些人却存心陷害我。"[②]

但爱因斯坦面对如此疯狂的诬蔑、诽谤,甚至阴谋杀害自己的形势,却表现得惊人的镇静,一如对待对他歌功颂德的狂潮那样。他是高耸云霄的大山,无论是崇敬的巨涛还是诋毁的风暴都不能动摇他的半根毫毛。他照常想他要想的,干他想干的,从不让这些叫人讨厌的事进到自己心里去。1949年2月22日,爱因斯坦给作家马克斯·布罗德写的信很好地表露了他是怎样对待诽谤和攻击的:"你对(伦敦)《泰晤士报》文学增刊所载的那篇书评如此义愤填膺,不禁使我哑然失笑。有人为了一点钱,才有一知半解,就去写一篇似通非通的、谁也不会去仔细阅读的文章,对此你怎么能认真对待呢?外面发表的针对我的无耻谎言和胡诌的东西多得可以用大桶来装,如果我对他们稍加注意的话,那我早就成泉下之鬼了。人们应该这样去安慰自己:时光老人手里有个筛子,那些重要货色中的绝大部分都会漏过网眼,掉入遗忘的深渊,而所剩下的也往往还是些糟粕。"[③]

---

① ［苏］里沃夫:《爱因斯坦传》,商务印书馆1963年版,第161页。

② ［法］赫克内尔:《爱因斯坦传》,科学普及出版社1979年版,第67页。

③ ［美］杜卡斯、霍夫曼:《爱因斯坦谈人生》,世界知识出版社1984年版,第26页。

第六章
和平使者

第一次世界大战虽然结束了,世界也现出了新的曙光。但反动势力并没有因此而甘心失败。他们挑动的排犹活动日甚一日,法西斯主义迅速发展,新的战争危险正日趋严重。

广义相对论的被证实,使爱因斯坦的名字响彻全球。邀请信像雪片一样从世界各地飞向柏林哈伯兰大街 5 号爱因斯坦的寓所。在广义相对论创立后的一段时间内,爱因斯坦利用自己在科学界和世界各国人民心目中的崇高威望,像巡回大使那样,周游列国,为反对种族迫害,反对战争,奔走呼号,宣传自己的政治主张和学术思想,与各国科学家共同探讨新的科学问题,这时,他的科学兴趣已转移到量子力学理论和统一场论上了。

1. 重新成为德国公民

读者一定会感到奇怪,爱因斯坦不是从小就讨厌德国的军国主义气氛,坚决要求放弃德国国籍,在靠接受亲戚们的接济上学的困难条件下硬是每月从嘴里省下一些钱,好不容易才凑足归化费获得和平中立的瑞士国籍的吗?他不是在德国鼎盛时期自己被请到柏林当科学院院士也坚持不肯放弃自己的瑞士国籍吗?为什么在德国战败之后,自己又受到"反相对论公司"迫害的情况下反而重新要做德国公民呢?

事情是这样的:

1918 年春,德意志帝国在西方发动的大规模攻势失败,8 月初不得不重新放弃 5 月以来所占领的全部地区,退回自己的防线。秋天,又爆发了士兵起义和工人罢工,前线开始崩溃。11 月 9 日,德皇威廉二世被迫退位。卡尔·李卜克内西和罗莎·卢森堡领导的总罢工工人和起义士兵,准备效仿十月革命,宣布成立德意志苏维埃共和国。消息传到议会大厦,那里的社会民主党右派领袖们大吃一惊,为了抢在左派前头,立即宣布——"共和国成立了!"

爱因斯坦亲身经历了 11 月 9 日"革命"。那天,他到柏林大学去讲相对论。他上午一出门,满街都是罢工工人和起义士兵。大学生们兴高采烈地喊道:"罢课了!革命了!"爱因斯坦只好折回家。但他在那密密麻麻、满是公式的讲稿下边兴奋地写下了这样一行小字:

11 月 9 日,因革命停课。

德意志帝国完蛋了!军国主义垮台了!共和国成立了!第二天,爱因斯坦以极其喜悦的心情,给母亲写了一张明信片:

运动正以真正壮丽的形势发展……能亲身感受到这样一种经历,是多么荣幸!为了酬答这辉煌的成就,无论怎样严重的崩溃,人们都会乐意忍受。在这里,军国主义的官僚政治已被铲除得一干二净。

显然,这位对于自然界看得比谁都深、都透,埋头研究宇宙间最普遍规律的物理学家,对社会的了解却过于简单,甚至近乎天真了。

政治是极其复杂的,在野心家导演下的政治往往也是极其卑鄙、极其龌龊的。其实,早在共和国诞生的那天深夜,早已背叛了自己阶级的社会民主党议会党团领袖、共和国临时总统、马鞍匠出身的埃伯特先生已和陆军首领做了一笔秘密生意:埃伯特以答应镇压革命左派为条件,请陆军支持临时政府。议会大厦和总理府重重帷幕后面发生的这些肮脏勾当,这是爱因斯坦和无数善良的革命者做梦也没有想到的。他还以为是战败创造了奇迹,从今以后,德国将出现和平、民主、自由和社会主义。

由于共和国的领袖们向反动派投降,和他们沆瀣一气,反动派得寸进尺,趁机反攻倒算。他们散布什么德军所以吃败仗,是因为"背后中了暗箭",以此欺骗群众,把战争失败归罪于所谓的"十一月罪人"的出卖。他们叫嚣要清算"十一月罪人"。就在这种形势下,社会民主党左派领袖罗莎·卢森堡和卡尔·李卜克内西这两位真正的工人革命家被暗杀后抛尸于施普河中。接着,作为外交部长、才华出众的犹太人、爱因斯坦的好友腊特瑙也在柏林郊区遇刺殒命。

反动派要清算的所谓的"十一月罪人",包括和平主义者、民主主义者和犹太人。而爱因斯坦正好三者俱全。他不仅是犹太人,还是著名的坚定的和平主义者,在政治倾向上他更是属于资产阶级民主派的左翼,是一个激进的民主主义者,人们甚至把他看成是"坚定的社会主义者"。尽管他从来没有参加过任何政党,但他与社会主义者、资产阶级左翼政治家和人文科学家蔡特金、霍夫曼、科尔维茨在当时共同签署了许多有关政治和人道主义的宣言和声明都是众所周知的。因此,威望极高而又常常被推上德国和世界政治舞台的爱因斯坦,自然成了反动派要清除的对象。除了"反相对论公司"肆无忌惮的迫害,反动的政治流氓们还把爱因斯坦列上了暗杀对象的黑名单。

爱因斯坦也意识到自己处境非常危险。1922 年 7 月 6 日,他从基尔写信给普朗克时说:"多方面警告我,最近不要在柏林逗留,特别要我无论如何不要在德国公开露面,因为我是那些谋杀行动策划者——民族主义分子的眼中钉。"十天后,他从柏林写信给索末菲时也说:"自从腊特瑙遭杀害后,这里动荡不安。我还不断被警告,弃却教席,回避公开场合。这确实有道理,因为排犹主义恶势力十分猖獗。"①

这时,从苏黎世和莱顿发来了热情的邀请,请他离开饱经战争创伤、自身处境又十分危险的德国,到中立的瑞士和荷兰去,那里有丰厚的报酬和安乐的生活在等待他。但是,当年痛恨德国、不愿做头等强国德意志帝国公民的爱因斯坦,在这种情况下反而眷恋起战败的德国来了。1919 年 9 月,他给好心的埃伦费斯特回信道:

> 我答应过普朗克,决不背弃柏林……我在政治上的希望正在实现,如果不必要的出走,这将是小人行径……在大家感到屈辱的时刻,离开那些对我有深情厚谊的人们,将使他们加倍痛苦。②

他当时只是高兴地表示,只愿意接受荷兰莱顿大学荣誉教授的称号,并偶尔到那里讲点课。

是的,像爱因斯坦这样的人,怎么可能在这种时刻离开德国呢? 历时 4 年的血腥残杀是结束了,但战争的结果是德国无条件投降,割地赔款,丧权辱国。德国大地满目疮痍,叫人目不忍睹。普遍感到绝望的人们食不果腹,衣不蔽体,踯躅在街头。冬天到了,缺乏御寒的燃料,疾病到处蔓延……魏玛共和国如履薄冰,困难到了不能再困难的地步。

特别是 1920 年 3 月 13 日至 17 日又发生了卡普③政变。政变者占领了柏林,成立了新政府,迫使共和国临时政府由柏林退至德累斯顿,又由德累斯顿撤到斯图亚特。这次暴乱差点要了新共和国的命。幸好善良的人们团结一致地反对。德国爆发了全面罢工。虽然叛乱者宣布所有的雇员和工人如果第二天不回到自己的岗位上就将被枪毙,但工人们仍然坚持罢工,最后

① [法]赫尔内克:《爱因斯坦传》,科学普及出版社 1979 年版,第 61 页。
② 秦关根:《爱因斯坦》,中国青年出版社 1979 年版,第 165 页。
③ 当时东普鲁士地区农业信贷银行总裁、政变领导人。

终于战胜了反动派的叛乱。

政变虽然被粉碎了，但共和国也变得更加困难和虚弱了。在这种情况下，在战争的岁月里为德意志民族争来了无限荣誉的科学巨人、成了"德国的国宝"的爱因斯坦，是德国人唯一的精神上的安慰与骄傲。德国人民这样认为，爱因斯坦本人当然也意识到了这一点。何况，在反对叛乱、拯救民主的日子里，他还感到了一种自己从未有过的与德国人民的密切关系呢！

叛乱的失败使爱因斯坦欢欣鼓舞，他在给洛伦兹的信中写道："最近，反动派遭到如此的惨败，我们大家都可为此感到庆幸。在那帮家伙统治下，根本无法活下去！"几周后，他又给埃伦费斯特写信说："异常的平静在这里又恢复了，但仍然存在着十分尖锐的对立。整个城市笼罩着军人的飞扬跋扈和对他们的不满，还有困苦和饥饿。婴儿的死亡率高得惊人。谁也不清楚，我们政治上的趋向如何，国家已经到了奄奄一息的境地。"[①]

同情和支持弱者，这一总也改不了的习惯，使他为了支持脆弱的德意志共和国，不顾个人的安危，宁愿牺牲自己的独立性，放弃曾经给他提供了安全保护的瑞士国籍，在这时决定把自己的命运与德国联在一起，毅然决然地使自己成了一名德国公民。

为了共和国，为了和平，爱因斯坦积极地参加了一系列社会活动。其中最重要的是他参加了"国际知识分子合作委员会"，并在其中活动。

起初，他收到国际联盟秘书长寄给他的参加"国际知识分子合作委员会"的邀请，也不知这一组织具体是干什么的，只知道它是为了和平事业进行国际合作，委员中因有洛伦兹、居里夫人这些信得过的老朋友，于是他就欣然同意了。但首次会议尚未召开，他就提出辞职。这主要是抗议对腊特瑙的暗杀，抗议德国日益抬头的排犹势力。他的意思是，既然他们认为犹太人无权代表德国科学，那就请他们另外选人好了。

爱因斯坦的辞呈如巨石落水，激起了国际联盟的巨大波澜。爱因斯坦是哥白尼、牛顿式的人物，"国际知识分子合作委员会"没有他参加怎么行？于是国际联盟派人到柏林去再三挽留。好心肠的爱因斯坦经不住再三劝阻，只好收回辞呈。可是到了第二年 3 月，这位一次会议也没参加过的委员，又第二次提出了辞呈。这是抗议法国出兵进占德国的鲁尔区，也是谴责该

---

① ［法］赫尔内克：《爱因斯坦传》，科学普及出版社 1979 年版，第 60 页。

委员会在维护世界和平方面的毫无作为。他在辞职信中写道:"近来的事态发展使我相信,国际联盟既缺乏必要的力量,也没有必要的善意去完成它的使命。本人作为一个坚定不移的和平主义者,和国际联盟发生任何关系,似乎都无益处。"

于是国际联盟又来恳切陈词,坚决挽留,他们向爱因斯坦表示国际联盟如何在为世界和平事业努力。立志为和平事业而奋斗的爱因斯坦经不住他们的好话劝慰,又一次收回了辞呈。

1924 年 7 月 25 日,他出席了国际联盟的"国际知识分子合作委员会"第四届会议,这次他可是受到了深刻的教育。爱因斯坦所以过问政治,是面对日益令人不安的形势,感到对人类负有义不容辞的责任,是因为良心逼着他站出来讲话,不吐不快,所以,他的每一次发言都是为了全人类的利益,从心底里爆发出来的。正如 1920 年他对一群来访的美国人所讲的:"我的和平主义是一种本能的情绪。这种情绪占据着我,因为杀人叫我厌恶。我的和平主义不是出于什么理论,而是出自我对于一切残暴和仇恨最深切的反感。"①而那些政客及被其收买的走狗们——被各国安插进来的所谓知识分子代表就不一样了,他们说话都是严格地按照本国政府的旨意和事先密谋好的口径,他们通常都是经过通盘考虑后才发表意见,讲起话来深谋远虑,字斟句酌,表面上冠冕堂皇,背地里给人设陷阱,使绊子,充满了阴谋诡计。也许是由于这初步的经验,一般说来,爱因斯坦一生对政治家都没有好感。他曾说过:"自古至今,领袖们之所以能够掌权并不是凭借他们的思维和决策能力,而是凭借他们的号召力、说服力和利用同伴们的缺点的能力。"②他一向很谦虚,但当自己被人家和政治家扯到一起时就显得特别清高,下述故事就反映了他的这一倾向。

一位著名的德国画家曾为许多名人画过肖像。他收到美国一家杂志的来电,请他画一幅爱因斯坦的肖像。这位画家准备在杂志刊登了这幅肖像后再把它收入自己准备最终要出的一本专集。因此他于 1931 年 11 月 2 日给爱因斯坦写信,请求爱因斯坦允许他前去为他画像。他在信中说,政治家们对他的要求总是有求必应,就是皇帝也能接受画家为他画肖像的请求。

---

① 秦关根:《爱因斯坦》,中国青年出版社 1979 年版,第 168 页。
② [美]杜卡斯、霍夫曼编:《爱因斯坦谈人生》,世界知识出版社 1984 年版,第 77 页。

他还用了"提香给查理五世画像时,不慎把画笔掉到地上后,皇帝为他捡起画笔,并说一位皇帝为提香效劳是提香受之无愧的"这个典故,幽默地说,考虑到两方面的伟大程度不同,爱因斯坦将不必为他捡画笔。就是这样的"优惠的条件",爱因斯坦还是没有给画家这个机会。①

爱因斯坦在"国际知识分子合作委员会"一共任职8年,这期间断断续续出席过一些会议,作了许多发言。他呼吁改革中小学教育,因为当时的教育散布误解和仇恨的种子,把战争美化为一种高尚的事业。他倡议成立世界政府,因为超越国界之上的世界政府能防止国与国之间的冲突。然而,爱因斯坦这一切善良的愿望都化成了泡影。因为他太天真、太善良了,以为世界上所有的人也都像他那样。他不懂得世界上还有剥削阶级与被剥削阶级、殖民地与宗主国之分。一些要剥削、压迫人的人,要靠掠夺别国过日子的人,能接受他的建议吗? 1931年九一八事变,日本公然出兵侵占中国东三省,使爱因斯坦十分气愤,他向国际社会一再呼吁"用联合的经济抵制的办法来制止日本对华军事侵略"②。眼看国际联盟束手无策,他感到十分沮丧。1932年,国际联盟总部决定召开裁军会议,爱因斯坦感到这是一次机会,他参加了会议。会议期间,他还在旅馆举行了记者招待会。会上,他大声疾呼:

"战争不能人道化,只能把它消灭掉! 必须号召人民拒绝服兵役!"

在回答一位记者关于裁军会议的提问时,爱因斯坦说:

"这不是一场喜剧,这是一场悲剧……谁也没有权利轻看这场悲剧。我们没有权利笑,我们应当哭泣。我们大家应当站到屋顶上去,大声谴责这一场裁军骗局!"

他向全世界人民呼吁:

"不要去当兵! 不要去生产和运输枪炮!"

按照他的逻辑,没有了士兵和枪炮,就会有和平了。这当然是幼稚的空想,尽管动机是好的。

第一次世界大战结束后,科学界发生了一件事,在爱因斯坦看来,这件

---

① [美]杜卡斯、霍夫曼编:《爱因斯坦谈人生》,世界知识出版社1984年版,第87—88页。

② 周培源:《举世景仰的科学巨匠——在纪念伟大的科学家爱因斯坦诞辰100周年大会上的报告》,《人民日报》1979年2月21日。

事"比星光的偏差和'爱因斯坦理论的证实'更值得注意"①,这就是英国科学家恩斯特·卢瑟福根据爱因斯坦在创立狭义相对论时提出的质能公式 $E = mc^2$,于 1919 年 6 月 9 日实现了击破氮原子核的实验。这意味着人们很快可以通过一种途径获取大量的原子能。对此,爱因斯坦忧心忡忡。他对朋友说:"假如这个预言是错误的,那对人类说来反而更好一些,但愿在 100 年之后或 200 年之后都不要发生"②,因为他感到"人类还没有成熟到可以享受原子能的程度"③。

2. 和平使者

第一次世界大战结束后,爱因斯坦在一个时期内访问了很多国家,他出访这些国家的主要目的,正如他在 1932 年用电报回答德国莱奥波尔特皇帝科学院院长的一份有 9 大问题的履历表时所说的,"偶尔去法国、日本、阿根廷、英国、美国等地讲学,除去帕萨迪纳④之外,这些访问的目的并不是为了研究"⑤。不是为了研究,是为了什么呢? 是为了恢复和加深与各国人民之间的相互谅解,为了团结一切进步人士为反对战争、反对种族歧视和迫害,争取和平而活动。

从 1920 年起直到 1933 年最后离开欧洲为止,爱因斯坦一直是荷兰的特邀客座教授。荷兰也是他战后出访的第一个国家。

从柏林到莱顿,只需一天的旅程。挚友埃伦费斯特早已在车站迎候。对于到荷兰,正如爱因斯坦在信中对埃伦费斯特所说的心里话:"你知道,有

---

① [苏]里沃夫:《爱因斯坦传》,商务印书馆 1963 年版,第 154 页。
② 指他的质能公式。
③ [苏]里沃夫:《爱因斯坦传》,商务印书馆 1963 年版,第 154—155 页。
④ 美国加利福尼亚州南部、洛杉矶东部的卫星城市。
⑤ [美]杜卡斯·霍夫曼编:《爱因斯坦谈人生》,世界知识出版社 1984 年版,第 18 页。

时候我在人与人的关系中感到多么困难。要知道,我需要你的友谊比你需要我的更多。"①

在这里,爱因斯坦讲的是最实在的话。首先,在繁闹的柏林,由于他不善于处理人际关系,也不愿意把宝贵的时间和精力放在这上边,无论是颂扬还是攻击,都只能使他感到烦恼和厌倦。而荷兰,是欧洲战后瓦砾场中的一片绿洲,一个比较繁荣的岛屿。莱顿又是一个古老而幽静的小城,在这里,他能得到很好的休息。其次是后来埃伦费斯特接替了年迈的洛伦兹,莱顿大学成了欧洲的理论物理学的研究中心,这对爱因斯坦也是十分重要的。最后,也是最重要的是,有埃伦费斯特这样热情、忠实而又能一起讨论问题的朋友。埃伦费斯特也是一位犹太人,是一位思维敏捷,善于一下子抓住问题的实质,在物理学上有很高造诣的人。埃伦费斯特也是一位音乐爱好者、出色的钢琴家,他很乐意为爱因斯坦的小提琴伴奏。他们之间有着太多的共同语言。埃伦费斯特能够对任何新的思想提出一针见血的批评意见,在这一点上,他和爱因斯坦正好棋逢敌手。他们常常就是在唇枪舌剑的辩驳之中把一些混乱的思想理出了头绪,使一些新的独创性思想得以发展。埃伦费斯特及其夫人和爱因斯坦夫妇结下了深厚的友谊。爱因斯坦每次到莱顿讲学就住在埃伦费斯特家里,而且每年都要到这里住几个星期,住得最长的时候竟达 3 个月。直到他最后离开欧洲,他们与埃伦费斯特的友情一直到埃伦费斯特因排犹运动而自杀。

爱因斯坦在荷兰的第一次讲演于 1920 年 5 月 5 日在莱顿城进行,题目是《以太和相对性原理》,听众有 500 多人。这次讲演似乎被敌人抓住了反爱因斯坦的把柄,一些朋友也不能为之作出合理的解释:"长时间来,人们竭力要我们相信一件耸人听闻的事实,即以太是不存在的,而现在爱因斯坦自己却又重提以太。对这个人决不能轻信,他经常自相矛盾。"②这指的是爱因斯坦创立的狭义相对论否定了以太的存在,而他现在,在创立广义相对论后这样说:"总结起来,我们可以这样说,根据一般相对论来说,空间没有以太是不可思议的;实在的,在这种(空虚的)空间中,不但光不能传播,就是距离和时间也不能存在;因为,在这里没有任何物理现象……因此,就这一点说来,

---

① [苏]里沃夫:《爱因斯坦传》,商务印书馆 1963 年版,第 165 页。

② [苏]库兹涅佐夫:《爱因斯坦传》,商务印书馆 1992 年版,第 201 页。

以太是存在的。然而不能把这种以太想象为是由可以用(力学的)运动概念与之相比拟的一些部分构成的。"

其实,在这里,爱因斯坦已对"以太"这一概念作了历史的加工,它与过去力学所说的作为"介质"的以太已毫无共同之处。他所以重提以太,是把空间作为一种物理属性来考察的,因为空间具有一定的、可观察的物理属性,所以我们可以把它看作一种物质媒质并把它叫做"以太",在这种情况下的"以太"实际上就是现代物理学中的"引力场"。庸人们没有看到这一点,所以要大惊小怪。

在荷兰期间还有两个值得一提的插曲。一是爱因斯坦到莱顿的那天,他告诉埃伦费斯特,他要去监狱一趟。原来事情是这样的:敌人恶毒地欺骗一个美国人的俄国遗孀,说爱因斯坦是杀害她丈夫的凶手,爱因斯坦是他杀人后的化名,物理学家是冒充的。于是这位美国遗孀偷偷潜入爱因斯坦在柏林的寓所,准备谋杀爱因斯坦,幸好让埃丽莎的女儿发现了,埃丽莎接到女儿电话后,使刺客缴了械,并让警察把她关进了监狱。这一切埃丽莎干得是如此干脆利索,以至爱因斯坦过了很长时间才知道这件危及他性命的事。这次爱因斯坦到莱顿,给这位企图杀自己的人带去了她所要求的物品,并帮助她获释。这个妇女见到爱因斯坦后,确认他不是杀害自己丈夫的凶手,因为他的"鼻子太短了"[①]。

另一个插曲是这样的,一天,爱因斯坦和埃伦费斯特吃过饭正在午睡,电话铃响了,它是从莱顿海军学院打来的。原来女王陛下前来视察,听说著名的爱因斯坦教授在莱顿,很想见见他。这下子可急坏了埃伦费斯特夫人。爱因斯坦的大礼服远在800公里之外,而她丈夫的大礼服却睡在阁楼的箱子底下。她只好急忙打电话,找朋友借一身"中等身材的礼服"。就这样,两位科学家,一个是满身樟脑味,一个是裤脚管拖在地上,来到接见大厅。拜会女王之后,他们正想混在人群中溜走,却被一位副官拦住了,请到一位上了年岁的夫人面前。这位夫人伸出手来,十分和气地说:"你们总愿意和一位老太太握握手吧!"原来这是王太后。

离开莱顿之后是应邀到布拉格大学和维也纳大学讲学,这两个地方对爱因斯坦来说都是旧地重游。他分别在这两地挤得水泄不通的大厅里作了

---

① [苏]库兹涅佐夫:《爱因斯坦传》,商务印书馆1992年版,第195—196页。

关于相对论的报告。在布拉格大学的讲演结束后,还遇到了一个小小的意外:当爱因斯坦准备坐马车离去时,一个面色苍白、神情激动的青年从人群中挤了过来,原来他根据质能关系式 $E = mc^2$ 设计了一种原子能爆发装置。爱因斯坦看了看他的作品后简短地对他说:"请安静些,我认为这个设计图样在它的道德基础上是不正确的。并且显然的,这个图样在技术上是完全无法实现的……"[1]

应法兰西学院的邀请,爱因斯坦还于 1922 年 3 月访问了当时反德情绪十分强烈的法国。法国是德国世袭的主要对手,爱因斯坦当然知道,到法国访问对他和他的朋友究竟意味着什么,因此,在刚接到邀请时他曾打算拒绝,但后来又改变了主意。他知道,邀请他去巴黎的同事们已经表现出了多大的勇气,正在承受着比他更大的压力;他如去,可作为"和平使者",促进德法两国人民之间的进一步谅解,就能为重新开辟被帝国主义战争摧毁的德法两国自然科学家之间的交往的道路迈出第一步。

著名物理学家朗之万到比利时国境去迎候了他。爱因斯坦看出他的不安神色后问道:"出了什么事?"

"'少年保王党'[2]准备在巴黎北站示威,抗议你的访问。"

"不用发愁,我在柏林已经被这种事情搞惯了。"爱因斯坦安慰主人说。

火车到达一个大站后,朗之万匆匆下了车,几分钟后回来对爱因斯坦说:"我刚和巴黎警察厅长通了电话,那里聚集的人在增加,并且是乱哄哄的。警察厅长要我们到巴黎后从旁边的月台上下车,悄悄地出站……"

到巴黎后他们按警察厅长的话做了。广场上的人群等不到爱因斯坦也就散了。但原来这并不是什么"少年保王党",而是巴黎许多高等学校的进步学生。他们来这里不是抗议爱因斯坦访法,而是为了保护爱因斯坦不受"少年保王党"的伤害。他们的带头人就是朗之万的儿子,一个学外交的大学生。

爱因斯坦是作为一个德国科学家去面对被惨遭自己国家蹂躏的巴黎人民的。而绝大多数法国人都和邀请爱因斯坦来访的那些科学家一样,也在殷切地期待着这位举世景仰的科学家的到来。在朗之万为他组织报告地的

---

① [苏]库兹涅佐夫:《爱因斯坦传》,商务印书馆 1992 年版,第 169 页。
② 法国反动黑帮组织,1924 年为埃里奥政府所禁止和解散。

那天,出乎意料,自动来参加的人比任何一个大厅可以容纳的还多出十多倍。为了防止可能发生捣乱分子的破坏,朗之万和前总理、数学家潘列维两人亲自把守大门,一一验票入场。关于这次讲演,正如当时法共中央机关报——《人道报》所描写的:"昨天下午 5 时,法国公学朗之万教授的报告厅里座无虚席,这是第一次讨论会。正像德国人说的那样,是一次学术讨论会。巴黎所有的物理学家、数学家和各系的教授以及全体科学院院士都出席了。爱因斯坦谦虚而若有所思地坐在朗之万的身旁,等待着大家对他的理论提出的问题。"①

访问期间,法国哲学会也专门为他组织了关于相对论哲学问题的讨论会,爱因斯坦作为哲学家、思想家应邀出席了会议,并在会上阐述了自己对康德和马赫的看法,承认马赫是他一直崇敬的、主要从事实证主义科学创造的思想家。

事实表明,人民之间从来都是友好的,不管他们属于哪个民族,来自怎样的国家。相互之间的猜忌、仇恨甚至残杀,都是由别有用心的统治者们的欺骗、挑拨和煽动造成的。

爱因斯坦在法国也像在别的地方一样,免不了要受到某些别有用心的人,或受到了他们的欺骗和利用的人的攻击和反对。著名的巴黎科学院拒绝接待爱因斯坦,在这个以保守和偏见闻名的最高学术机关里,有 30 名院士表示,如果爱因斯坦来,他们就走。有一家报纸也讲:"没有一个人理解爱因斯坦的理论,恐怕连他自己也搞不清楚!"进而恶狠狠地说:"人们唯一清楚的是,在法国又多了一个犹太佬!"②

在巴黎期间他见到老朋友、自己始终很尊重的居里夫人。他很钦佩她的人格力量,像钢铁那样宁折不弯的意志。1935 年他在《悼念玛丽亚·居里》一文中写道:"她一生中最大的科学功绩——证明放射性元素的存在并把它们分离出来——所以能取得,不仅是靠着大胆的直觉,而且也靠着在难以想象的极端困难的情况下工作的热忱和顽强,这样的困难,在实验科学的历史上是罕见的。"他还说:"居里夫人的品德力量和热忱哪怕只有一小部分存在于欧洲的知识分子中间,欧洲就会面临一个比较光明的未来。"③

---

① [法]赫尔内克:《爱因斯坦传》,科学普及出版社 1979 年版,第 71 页。
② [法]赫尔内克:《爱因斯坦传》,科学普及出版社 1979 年版,第 71 页。
③ [法]瓦朗坦:《爱因斯坦和他的生活》,世界知识出版社 1989 年版,第 93 页。

在他结束访法的那天,主人应他的要求陪他凭吊了旧战场。村庄一片瓦砾,整片整片的树林,只剩下了焦煳的树桩,偶尔几只在弹坑累累的地上蹦跳的乌鸦,发出凄厉的叫声飞向天空。面对法国东部惨遭德国破坏的城镇和乡村,面对断壁残垣,他再次流露出对战争的无比憎恶,他愤怒谴责威胁人类文化基础的军国主义,表示应不惜一切代价消灭战争。他对陪同前来的朗之万和索洛文说:"每一个德国学生,不,全世界每一个学生,都应该到这里来看看。他们会看到,战争是多么丑恶、可怕。"他停了一会儿接着又说道:"空谈和平是没有用的,应该为和平事业切实地工作,为和平而斗争⋯⋯"

在欧洲,比利时也是爱因斯坦经常访问的国家,因为在布鲁塞尔曾举行过一系列具有历史意义的学术会议。爱因斯坦所以常到比利时,还有一个重要原因,是由于和比利时皇室家族,特别是与皇后伊丽莎白结下了深厚友谊。而这种友谊所以能建立起来的原因,又是由于对音乐和德国诗歌的共同爱好,而且能互相尊重。爱因斯坦1931年从布鲁塞尔给埃丽莎写的一封信,生动地描述了这种情谊的性质:"我受到了激动人心的欢迎。这两个人的纯洁善良真是世所罕见。起先我们又交谈了个把钟头,接着王后同我演奏了四重奏和三重奏(同一位英国女音乐家和一位熟谙音乐的宫廷女侍)。这种娱乐持续了好几个小时。然后他们都退出了,只留下我一个人和国王一同进餐,吃的全是素食,没有仆人⋯⋯我感到非常满意。我相信国王也感到很满意。"①有一次,这位比利时王后请爱因斯坦与她同奏一支二人都特别喜爱的乐曲。从此,他们养成了一个习惯,只要爱因斯坦途经布鲁塞尔,就要与王后一同演奏一会儿。爱因斯坦向王后讲述自己的历险生涯,王后觉得,爱因斯坦像是一个在世上自由自在的流浪汉。她对他充满了好奇,对他的政治观点也感到很新鲜有趣。

当这位王后第一次邀请爱因斯坦到她的夏季别墅莱肯时,爱因斯坦竟让主人等了很长时间。去车站接爱因斯坦的汽车司机回来说连人影也没看见。爱因斯坦从来很守约、准时,这使王后很吃惊。王后让一位宫女到公园里找找看。那是一个烈日炎炎的午后,大路上尘土飞扬。过了很长一段时间后,那位宫女看见一个人出现在十字路口。爱因斯坦风尘仆仆跑来,他

---

① [美]杜卡斯、霍夫曼:《爱因斯坦谈人生》,世界知识出版社1984年版,第47页。

手里拿着小提琴,嘴里吹着口哨,头发在风中飘动着。他在回答王后的问话时说:"我怎么想到你要派一部车子到车站去接我呢?"而司机则解释说:"可是没有一个人从头等车厢里出来呀,我哪敢想象陛下的客人坐三等车厢来呢!"①

对于名誉地位这些东西,爱因斯坦从来都是漠不关心。所以在常人看来一些常识性的东西他也不知道。这主要是由于在他看来"社会阶级的区分是不合理的",因为"它最后竟是以暴力为根据的"②。

爱因斯坦与比利时王室的这种友谊一直持续了下来,并不断得到了加深。他们常常通信,互致问候。特别是在一方遇到困难的情况下,另一方总能及时地伸出友情之手,全力给予帮助。

1933 年 2 月 19 日,爱因斯坦从圣巴巴拉给王后寄去一枝小树枝,并附上一首 4 行诗:

修道院花园里有一棵小树,
它是您亲手所栽。
小树它无法离开庭院,
谨寄一枝细枝致以问候。

当时纳粹已经上台,并且没收了爱因斯坦的财产,他们对爱因斯坦大肆进行攻击、诋毁。在这种情况下,王后于 1933 年 3 月 5 日也用一首小诗作为回信。在小诗中还语带双关地利用了爱因斯坦的姓暗指了当时的情形——即把爱因斯坦一词分写成了"爱因斯坦",就成了一块石头的意思:

小树莫愁离不开庭院,
细枝已把问候送达。
朋友的心胸如此开阔,
用一枝细枝带给我无限喜悦。
我向着高山、大海和青天,

① [法]瓦朗坦:《爱因斯坦和他的生活》,世界知识出版社 1989 年版,第 93 页。
② [法]瓦朗坦:《爱因斯坦和他的生活》,世界知识出版社 1989 年版,第 93 页。

一千次地高喊着"谢谢"！

在石头都开始摇晃的今天，

但愿有一块石头能免遭祸害。①

1933 年纳粹掌握德国政权后，爱因斯坦去濒临大西洋的旅游小城勒科奇避难，勒科奇在比利时境内。国王和伊丽莎白王后对爱因斯坦的安全深为关切，因当时盛传纳粹悬赏要爱因斯坦的头。国王命令派两名警卫昼夜保护爱因斯坦。

1934 年春天，国王在登山时不幸失足丧命；第二年夏末，王后的儿媳、年方三十的新王后又在车祸中身亡。这双重的打击对王后的刺激可想而知。当爱因斯坦从友人那里知道这些消息后，也立即从普林斯顿给王后写信，百般安慰她，给了她浓浓的友情。

3. 作为犹太民族主义运动的热心人访问美国

爱因斯坦是犹太民族主义运动的热心人，这又是一个令人感到奇怪、使人难以接受的说法。他不是一向都反对民族主义吗？他不是再三声称自己是"世界公民"，不属于某个民族和国家吗？是的，这些都是事实。但后来他成了犹太民族主义运动的热心人也是事实。是德国日甚一日的排犹主义对爱因斯坦产生了深刻的影响，使他改变了态度。

在历史上，犹太人出了多少世界级及至划时代的大思想家和大科学家，为人类作出了巨大的、独特的贡献！它无疑是世界上最智慧、最优秀、最可尊敬的民族！然而，他们被驱赶到欧洲和世界各地，没有自己的家园，饱受蹂躏，生活极不稳定，极不安全。为了能得到别人的承认，得到重新做人的

---

① ［美］杜卡斯、霍夫曼：《爱因斯坦谈人生》，世界知识出版社 1984 年版，第 45—49 页。

尊严,需要付出近乎绝望的代价。后来,在纳粹上台之后,犹太人在世界上许多地方又遭到了程度不同的迫害与歧视,特别是在德、意等国,更是差一点遭到全体覆没的危险。无疑,犹太人又是世界上最不幸、最值得同情的一个民族! 爱因斯坦由于从来就认为一切民族都是平等的,民族主义是偏见,是一种幼稚病,加之,在柏林,犹太人又分成了主张与德国人同化和主张回到自己祖先居住过的巴勒斯坦的两派,这两派内部又有许多小派系,他们相互斗争。还有,犹太人上层为了自己的私利,不惜出卖自己的同胞,拼命否认自己同那些贫穷而可怜的正在敲他们后门的犹太人的联系。所有这一切,都使爱因斯坦很反感。所以,他从来就对犹太民族主义不感兴趣。他早就抛弃了犹太人社会,仅仅保留了形式上的犹太人。但是,柏林的生活使他受到了深刻的教育。正如他后来所写的:"正是在15年前,我来到德国时,我发现我是一名犹太人,这个发现更多的是从非犹太人那里,而不是从犹太人那里得到的。"①如果说,这种排犹倾向在他刚到德国时还是潜在的话,到第一次世界大战后则不仅成为公开的了,而且发展到了相当尖锐的程度。1919年底,爱因斯坦在给友人的信中对此就曾写道,"在柏林,排犹主义势力甚嚣尘上,反动派猖獗至极",至少在"有教养的人"当中是这样②。排犹势力不仅疯狂迫害民族意识比较强的犹太人,连对爱因斯坦这位毫无犹太民族情绪和意识的科学家也不放过。起初排犹势力对爱因斯坦还不得不打着"客观批判"的旗号,继而变为攻击、中伤,最后,对这样一位科学家也像对犹太人政治家、外交部长腊特瑙那样,竟搞起恐吓,直至要采取暗杀的手段了。

严酷的现实逼着爱因斯坦思考:犹太人究竟有什么罪? 犹太人作为一个民族,究竟有哪些共同特征? 自己与犹太人又有什么关系?

爱因斯坦发现,正是东部的犹太人中最贫穷的那些人,最忠实地保持着民族的传统。他们渴求知道,对"教育"几乎有着迷信般的崇拜,尊重有文化的人。在爱因斯坦看来,为知识而寻求知识的热望是犹太人最显著的特点,也是爱因斯坦与他们相联系的纽带。有一天,爱因斯坦与好友腊特瑙讨论千差万别的犹太人特有的共同点。腊特瑙是一位社会学家、哲学家,是一位极有文化教养、具有丰富的政治经济学知识和社会政治经验的外交部长。

---

① [法]瓦朗坦:《爱因斯坦和他的生活》,世界知识出版社1989年版,第71页。
② [法]赫尔内克:《爱因斯坦传》,科学普及出版社1979年版,第66页。

他几乎不能想象自己是一个犹太人,甚至在相貌上也很难看到犹太人的特征。在这次讨论中,腊特瑙告诉爱因斯坦:"如果一个犹太人跟我说他以打猎为消遣,我就会知道他是在说谎。"①开始爱因斯坦尚未理解到这种说法的深意,他听后哈哈大笑,但思索片刻之后,他被这种评述的真实性深深地折服了:是的,厌恶流血,不愿意使人遭受痛苦,尊重任何生物的生命,把生命看作是神圣不可侵犯的,从而热爱和平,对战争有着一种本能的反感,这也是犹太人性格所共同的。此外,爱因斯坦还认为,渴望独立和几乎是狂热地爱好正义,也是犹太人所共有的。因此,他得出结论:"这些犹太人的传统的原则,向我证明我命定要属于他们。"②从此,爱因斯坦再也没有放弃这种信念,即使是在最困难的磨难中,他也认为"这个问题对他来说已经解决了"。对于有原则性的大思想家来说,认识到什么就坚持什么。所以,不变则已,一变就是飞跃。

对自己与犹太民族共同点的探讨,德国排犹势力的日益猖獗,对自己迫害的日益严重,成了他接受犹太复国主义主张、成为犹太民族主义运动热心人的思想基础。

哪里有压迫,哪里就有反抗,压迫愈烈,反抗愈强,历来如此。

随着排犹运动的高涨,犹太复国运动也日益高涨。这一运动在柏林和伦敦的上层官场有强有力的后台,在犹太人中有广泛的基础。犹太复国运动的领袖是一些精明、能干的人,他们为了扩大运动的影响,争取世界上更多的人的支持,把态度不明朗但又很有名望的犹太人开列出名单,逐一登门拜访,进行争取、动员乃至拉拢。

1919年2月的一天,一位说客来到哈伯兰大街5号,说了一通犹太人在欧洲如何遭歧视和迫害,然后要爱因斯坦出来支持犹太复国主义运动。

"犹太人受迫害与搞犹太复国有什么关系呢?"爱因斯坦天真地问。

来客解释道:"我们犹太人是世界上最不幸的民族。我们漂泊异乡,无家可归。我们的兄弟遍布欧美各国,但是如果有一天,欧洲、美洲的各国政府都排犹起来,我们怎么办?特别是那些穷苦无靠的犹太人,怎么办?我们建立起一个自己的国家,就能恢复民族的传统与尊严。在他们排斥我们的

---

① [法]瓦朗坦:《爱因斯坦和他的生活》,世界知识出版社1989年版,第72页。
② [法]赫尔内克:《爱因斯坦传》,科学普及出版社1979年版,第73页。

时候,好有退路,我们要给犹太人民一种内心的自由和安全感。"

给苦难的同胞一种内心的自由和安全感,这一思想深深打动了爱因斯坦。经过说客们几次的谈话争取,爱因斯坦表态了:"我反对民族主义,但是我赞成犹太复国运动。一个人如果有两条手臂,他还总是叫嚷说没有右臂,还要再找一条,那他就是沙文主义者。但是,一个人如果真的没有右臂,那他就应当想办法弥补这条失掉的右臂。作为人类的一员,我反对民族主义。作为一个犹太人,从今天起,我支持犹太复国运动。"①

爱因斯坦以他在世界学术界最崇高的威望全力支持犹太复国主义的主张。他支持犹太复国主义,主要出于对同胞受的不公正待遇的不平,对排犹主义的不满,从一开始就是纯人道主义的,与那些抱着极端民族主义和种族主义立场及其他目的搞犹太复国主义的人,尤其是它的上层,从来都是不一样的。对此,当时犹太复国主义的领导人魏茨曼比谁都清楚。他在给柏林犹太复国主义中心领导人勃鲁曼菲德的信就是一个很好的证明:"爱因斯坦完全不是我们所认为的犹太复国主义者,我请求您不必作任何邀他参加我们的组织的企图……"②

早在巴勒斯坦开始发生冲突时,爱因斯坦就希望与阿拉伯人达成一项合理的协议——"建立在和平共处的基础上"。他做梦也没有想到,冲突会转化成一场战争,并且要以一方的胜利为结束条件。他认为,在列强面前,阿拉伯人和犹太人互相对立这种情况,对两个民族都是不利的,只有寻求双方都可以同意的妥协办法的途径才能改变这种情况。为了达到这一目的,他曾提出过一个阿拉伯人和犹太人这两个民族杂居的地区如何进行共同管理的具体建议。不用说,犹太复国主义者们对此从来都是讳莫如深的。

后来,当他看到现实的发展完全出乎他的意料之外后,在以色列人与巴勒斯坦人激烈战斗期间,他写道:"除了实际的考虑之外,我所认识到的犹太民族的本性同犹太国的思想是相抵触的,而不管它的边界、军队和世俗权力是多么有节制。"当魏茨曼去世后,他被提名担任以色列总统时,他坚决地拒绝了:"我熟悉各种科学问题","然而我却既没有天生的能力也没有必需的经验来处理人类问题"。所以拒绝,除了他讲出来的原因,后来的犹太复国

---

① 秦关根:《爱因斯坦》,中国青年出版社 1979 年版,第 196-197 页。
② [苏]里沃夫:《爱因斯坦传》,商务印书馆 1963 年版,第 175 页。

主义远远超出了他转向支持它时所想的,恐怕也是一个很重要的因素。

但是,不管怎么说,在第一次世界大战以后的一个时期内,爱因斯坦的思想有了一个很大的转变,他成了犹太民族主义运动的热心人。他尤其热心于在耶路撒冷建立一所大学,使苦难的同胞能得到更好的教育。所以当时负有盛名的民众领袖、化学家魏茨曼要去美国为在耶路撒冷建立希伯莱大学拉那里的犹太人赞助,想借助爱因斯坦的巨大影响,邀请他同行时,爱因斯坦就欣然同意了。当时他在给索洛文的信中写道:"我根本不想去美国,这次去只是为了犹太复国主义者。他们在为建立耶路撒冷大学不得不到处乞讨,而我也只好当一个化缘和尚和媒婆去跑跑。"①同时,他还以与自己接近的人说过这样的话:"我深信,为了捍卫别的民族的权利,他也会作与此完全相同的旅行的!"②

爱因斯坦支持犹太复国主义和他将与魏茨曼同行前往美国的消息传出,引起了巨大的反响。犹太复国主义的领袖们感到欢欣鼓舞,而德国的民族主义者则十分恼怒。爱因斯坦的伟大成就曾使他们在失败的情况下得到很大的安慰。现在,他们从爱因斯坦身上重又发现了作为一个犹太人的意识,在他们看来,这是对德国的一种背叛,外界会认为爱因斯坦倾向犹太复国主义运动就是对德国的抛弃。迫害爱因斯坦的活动更猖狂了,好心的同事们也前来试图劝阻他不要作为一位犹太复国主义的使者前往美国。但是无论是威胁、恫吓,还是善意的劝阻,都没有能改变爱因斯坦陪同魏茨曼去美国募捐的决定。

1921年3月底,爱因斯坦踏上了第一次访美的旅程,4月2日到达纽约。爱因斯坦的到达引起的是巨大的轰动。饱尝到尊重知识、尊重人才的甜头并使尊重知识和人才成了传统的美国政府和人民,以任何元首都不曾享受过的空前的真诚的热情和盛大壮观的场面欢迎爱因斯坦。那天刚好是假日,自发聚集到港口的欢迎者人山人海。美籍犹太人都感到自己脸上有了光彩,因为出自自己民族的当时世界上最优秀的科学家、最杰出的人物来了!向他疯狂地欢呼的除了犹太人,还有新大陆各个阶层其他民族的人士。纽约市长也亲自前往迎接。许多商店为欢迎这位伟人还自动关了门。船一

① [法]赫尔内克:《爱因斯坦传》,科学普及出版社1979年版,第69页。
② [苏]里沃夫:《爱因斯坦传》,商务印书馆1963年版,第175页。

靠岸,爱因斯坦夫妇一下子就被一大群记者包围住了,他们没有想到,声名所引起的风暴在美国比在欧洲任何其他地方还要强烈。

照相机咔嚓咔嚓响个不停,记者们先是照相,接着问题一个接一个。爱因斯坦只好听任这批无冕之王摆布,他微笑着,睁着一双大眼睛站在那里,露出了一副孩子般的坦诚。

"能不能请你用几句话解释一下相对论?"记者们问道。

这个问题爱因斯坦已不知听到过多少次。过去,他或是说几句笑话把话题岔开,或是干脆说:"一门科学不是用几句话所能解释的。"这次他面对新大陆的热情的人民机智地答道:

"从前大家相信,要是宇宙中一切物质都消失了,那就留下了时间和空间。但是,根据相对论,物质消失了,时间和空间也就跟着一起消失了!"

绝妙的回答引得大家哄堂大笑。这虽然是一句笑话,可也道出了相对论最本质的东西:时间、空间与物质是不能分离的!

第二个问题是:"听说世界只有 12 个人懂得相对论,是不是真的这样?"

"不,哪里! 每一个学物理的人都能学懂相对论。"爱因斯坦回答说。

问题铺天盖地而来,一个接着一个。爱因斯坦回答了几个之后笑着说:"行了,先生们,我的考试该算通过了吧!"

接下去就是对埃丽莎的轰炸:

"爱因斯坦夫人,你懂不懂相对论?"

"咳,我可不懂,他倒是给我讲过几次,可我怎么也不明白。我的数学知识只够记账。"埃丽莎的回答把记者们逗乐了。接着她又补充说:"不过,不懂相对论,我也挺快乐。"

埃丽莎及时提醒记者们说:"爱因斯坦不习惯像产品一样供人展览,他宁可工作,工作之余拉拉提琴,在林间散散步。"

不愿在甲板上被展览,但在大街上,在更多的人面前被展览还是无法逃脱。

爱因斯坦像一位凯旋的将军,被请到一辆敞篷汽车上,汽车前边有一幅巨大的广告牌,上面写道:"这是著名的爱因斯坦教授。"汽车驶上了结彩挂旗、挤满了夹道欢迎的人们的主要大街上。飞机嗡嗡地在低空盘旋,沿途撒下鲜花和五颜六色的赞美和欢迎爱因斯坦访问的传单,场面壮观得惊人,把埃丽莎搞得简直不知所措,只是一味地把献给她的那巨大的花束紧紧地贴在自己的心口上。爱因斯坦站在车上,向疯狂欢呼的人们致意,一手拿着烟斗,一手把小提琴举了起来。直到埃丽莎发现他一直举着,拉拉他的袖子,他才把提琴放下。埃丽莎悄悄地问爱因斯坦:"阿尔伯特,你对这一切怎么想?""这简直是巴纳姆①的马戏场。"他说着,自己也笑了起来。看着挤在道路两旁非要一睹这位"改变了宇宙形象"的伟人的风采不可的欢迎群众,他又说道:"无论怎么说,肯定观赏一只大象或一只长颈鹿要比看一个上了年纪的科学家有趣得多。"

接着就是连篇累牍地报道:"这位教授胳膊下夹着提琴盒,小心翼翼地走下扶梯。他看上去更像欧洲的著名琴师;比起许多闻名的'艺术大师'来说,就是他的头发太少了。""爱因斯坦和提琴形影不离,是一位醉心的提琴迷!"

市议会举行了隆重的欢迎仪式。后来,在纽约的奥拉大学,爱因斯坦向科学家们介绍了相对论。

欢迎爱因斯坦的狂飙也席卷了国会山。正在讨论宪法修正案的众参两院的议员也因此突然中止了原有的议题,辩论起究竟该不该欢迎爱因斯坦到美国定居来了。尽管竭力主张欢迎爱因斯坦来的议员也公然承认反对者的理由,还不知道爱因斯坦的理论创造的本质究竟是什么。而且所有的议员都承认不懂得相对论。结果,欢迎爱因斯坦到美国居住的决定还是通过了。会上,议员们还津津有味地交流了不少关于爱因斯坦的道听途说。如有人说,全世界只有两个人懂得爱因斯坦的新理论。可惜一位已经故世,而另一位——爱因斯坦本人,也因"年事渐高"把自己最新发现的理论给忘了。

这次,普林斯顿大学授予了他名誉博士学位。他到那里时,校长热忱地称他为"独自穿过没有标志的思想海洋的哥伦布"。他在这里作了4次关于相对论的报告。后来这4次讲演集成册子出版了,在很长一个时期内,成了相对论的经典阐述。普林斯顿大学的建立就是想赶超英国的牛津和剑桥,它是一座坐落在美国繁华、喧闹、忙碌生活中的一个学术孤岛,环境十分优美、幽静,深得爱因斯坦的喜欢。爱因斯坦万没有料到,这里将要成为他人生旅途的最后一站。

---

① 巴纳姆是美国一位马戏主持人。他创造了"地球上最伟大的表演",把博物馆、囚在笼中的野兽及马戏场有机地融为一体。他曾带着这个节目周游世界。

在美国,爱因斯坦还陪魏茨曼到过波士顿等许多地方,每到一处照例都是出席宴会,发表演说,募捐。爱因斯坦全都听凭魏茨曼去做,自己很少讲话。但爱因斯坦的巨大声名和影响帮了犹太复国主义的大忙。人们纷纷慷慨解囊,使这次募捐就像爱因斯坦在美国受欢迎那样获得了远远超出预料的巨额资金。后来,他根据自己的感受向即将赴美旅行的朋友索洛文建议,说:"在美国,你必须主动抛头露面,否则挣不到钱,也不会受人注目。"①

临离开美国前,哈定总统在华盛顿接见了他,表达了美国欢迎他前来居住的意愿。

从埋头苦干的书斋走了出来,从有限的兴趣和孤独的工作中走了出来,欣赏世界与人们所能给予的各种事物,卷入没完没了的交往和到处旅游,这使爱因斯坦的生活发生根本的转折。开始,他多少还感到有些新鲜感,但很快这种生活使他感到厌烦。当旅行结束时,他就像刚看完一部令人神魂颠倒的电影那样,各种各样的画面从脑际掠过,然而却感到与自己的生活没有多大的关系。包括他同同时代那些著名人物接触,有的当然是属于朋友交往,有的在他看来纯粹是走形式,不得不应酬。

5月底,爱因斯坦回国,归途中第一次应邀访问了英国。汤姆逊和卢瑟福到利物浦港的码头上去迎接他,英国皇家学会在三一学院、牛顿居住和工作的屋子里举行了欢迎他的仪式。主席说:"爱因斯坦之对于20世纪,就如牛顿对于18世纪一样。也许英国人还不肯轻易承认这一事实,然而,正如诸位所看到的,英国人已经承认了。"

访问期间,他在伦敦和曼彻斯特等地作了学术报告。一般的学者对这位来自敌国的大科学家的态度要比他们的会长审慎得多。所以在演讲开始时对他甚至都未报以欢迎的掌声。爱因斯坦在演讲中讲了科学的国际意义,学者们的交往与合作,讲了英国人民在世界科学发展中所起的巨大作用,讲到了牛顿。他感谢英国同行,说如果没有他们也许自己不能看到自己理论的最重要的证明。爱因斯坦在伦敦大学讲了整整一个小时,全场自始至终鸦雀无声,仿佛是被某种伟大的神秘力量给镇住了。但报告一结束,全场几千人立即起立欢呼,他们为这位牛顿的伟大的继承者的实事求是的精彩讲演欢呼,为英德两国科学家和两国人民的友好欢呼。爱因斯坦有关科

---

① [法]赫尔内克:《爱因斯坦传》,科学普及出版社1979年版,第70页。

学无国界的思想产生了深刻的社会影响,不仅从根本上扭转了听众的情绪,也大大扭转了英国科学界的情绪。在同人个别交谈中,爱因斯坦也一再强调他的有些理论是英国天才物理学家法拉第和麦克斯韦学说的继承和发展。

在伦敦,他还在卢瑟福的陪同下去凭吊了威斯敏斯特教堂里的牛顿墓。结识了英国著名作家萧伯纳。

萧伯纳在与爱因斯坦握手的时候幽默地说:"你们一共8位,只有8位!""这8位是谁,我同他们有什么关系?"爱因斯坦不懂萧伯纳说的是什么意思。萧伯纳解释说:"毕达哥拉斯、托勒密、亚里士多德、哥白尼、伽利略、开普勒、牛顿、爱因斯坦。"萧伯纳的聪明、机智、幽默、高雅,使爱因斯坦与他在一起甚感愉快。

然而,并非在英国的一切都使爱因斯坦夫妇感到高兴。他们被邀请到一个贵族的苏格兰城堡做客。庄严的城堡作为封建制度的标志耸立着。爱因斯坦夫妇到达时,一个身穿制服石雕似的贴身仆人举着一支沉重的烛台庄重地走在前面领路,这把他们弄得很窘。大房间深深地埋藏在阴暗中,使人情不自禁地要想到里面隐藏着鬼魂。他们完全与世隔绝了。早上醒来,厚厚的窗帘把巨大的卧室遮得如同黑夜,他们就像因船只失事流落到荒芜的孤岛上的两个难民。埃丽莎惊惧地低声问:"我们能请他们打开窗户吗?"爱因斯坦也恐惧地大叫道:"请谁呀? 带我们到这里来的那个家伙吗?"接着沉默了很长时间,埃丽莎才鼓起勇气战战兢兢地说:"不管怎么说,我确实想喝点茶。""嘘……他们大概把我们给忘了……"爱因斯坦的声音里也充满了无可奈何[①]。

---

① [法]瓦朗坦:《爱因斯坦和他的生活》,世界知识出版社1989年版,第82页。

4. 访问远东

1922 年,日本寄来了一封紧急而坚决的邀请,说是请他去参加《爱因斯坦科学论文集》在日本出版的庆祝活动。同时已为他安排好了好几场讲演,人们正等候他的大驾光临。这是爱因斯坦的第一部文集。爱因斯坦的文集没有在他的祖国用德文,也没有在欧洲国家用其他文字,而是用一种他陌生的东方文字首先出版,这使他对尊重科学、科学上进的日本人民产生了好感。该年秋天,爱因斯坦和埃丽莎来到马赛,乘日本的"北野丸号"邮船踏上了访问远东的旅途。

日本朝野甚至以比欢迎国王还要豪华、盛大、隆重的仪式接待了他们夫妇。埃丽莎后来回忆说:"我们出发之时就像围满了朝臣的君主一样。"船上为他们准备好的那套舒服的房间生活用品应有尽有,而且都是极其精美的。还分别给他们配备了男仆和女仆。但爱因斯坦夫妇坚决拒绝了要随身仆从。他还半听天由命似地对主人说:"我们之中只有一个人必须住这样富丽堂皇的地方。"

"北野丸号"穿过地中海、印度洋,途经科伦坡、印度、新加坡、香港和上海等地都作了短暂的停留。东方人所特有的生活画面引起了爱因斯坦的极大兴趣。他在自己的旅行日记中记载了锡兰的人力车夫、"具有国王风度的乞丐"和他自己怎样拒绝享用这种野蛮的交通工具,记述了在东方海港城市看到的拥挤不堪的贫民窟……爱因斯坦对东方的劳动人民寄予了深切的同情。他写道:"在那里,身强力壮,而面庞清秀、温驯安详的半饥半饱的人们迫使你用批判的态度对待欧洲人——他们的堕落、野蛮和贪婪却被认为是优越、能干。"[1]路过印度时,泰戈尔单独和他在善底尼开坦相处了几天,就当

---

[1] [苏]库兹涅佐夫:《爱因斯坦传》,商务印书馆 1992 年版,第 209 页。

时人们广泛注意的社会问题交换了看法。

　　在访问远东的旅途中,还有一段通知他获得 1921 年度诺贝尔物理学奖的小插曲呢? 诺贝尔奖金不仅是一笔巨款,更是国际学术界的最高荣誉。人们早就提出应该把诺贝尔物理学奖发给爱因斯坦了。他在科学上的贡献实在太大太大了。单是 1905 年他发表的那三篇学术论文,每一篇都应得一份诺贝尔奖金,就是凭质能公式 $E=mc2$ 得一份诺贝尔奖也当之无愧,更不用说广义相对论了。可是他的科学思想太先进、太深刻,也太革命了,一些保守的物理学家不仅理解不了,还坚决反对它。像德国的诺贝尔奖金得主勒纳德和斯塔克就是这样的人。他们甚至以此恫吓诺贝尔奖金评选委员会:如果给相对论的创立者诺贝尔奖金,他们就要退回诺贝尔奖金。因此,长期以来,诺贝尔奖金委员会一直犹豫不决。但再不给爱因斯坦诺贝尔奖实在说不过去了,将会直接影响到这奖金的声誉。不过在当时,诺贝尔奖金委员会有一个传统:就是把奖金授予具体的发明,而且是没有争议的和有实际应用价值的发明。相对论遭到不少人的反对,而且暂时还看不到有多少实际应用的价值。瑞典科学家和诺贝尔奖金委员会害怕授奖相对论会遭到来自勒纳德及其支持者的坚决反对,引起政治纠纷,所以授奖时理由是"由于爱因斯坦发现光电①效应定律以及他在物理学领域的其他工作"。虽然他在结束远东之行之后,于 1923 年 6 月去瑞典参加了诺贝尔奖金的授奖仪式,并在哥德堡、斯堪的纳维亚学者们的集会上发表了讲演,还接受了瑞典国王的接见。对此爱因斯坦还是有保留看法的。后来他在填写德国莱奥波尔特皇帝科学院一份有九大问题的履历表时,没有提他这次获得的诺贝尔物理学奖就是一个很好的证明。

　　11 月底,"北野丸号"驶抵神户港,到码头上来欢迎他的市民人山人海。接连不断地讲演、会晤、接见和访问,还有数不清的宴会和欢迎会。天皇和皇后请爱因斯坦夫妇到御花园赏了菊。对他的相对论的演讲和在欧美各国的情况一样,听众像着了魔似的,对他们根本就没有听懂,甚至也不可能听懂的高度抽象的理论拼命地鼓掌、欢呼。因人们听不懂德语,需要翻译,千百人端坐着先恭听爱因斯坦讲,然后再注意听翻译官翻译。第一次讲演一共持续了 4 个多小时。这情景使爱因斯坦很感动,他决定饶了自己恭顺的听众,于是第二次演讲只延续了两个小时。但讲完后日本东道主对翻译表示不满,原来他们认为缩短演讲时间是对他们的怠慢。

爱因斯坦在日本呆了几乎整整一个冬天。而日本人对爱因斯坦夫妇的热情始终不减。每到一个城市,接见、会晤、讲演、馈赠都是接连不断,日程安排得满满的。对于喜欢自自然然的爱因斯坦夫妇对东方这种过多的礼数和过分的热情实在有些受不了。他们简直被过于复杂的礼仪和新奇的社会活动搞得窘迫不堪,被过于豪华的招待和长时间的探询搞得不知所措。开始,他们以为"不会再这样下去了",后来看到到了哪儿都是这样时,只好一遍又一遍地告诫和安慰自己:要耐住性子,这只不过是一场梦,早上醒来,一切都会过去。

总的说来,这次访问,日本给爱因斯坦留下了深刻而又美好的印象。他在写给索洛文的信中说道:"日本是奇妙的。人们温文尔雅,对一切都感到有兴趣,有艺术鉴赏力,智力上的天真与健全的思维融合在一起。他们是景色如画的国度里的优秀民族。"①

爱因斯坦总是那么关心青少年,总是把希望寄托在他们身上,时刻不忘给青少年教育和各种具体的帮助。有权势的高官显贵为了给自己脸上贴金登门求见,他可以粗暴地把他们拒之门外,置之不理;他却能在百忙中抽出许多时间给大、中、小学生,甚至是未上学的儿童回信。可以把衣不蔽体、工作和学习无着落的青年人让进屋一谈就是几个小时,帮他们解决各种具体的实际困难。这次访日期间,爱因斯坦也会见了日本儿童。临别时,他对他们说:你们在学校里学到的知识,这是先辈们的遗产,你们自己也应对它有所增添并传给自己的孩子们,因为"这样,即使我们死去,也将在我们身后遗留下来的我们共同创造的事物中达到不朽"②。爱因斯坦最看不起那些躺在父辈功劳簿上不思进取地过日子的人,他说过:"不要因为多少世纪以来在你们的国土上诞生过一些伟人就自鸣得意,那不是你们的功劳。还是思考一下,你们是如何对待他们的,你们是怎样遵循他们的教导的吧!"③他还写过:"亲爱的子孙后代:如果你们还没有变得比我们现在(或者说过去)更为正义、更为爱好和平、更为理智的话,那么就请你们见鬼去吧! 这是我怀着无比崇敬的心情所作的虔诚的祝愿。"④除了反对强制性灌输外,认为教育整

① [苏]库兹涅佐夫:《爱因斯坦传》,商务印书馆 1992 年版,第 210 页。
② [苏]库兹涅佐夫:《爱因斯坦传》,商务印书馆 1992 年版,第 210 页。
③ [美]杜卡斯、霍夫曼编:《爱因斯坦谈人生》,世界知识出版社 1984 年版,第 62 页。
④ [美]杜卡斯、霍夫曼编:《爱因斯坦谈人生》,世界知识出版社 1984 年版,第 92 页。

个地应致力于帮助青年人思考，为年轻人提供教科书难以提供的训练。他甚至认为，任何一个年轻时不曾对几何学产生极大兴趣的人都不可能是一个天生的理论追求者。① 在给一份大学一年级学生办的杂志《丁克》的约稿回信时也写道："我很高兴能同你们快乐的年轻人在一起生活。如果一位老同学能对你们说上几句话，那他要说的就是千万别把学习视为义务，而应把学习视为一种值得羡慕的机会，它能使你们了解精神领域中美的解放力量，它不但能使你们自己欢乐无比，而且还能使你们将来为之工作的社会受益匪浅。"②

在日本访问期间，爱因斯坦接到了俄罗斯科学院于 1922 年 12 月 29 日选举他为通讯院士的消息。越飞、拉扎列夫、斯吉克洛夫等院士在推荐信中说："爱因斯坦，当代理论物理学界的最杰出的人物……思想的大胆和新颖，把思想贯穿在我们的知识的全部系统中时的逻辑的严整性——这些是爱因斯坦的全部研究工作中的共同特色……近 15 年来物理学所获得的惊人成就，在很大程度上都应当归功于他的思想。"

获知这一消息后，他坐到打字机前，亲手给苏维埃科学院打了一封回信："最可敬的同行们，我又高兴又感激地接受你们选我为你们的杰出的机构中的通讯院士。我一直怀着尊敬的心情注意到，在你们的经受过如此艰难的国家里，科学劳动是受到这样有成效和亲切的支持。"③

1923 年 2 月，爱因斯坦夫妇结束在日本的访问，满载着日本人民的友好情谊与诚挚祝愿回国。途中，他们应不列颠驻那里的总督萨缪尔之邀访问了巴勒斯坦。总督把爱因斯坦夫妇安排在自己的官邸住，并亲自充当他们的向导。每次外出，官邸里都要鸣放礼炮；每到一处，都有一队戎装的骑兵护卫爱因斯坦；在隆重的接见、宴会甚至早餐时，都要一丝不苟地遵守全套的英国礼仪。对此，爱因斯坦只好持讥讽而又宽容的态度，不得不听任摆布。可埃丽莎却不干了，她对爱因斯坦发牢骚道："我只是一个家庭妇女，我对所有这些荒唐的礼仪都不感兴趣！"

"忍耐点，亲爱的。我们正在回家的路上。"爱因斯坦安慰她道。

"你自然是容易忍耐。你是名人嘛。当你搞错了礼仪或者自行其是，人

---

① ［法］瓦朗坦:《爱因斯坦和他的生活》,世界知识出版社 1989 年版,第 13 页。
② ［美］杜卡斯、霍夫曼编:《爱因斯坦谈人生》,世界知识出版社 1984 年版,第 55 页。
③ ［苏］里沃夫:《爱因斯坦传》,商务印书馆 1963 年版,第 180 页。

们装作看不见。而报纸上却常常有意戏弄我。他们知道我近视,就写什么我把放在自己碟中的花朵的绿叶当成沙拉吃掉了。"于是,她常常随便找个借口竭力回避参加各种仪式。

在巴勒斯坦,爱因斯坦在耶路撒冷大学、特拉维夫和其他城市发表演讲,把自己的科学观点和政治观点告诉人们。所到之处,都受到了最热烈的欢迎,到处都是最炽烈的情绪。

离开巴勒斯坦后,爱因斯坦夫妇于1923年3月到达马赛,接着从马赛到西班牙。在西班牙,他在马德里大学作了学术报告。然后从西班牙取道回到柏林。

就这样,从1920年访问荷兰开始直到1923年,爱因斯坦马不停蹄地从一个国家到另一个国家,就像一位巡回大使,执行着民族和解的神圣使命。为了说明新生的德意志共和国不同于挑起第一次世界大战并遭到失败的德意志帝国,提高它的国际地位,他把德国科学的威望和德国人民热爱和平的愿望带到世界各地,又把自信心和各国人民的友谊和经验带回德国,鼓舞德国人民建设一个民主、自由的新德国。

5. 爱因斯坦论中国

爱因斯坦在去日本访问的途中,曾两次在中国作短暂停留,作为大科学家、大思想家的爱因斯坦对中国劳动人民的深切同情,对中国存在问题的看法,至今还是值得我们深思的。

11月14日上午,"北野丸号"驶进黄埔港。当时,1922年度物理学诺贝尔奖发给爱因斯坦的消息在世界上刚好公布不久,爱因斯坦本人是在到孟买和新加坡的途中从无线电广播中听到的。这次瑞典驻上海的领事又给他把通知电报带到码头上来了。这件事也更加强了中国人民欢迎他的热烈程度。德国驻上海总领事率领一队德国小学的师生等候在码头。在"德意志高于一切"的歌声中,爱因斯坦夫妇走上码头和前来欢迎的中外人士一一握手。总领事陪同爱因斯坦夫妇乘车来到南京路。爱因斯坦刚一下车就被一群中国大学生围得水泄不通,大家向他祝贺,祝贺他获得了诺贝尔奖金。热烈欢迎他访问中国。几个激动万分的学生,嘴里喊着"一、二、三!"一下子把爱因斯坦抬了起来,硬是用手臂抬着他从南京路的这头走到那头。

爱因斯坦在去日本的途中只在上海停留了一天。本来准备在他访日后请他到中国来讲学的,但因邮件迟缓,爱因斯坦未能收到,从而给中国学术界留下了遗憾。在他离日回国途中在上海又停留了三天。在短暂的三天中,中国东道主陪爱因斯坦夫妇逛了南市区的中国旧城。这里破破烂烂、东倒西歪的木头房子和租界上的高楼大厦相比,判若两个世界。爱因斯坦一行走在石子铺成的马路上,路旁正好是数不清的小工在凿石块。爱因斯坦问翻译,他们一天能挣多少钱?翻译告诉他,折合成美元约 5 美分。爱因斯坦停住了脚步,以无比同情的目光看着眼前这些席地而坐、衣不蔽体的小工们,他们目光呆滞,脸上没有一丝表情,吃力地、机械地挥舞着手中的榔头。显然,痛苦已使他们麻木了。在这里,他也看到了在东方其他国家已看到过的人力车。洋人小伙子趾高气扬地坐在车上,中国瘦骨嶙峋的老人拉着他们沿街奔跑。让自己的同类像畜生一样拉自己,真是罪孽啊!在上海的所见所闻,使爱因斯坦对处于水深火热之中的中国劳动人民产生了深切的同情。其实,爱因斯坦早已是中国人民的老朋友了。早在一年前,当时还是青年学生、后来成了著名物理学家的英费尔德第一次去拜访爱因斯坦时就正好碰上中国教育总长在爱因斯坦家里。从此以后,爱因斯坦更是关心中国,同情和支持中国人民的民族解放和进步事业。1931 年九一八事变后,他就起来谴责日本的侵略行径。1936 年,国民党政府逮捕在上海领导抗日救亡运动的领袖们,他又打电话来声援"七君子"。

爱因斯坦对中国问题的评述,尤其值得我们重视的是他于 1953 年给 J. E.斯威策的复信。信中写道:

西方科学的发展是以两个伟大的成就为基础,那就是:希腊哲学家发明形式逻辑体系(在欧几里得几何中)以及通过系统的实验发现有可能找出因果关系(在文艺复兴时期)。在我看来,中国的贤哲没有走上这两步,那是用不着惊奇的。令人惊奇的倒是这些发现(在中国)全都做出来了①。

有人不同意这样的看法:爱因斯坦讲中国科学发现方面不行,中国的科学技术在世界历史上不是至少领先过1000多年吗?我认为这二者是不矛盾的。中国古代的科学发明均属经验科学范畴,光评实践经验是有可能作出的。爱因斯坦在这里所讲的科学是指近代科学,像相对论这类发现,没有很强的理论思维能力是难以想象的;像当代物理学研究,没有高能加速器一类的实验设备,不通过系统的实验是难以进行的。在近现代科学发展上,中国对世界的发展贡献微乎其微,也是事实。

爱因斯坦讲中国贤哲没有像希腊哲学家那样给中国人民和科学家提供严密的逻辑体系,也是完全符合中国思想史的实际的。在中国传统文化中始终占统治地位的儒学由于主张"内省"的认识方法,根本不需要逻辑思维。这不仅自己不能提供,还严重阻碍了其他学派研究提供这样的认识方法。在中国思想史上,真正对逻辑作过较多研究的先秦名家和后期墨家。但他们的做法遭到了儒学的强烈抵制,始终未能进入中国文化的大流,在历史上只存在了一个极其短暂的时期,影响极为有限,甚至成了绝学。后来,在西学东渐第一波时,中国曾翻译过亚里士多德的《名理探》和欧几里得的《几何原本》。当时一些有眼光的学者就认识到,作为中西文化基础的思维特征上的差异在于:西方具有"由数达理"的公理化的形式逻辑体系和思维方法,而中国文化最缺乏的就是逻辑公理系统。很可惜,这种想吸取西方以逻辑认识事物的方法的倾向也由于后来康熙晚年禁教、雍正的封关而成为泡影。

至于说到通过系统的实验发现因果关系,因为占统治地位的儒学从来都是主张"君子远庖厨"、鄙视实践的,在这种情况下没有、也不可能产生像培根这样强调实践的有影响的大哲学家。由于中国逻辑的研究从来就不发达,重视系统的实验的思想就更不可能有了。

历史表明,在一个国家、一个社会科学研究开始落后时,它的精神生活就会崩溃,这时形形色色神的、神秘主义的东西就会泛滥,社会机体就会衰败乃至崩垮。所以能不能把科学研究、创新活动搞上去,不仅关系到我们能否在新的世纪重新振兴中华、立于世界民族之林的问题,而且是关系到我们这个古老民族生死存亡的问题。

---

① 《爱因斯坦文集》第1卷,商务印书馆1976年版,第574页。

在这里特别值得我们注意的是,爱因斯坦没有把中国科学技术落后归结为缺乏有远见的政治家的重视和强调,也没有归咎于没有有见地的企业家对科学研究这一具有风险的事业的经济支持,甚至没有归咎于科学家本人创新素质差,而是归结于中国的贤哲未能向社会提供严密的逻辑系统和重视系统的实验的价值取向。这也许有偏颇,但无疑有合理之处。有思想巨人,才有国家富强。社会要健康发展,需要有良好的社会文化土壤,对此,中国的思想家,特别是哲学工作者是应负起自己应有的历史责任的。

6. 在柏林的最后岁月

这是爱因斯坦一生中的转折时期。他目睹了民族复仇主义情绪高涨的严重局面,经历了法西斯主义上台的痛苦。这使他对社会的认识有了很大的提高。在科学创作上,广义相对论在发展,它的工具日益完备。但是,他的科学兴趣的重心却转移到了另一个领域——对统一场论的探索。这是一场旷日持久的攻坚战,是一个极其艰难、复杂有时是折磨人的过程。

1938 年 2 月 14 日,爱因斯坦从普林斯顿写给一位朋友的信很好地反映出了他在创立广义相对论之后从事统一场论研究的过程:

"我同这个根本问题已经搏斗了 20 多年,现在已经相当失望,虽然还不准备罢休。我认为现在需要一种全新的令人茅塞顿开的灵感。另外我认为,如果用统计学作为逃遁的办法,那只能是一种权宜之计,它不可能触及问题的实质。"①

过去,法拉第和麦克斯韦所发现的电磁场与牛顿、爱因斯坦所研究的引力场从来都是互相分离、毫无关联的。爱因斯坦的广义相对论的创立告诉我们,可以把引力与空间的弯曲看作是同一的。能不能找到空间的另一些

---

① [美]杜卡斯、霍夫曼编:《爱因斯坦谈人生》,世界知识出版社 1984 年版,第 60 页。

几何属性,并把它和除引力场以外的电磁场也看成是同一的呢?能不能用这种方法把引力场和电磁场归结为统一的几何关系式,并把它们统一到表现为空间的某种几何属性的统一场之中呢?

早在 1918 年,苏黎世的盖尔曼·魏尔已经着手把电磁场几何化,即把电磁现象想象为空间几何属性的变化。在广义相对论中,引力场在其中起作用的空—时不遵循欧几里得几何学而遵循黎曼几何学。在黎曼几何中,矢量沿着封闭线改变自己的方向,空间的弯曲就是由此得到表现的。不过,在黎曼几何中,这样改变了自己方向的矢量仍保持着起初的长度。而在魏尔的几何学中,这个矢量已不再保持自己起初的长度了。矢量方向的改变是和引力场同一,它的长度的改变是和电磁场同一的。这样,统一的几何图式、空—时的几何属性的统一概念,就既可求出引力场方程,又可求出电磁场方程。

爱因斯坦从"大自然应该是统一、和谐、简单的"信念出发,认为引力场和电磁场之间必然存在某种内在的联系,它们肯定可以通过一些"本质上是简单统一的东西"来认识。因此,他对盖尔曼·魏尔探索的方向是欣赏的。他也赞赏几何学解法的严谨和精巧。但对爱因斯坦来说,重要的不是理论的几何学的,而是物理学的"内在完备"。后来,魏尔"对逻辑的方法失去了信心",放弃了发展自己的努力的方向,而爱因斯坦则把自己的主要精力集中到把统一的物质的这两种性质不同的、连续的存在方式统一起来的理论探索上——即把主要精力集中到致力于统一场论的研究上。无论是出访期间,无论是遇到其他什么事情,他的头脑都始终再没有离开过这一题目。这一课题几乎耗尽了他整个后半生的精力,尽管这一探索始终也未能取得任何可靠的具体结果。

在去日本访问期间,在从科伦坡到上海的漫长的海上旅途中,他就一直在紧张地思索这一问题。头等舱的甲板上只有他一个人。他时而踱步沉思,时而找出某本书翻到某个地方,时而坐在安乐椅里把草稿纸垫着膝盖赶紧记下点什么,时而演算、推导一会儿。这时,邮船运行发出的隆隆声、海面的波涛声及波浪撞击邮船发出的响声,他什么也听不见了。

科学探索是十分艰苦的、紧张的。然而这种紧张又是内在的。人们常常问爱因斯坦一天工作多长时间,而他总觉得这个问题很难回答,因为对他来说工作就是思考。有时他自己也问某个朋友:"你一天工作多少小时?"而当他得到的答复是 8 小时或 10 小时的时候,他耸耸肩说:"我可不能干那么长时间,我一天工作不能超过四五个小时,我不是一个勤劳的人。"[1]从小养成的好思考的习惯和在长久思考过程中锻炼出来的极强的思维能力,使他后来在科学探索的道路上取得了许多惊人的成就,成了划时代的大思想家、大科学家。热爱思考也成了大思想家、大科学家爱因斯坦的一个显著特征。对于他来说,"为了思维而思维,如同音乐一样!"爱因斯坦一生酷爱音乐,还是一个出色的小提琴手。长期以来,他形成了一个习惯:科学研究搞得太累了,就拉一会儿提琴放松一下。此外,他还喜欢用思考别的问题的方式来休息。他于 1918 年春从柏林写给他在苏黎世的朋友亨利希·黎格尔的信就说过:"每逢闲暇,我就喜欢重新验证数学和物理公式,虽然我对它们早已熟谙。这种验证并没有什么目的,仅仅是一种机会,它使我又重新沉溺于那种令人舒畅惬意的思维中。"[2]

在探索世界和谐——研究统一场论的艰苦岁月里,有时他也离开抽象的逻辑公式的领域,走进文学艺术的殿堂。1920 年 4 月,他在给埃伦费斯特的信中就曾经谈到这一点:"在广义相对论方面我没有再取得进展。电场仍像过去那样不同任何东西联系。得不出联系。在电子的理解上我也没有任何发现。是我的头脑失去了灵活性,还是真正救命的思路还在远方呢? 我兴奋地读着《卡拉马佐兄弟》。这是我手头所有的书中最令人吃惊的一部书……"[3]

正当爱因斯坦在苦苦研究统一场论的过程中,世界物理学界出现了一次新的革命性飞跃。1924 年春,朗之万把使自己激动和震惊的自己的研究生路易·德布罗依的博士论文的清样寄给了爱因斯坦。爱因斯坦读后写道:"对于习于陈规的头脑,这篇论文是疯狂;在极切近地考察下,这是天才横溢……"这是一篇揭示了形成新的波动力学基础的思想论文。由于爱因斯坦看出了它的重大意义,于是他在 1925 年 2 月 9 日出版的《普鲁士科学院会议报告——物理数学部分》上发表了一篇备忘录。德布罗依后来这样写道:"就使人们注意到这个新的波动力学观点来说,毋庸置疑,爱因斯坦的文章大大地加速了这个观点的发展。"

---

① [德]卡·塞利希:《爱因斯坦》,黑龙江人民出版社 1979 年版,第 152 页。
② [美]杜卡斯、霍夫曼编:《爱因斯坦谈人生》,世界知识出版社 1984 年版,第 23 页。
③ [德]卡·塞利希:《爱因斯坦》,黑龙江人民出版社 1979 年版,第 152 页。

德布罗依的工作是爱因斯坦所开辟的科学工作的继承和发展。除了爱因斯坦相对论的影响外,还受到他光微粒理论的影响。在波动力学中,原子以及更小的基本粒子开始被描述成同时是不连续的物质粒子,是一种特殊的波——即所谓的"ψ"波,或叫"德布罗依波"。两年之后,埃尔文·薛定谔在苏黎世又搞出了波动力学较完善的数学结构。

这样一来,被物理学作为工具的"力学"一共就有了三个:这就是适用宏观世界的牛顿经典力学,能准确计算快速(接近光速)运动的、适用于宏观世界的爱因斯坦力学和反映微观世界如原子、电子、核子等运动规律的薛定谔－德布罗依力学。薛定谔－德布罗依力学成功地解释了先前未受到重视的许许多多原子现象,并预言了一些后来为实验所成功地证实了的新现象。

但薛定谔－德布罗依力学也存在一个明显的不足:即它们提供的是原子世界发生的事件的集体的规律,即统计规律,而在相当大程度上对每一个个别事件的进程却不能提出确切的答案。这就使有的人能由此认为严格的因果律、决定论在原子世界是不存在的,从而导致强调"观察者的感觉"、"仪表的读数"等等的主观主义。此外,这些力学用来演算的"ψ中子"是分布在具有无限多数量的维的假定空间的,因此,它不能反映直接的物理实在性。因此,爱因斯坦始终坚定不移地拒绝接受波动力学的"纯粹概率的处理方法",坚信原子运动除了受统计规律支配外,同样也受严格的因果律的支配。在这里,与其说是他的深厚的科学功底起了作用,不如说是他的科学的唯物主义世界观起了决定性的作用。只要实事求是地从总的倾向上看,爱因斯坦承认客观世界是不依人的意志为转移的客观存在,人们的认识不过是对它的反映,人能正确认识这个客观世界,对此他从来没有动摇过,虽然他主要作为一个科学家,也有"思想的自由创造"、"相信神"等不确切的说法,这是我们不能苛求于他的。但只要研究一下,这里的"自由"实际上也是指冲破马赫哲学影响,按正确的逻辑规律"自由地"进行推理等意思;而神,实际上是指存在于我们之外,不以我们的意志为转移的自然界。所以他自己就曾多次对英费尔德说:"我主要是个哲学家而不是物理学家。"①哲学家汉斯·莱欣巴赫也说:"爱因斯坦的工作中隐含的哲学要比创造出许多哲学体系

---

① [法]瓦朗坦:《爱因斯坦和他的生活》,世界知识出版社 1989 年版,第 120 页。

的工作中所含的还要多。"①这些说法是有道理的。任何一个有一定哲学素养的人只要认真读懂了狭义相对论和广义相对论,就一定会感到这与其说是理论物理问题,不如说是哲学问题;就会感到爱因斯坦在哲学上的贡献,比所有自认为是哲学家、其实不过是平庸的鹦鹉学舌的宣传者加起来还要大。历史是公正的,在他逝世近50年后的今天,全世界在评选千年十大思想家时,他名列第二。

正是基于这样的立场,在1927年的索尔维会议上,他坚决反对把原子理论局限在统计概率的框框里,反对夸大原子世界中的偶然性的作用,尽管当时赞同他的主张的人是少数。然而,爱因斯坦深深地懂得,批判的武器还不能代替武器的批判,物理学的问题最终还必须靠物理学自身的发展去解决。在这种情况下,爱因斯坦更感到找出建立在决定论基础上的原子理论的重要。这时他更是全神贯注到证明下述问题上了:不仅是宏观物体的质量,连微观世界的电荷也能使空间的几何图形改变,电磁场中原子、电子、粒子的运动规律,也可以用使行星和恒星引力规律与空间曲面结合起来的那些原理与空时的构造规律结合起来。同时弄明白物质的不连续性与连续性之间的辩证统一,证明为什么除了连续的场外,还存在着与之相结合的各具特点的物质物体,揭开这种本质,从其中引出以扬弃的方式包含着量子力学的统计规律在内的原子世界的精确规律。

在对统一场论探索的过程中,爱因斯坦对数学的信任不断增强。有一段时间他认为数学才是"真正的创造原理"。他甚至确信,用纯粹的数学构造,人们就能发现那些概念和支配它们的定律,数学是给我们打开一切自然现象大门的钥匙。所以他越来越多地注意从数学家中挑选自己的助手。当时被他挑选上的最重要的一个就是瓦尔特·迈尔教授,一个胖胖的小个子。后来爱因斯坦对人介绍说:"正是这个人推演了我的全部计算。知道吗?他的技巧简直妙极了。"②

正当爱因斯坦在为统一场论苦苦思索的过程中,意外的情况发生了。事情是这样的,当时在达沃斯的山里,不少有病的年轻人在那里疗养。与世隔绝的环境,使他们难以继续学习。爱因斯坦本人虽然很健康,但他对在疾

---

① [法]瓦朗坦:《爱因斯坦和他的生活》,世界知识出版社1989年版,第120页。
② [法]瓦朗坦:《爱因斯坦和他的生活》,世界知识出版社1989年版,第120页。

病中长期或短期远离生活圈子的年轻人的痛苦,却寄予了深切的同情。"如果他们的身体状况容许,继续学习对他们无疑是大有好处的",爱因斯坦想。于是这位认为"道德行为不仅在于放弃某些生活的乐趣,而更可以说是乐善好施地热心于为一切人更幸福的生活"①的人热情地拥戴达沃斯的大学课程基金会,并决定到那里亲自为病患者开设几次讲座。

1928年初,爱因斯坦就在去达沃斯讲课的过程中,也许是因为长年艰苦的脑力劳动,体质本来就大大下降了,也许是那地方海拔太高他适应不了,也许是二者兼而有之,总之,他就在当地的一家旅馆里,因怜悯一个看门老头,没让他提箱子,自己把箱子提上楼,心力衰竭而病倒了。诊断后,按医生的要求绝对卧床了好几个月才得以恢复。他是一个很难对付的病人,只要体力稍有恢复就拒绝小心谨慎,他常常背着医生和埃丽莎跑到外边去。咖啡和酒是被禁止了,可烟却怎么也戒不了。每次当埃丽莎问他:"你今天抽了几袋了?"他的回答总是一袋。"但是,我刚刚看到你……""噢,那可能是第二次……""至少是第四次",埃丽莎说。"你不要告诉我,你的数学比我好吗?"这时,他幽默地说着,笑了起来。

这场病几乎神奇地成为一剂青春妙药,竟使他恢复了生机。他重新显示出良好的健康状况,他以使人振奋、朝气蓬勃的精神状态,以不达目的绝不罢休的决心,重新投入了工作。仿佛他生病期间已贮藏足了长期思索的结果,一下子要倾泻出来了。突然,人们知道了他很快将公布一项重要的研究成果。报界人士和出版商的电报像雪片一样飞来,他们向爱因斯坦索要简单的概述或就其内容的一点说明。在安静的哈伯兰大街,汽车从早到晚等在那里,从世界各国专程来采访的记者拥挤在房屋的周围。摄影师索性把照相机架在门前。对此,爱因斯坦极其厌恶地回避着:"我真不明白,所有这一切大惊小怪是为了什么?"

他的论文在他50大寿前发表在普鲁士科学院会议报告上,一共只有4页,由一系列一般公众很难弄懂的方程和公式组成。试图概括在宇宙中占支配地位的两种基本力——引力和电磁力的规律,辨明引力的吸引作用,并把它归于一种电磁现象。弗朗克说:"对于内行来说,这是一项巨大的逻辑和美学上的完美无缺的工作。"关于这件事,爱因斯坦夫妇的好友瓦朗坦有

---

① [法]瓦朗坦:《爱因斯坦和他的生活》,世界知识出版社1989年版,第120页。

一段有趣的回忆："我记得是 1929 年的一天,保罗·潘列维①到我这里来,看上去全神贯注而且极其兴奋:'你知道吗,爱因斯坦的这个理论,这个统一场论简直是太了不起了。'他从马甲的内口袋里掏出一本细心叠为几张纸构成的小册……我问潘列维:'这个理论公开发表很长时间了吗?''我是今天早上才见到这个小册子的,但那时我有个内阁会议。'他说,'我只好把它带进去,一有机会,我就在桌子底下读一段。'说着,他瞪圆了眼睛看着我,似乎突然有些疑心,他严厉地加了一句:'你要答应我不把这件事告诉任何人,我向你担保,没有别人知道这件事。'想到这样一位大科学家竟在内阁会议上偷偷看这些那么难以理解的论文,我忍不住大笑起来。这不是跟小学生在课桌底下全神贯注地读侦探小说一样吗? 潘列维被我笑得有些狼狈,他说:'别这样,我说的是正事——它可能使我看起来太傻了。'"②虽然后来爱因斯坦本人也把 1929 年得到的结果作为一种不满意的东西抛弃了,但这却丝毫没有动摇他建立统一场论,实现真正的最广泛的理论综合的方向。

1929 年到了,爱因斯坦的 50 大寿即将来临。已经出现了第一批来采访的记者,好心人即将刮起的一场世界性的为他祝寿的风暴把他吓坏了,他赶紧逃之夭夭,于生日前几天搬到柏林附近湖滨的一幢独门独院的小别墅躲了起来。在庆祝他的生日的热潮中,德国好像分享了整个世界对它的民族英雄的赞誉,爱因斯坦象征着在思想领域中不流血的胜利,所以准备竭尽它所能做到的豪华来庆祝这一天。富有的犹太人也感到他们更富有了,因为爱因斯坦是他们之中的一员;对于贫寒微贱的犹太人来说,他代表着向命运复仇的可能。无论是认识他的人,还是可能认识他的人,都为和他这样的伟人生活在同一个时期而感到荣幸、自豪。仿佛大家都确信,他属于任何人,超越了阶级和国界。

致敬电从全世界的各个角落雪片般地飞来,大批的礼物源源不断地送上门来,这里既有富豪们的慷慨馈赠,也有穷人的真诚奉献。其中也有国王、总统、总理、部长们送来的异国的珍奇和各种怪异的物件。在这些礼物中,爱因斯坦唯独特别感兴趣的是那袋烟草。他打开口袋,闻到一股烟草香

---

① 法国数学家,爱因斯坦认为能理解他的相对论的少数几个人之一,由于左翼党的胜利,他曾在法国当总理。

② [法]瓦朗坦:《爱因斯坦和他的生活》,世界知识出版社 1989 年版,第 84 页。

味,还看到了一封信。原来这是一位失业工人用省下来的口粮钱买了寄来的。爱因斯坦第一个给这位失业工人回了一封答谢的信。

生日那天的一早,还留在柏林的埃丽莎就被电话吵醒了。"你叫我吗?阿尔伯特?""有一件重要的事,在我给我的助手的计算中有一个错误。"他恳请她去看一看,立即改正那错误。显然,他早已忘了这是什么日子,他为什么要躲出去,当妻子使他重新想起这件事时,他迸发出了一阵笑声:"对生日太小题大做了!"当埃丽莎和女儿们带着爱因斯坦喜欢吃的蘑菇、焖青菜、沙拉、水果和蛋糕去给他过生日时,他惊奇地看着他们,再次忘了早晨的谈话。他听埃丽莎讲着人们为他祝寿,给他送礼的情况,很高兴,人们对他的爱戴使他深为感动。而且对他来说,虽然青春已过却仍充满活力,他雄心勃勃,一定要攻克统一场论,仿佛生活的全部希望仍然在未来。

说起过生日,这期间还发生了一件叫人哭笑不得的事。

生日前,在柏林的一次市政会议上,有人提议,爱因斯坦为柏林带来了如此巨大的光荣,市政厅应该送他一份像样的生日礼物以示祝贺,这个提案得到一致赞同。市长根据爱因斯坦喜欢环境优雅和水上运动的特点,将柏林市郊哈维尔湖畔的一幢别墅赠送给爱因斯坦。当埃丽莎去看房时,没想到碰了一鼻子灰,原来这房的产权根本不属于市政厅,是有主人的。市议员们弄清情况后也感到困窘,只好表示道歉。决定在该湖附近改赠一块地产,然后由爱因斯坦自己掏钱盖别墅。可是,住在附近的贵族不答应,他搬出了"为保证视野开阔,不得在本别墅附近营造建筑"的协议书。市政厅只好改送另一块地产。可是,当埃丽莎一踏上那块地皮,马上走来一个下驱逐令的人,说是奉老爷命令,请爱因斯坦夫人立即离开。原来那块地皮也属那位贵族。

不知是市政厅办事人员的疏忽,还是他们故意捣乱,竟一而再、再而三地把不属于自己的财产拿来送人。此事报刊上闹得沸沸扬扬,那位贵族也因此扬言要告市政厅,说这件事有损他的名声,破坏了他的安宁。怎么办呢?市长决定让爱因斯坦自己选一片中意的地方,由市政厅买下来送给爱因斯坦。埃丽莎挑了柏林市西南离波茨坦不远仍是哈维尔湖畔的一块地皮,谈妥了价钱,请好了建筑师和营造商。然而,由政府出钱买地产送给犹太科学家,这激起了纳粹党议员的严重不满,结果提案未能通过,还需到下一次会上重新辩论。

这虽然是一件叫人十分生气的事,但爱因斯坦考虑到,市长虽说办事糊涂,却是出于一片好心,所以也就大度地对待了。不过经过几次折腾,爱因斯坦也实在不耐烦了,于是他给市长写信,说人生太短,怕等不到辩论的结果了,所以正式发表拒绝这份礼物。接着市政厅发表声明,表示尊重爱因斯坦教授本人的意愿,不得不撤回拟议中的礼物。但买地产的事已说妥,再也收不回来了,于是爱因斯坦只好拿出自己的全部积蓄,在那里盖了一幢别墅。

别墅坐落在远离大路、隐没在树林中的一个山坡上,不远就是湖边开满了睡莲的哈维尔湖,环境十分幽静,深得爱因斯坦喜欢。他在别墅前的花园里,亲手栽种了蔷薇花。爱因斯坦累了就到林间的羊肠小道上散散步,呼吸一会儿新鲜空气;有时,他登上游艇,扬起白帆,几小时、几小时地任游艇在湖面上随意地飘荡,这是爱因斯坦生平最喜欢的、几乎是他唯一爱好的体育运动。早在苏黎世联邦工业大学读书时,他就喜欢到湖上去玩。瓦朗坦回忆过她一次见爱因斯坦泛舟湖面的情形:"他穿着一双轻便鞋和一件旧毛线衫,头发被微风吹动。他笔直地站在船上,微微随着船身摇动,全神贯注地操纵船帆……他向我们呼喊着,风把喊声吹到远方……在这种时候,他看来像世界上任何式样的人,唯独不像一个科学家。只要一到水中,他就理智全无,愉快非凡。"①

卡普特别墅成了爱因斯坦躲避城市繁闹和人际应酬的避难所,也成了他深入探索统一场论的好地方。他苦苦地思索着,最具创造性的他,大胆地提出了关于统一场论的一个又一个构思,最忠于真理的他,又自己一个一个地把它们摧毁。出路究竟在哪里呢?他百折不回地继续探索着。

正当他沉浸在这田园诗般的生活和对统一场论的攻坚过程中时,不幸接踵而来。

1930年,他的幼子爱德华患了严重的精神病。爱因斯坦和米列娃离婚后,两个孩子虽然跟妈妈生活,但还常常到柏林来看父亲。小儿子十分聪明、能干,有着惊人的记忆力,是一位有精湛技巧的钢琴家。起先,他对父亲几乎是一种病态的狂热崇拜,后来这种崇拜又转变为更加病态的阵发式的不满、责难和怨恨。1930年初,爱因斯坦接到了小儿子给他的歇斯底里的控诉信,爱因斯坦慌忙赶往苏黎世。米列娃告诉他,儿子患了日益严重的精神

---

① [法]瓦朗坦:《爱因斯坦和他的生活》,世界知识出版社1989年版,第133-124页。

抑郁症。苏黎世和维也纳的精神病专家都未能遏止其大脑功能的迅速衰退。爱因斯坦这次返回柏林,一下子仿佛老了许多,在很长一段时间内,他完全失去了那种无拘无束的幽默感,总是很抑郁。不久儿子去世,这对他是一个意外的打击,他被从未有过的悲伤重重地压倒。"这种不幸正吞噬着阿尔伯特,他发现它很难驾驭,比他所愿意承认的还要困难得多"①。对他当时的情况埃丽莎这样写道。

战后,德国经济曾出现过一段虚假的繁荣:到处修建高速公路,革新所有的工业设备,增加生产资料。每一个城镇都大兴土木——造豪华的市政厅、大运动场、豪华饭店和商业设施。整个德国陷入了一场令人头晕目眩的快速建设之中,每个德国人对国家的飞速发展都充满了信心。所以能这样,主要是美国发现了德国是最有利可图的投资场所,借给德国很多的钱。因此,当 1929 年秋,纽约华尔街的股票交易所万头攒动,金圆帝国庞大无比的财政金融大厦眼看顷刻间要垮掉、要求收回给德国的贷款时,当德国人还没有弄明白究竟发生了什么事情时,德国受席卷世界的经济危机的打击竟如此惨烈:工厂、企业一个接一个地倒闭,几乎所有的热火朝天的建设工地一下子全停了下来;成千上万的工人失业,流落街头;许多原来的中产阶级甚至相当富裕的人,很快陷于赤贫的境地;原来的穷人普遍陷入了饥饿……

出于对受经济危机打击而处于深重灾难中的群众的深切同情,爱因斯坦,这位对什么事情都喜欢思考的大思想家,对经济问题也表现出了敏锐和难以想象的兴趣。他曾花不少时间研究了社会经济运转的车轮究竟在什么地方发生了故障,怎样才能修复,并使其重新运转。埃丽莎就曾写过:"我的阿尔伯特花了很多时间思索怎样才能改善国家的经济状况。""他向我解释对于每一个问题他所找到的解决办法,嘲弄我什么都不懂。每次他都使我信服那是所能选择的唯一途径,尔后我就试图劝他去找路德或者布占宁,向他们说明这个方法。'这样做会有用吗?'他回答说。接着,他就再次重新陷入他的方程式中去了。"②他研究世界性的经济危机,不光是自己想想算了,还不仅和经济学家、财政专家、政治家讨论,而且就这个题目写文章和在公开的会议上讲话。他通过观察和思考得出,"生产过剩"这一专家们提出的

---

① [法]瓦朗坦:《爱因斯坦和他的生活》,世界知识出版社 1989 年版,第 156 页。

② [法]瓦朗坦:《爱因斯坦和他的生活》,世界知识出版社 1989 年版,第 155 页。

解释危机的主要论点并不完全正确。他写道:"我猜想,对于汽车和谷物这能适用;至于说到别的,生产过剩就只是一种表面原因,因为并不是消费者缺乏需求,而是缺乏购买力。能补救吗? 显然要压迫债务国家,向其倾销出口货物,这也影响到债权国家。但是,同样的危机正在美国发生⋯⋯"最后爱因斯坦得出一个结论:管制经济,从逻辑上说必然是医治这个世界灾难的最简单办法。他要求至少用三种方法控制自由经济:"减少工作时间,缓和失业的损害;确立最低工资,阻止购买下跌;国家控制价格。"①一个不是研究经济问题的人,在那个时候发表如此真知灼见,对此谁能不佩服呢?!

对经济问题的研究,使他对社会问题的认识大大提高。一次,德意志国家银行的行长柳特尔来拜访,谈了按照他的计划在德国进行货币改革的问题。他滔滔不绝地谈了很久,爱因斯坦听着听着,打断了他的话:"在你的金银世界里,人在哪里? 人,以及答应他的必需的口粮又在哪里? 人,这是一串问题中最重要的环节,可是您把他忘掉了!"他在《为什么需要社会主义》一文中也写道:"据我看,资本主义制度下的经济无政府状态是真正的罪恶之源⋯⋯不是为了人的福祉而是为了利润而生产⋯⋯资本集中在少数人手里,结果是资本主义寡头政治,这种寡头政治的巨大势力是民主的有组织的国家都无法控制的⋯⋯我深信,对于这种严重的罪恶只有一个斗争办法——实行社会主义经济,同时实施旨在为社会谋福利的教育制度。"②后来,在危机过去时,他和国务总理的谈话更是直言不讳地当面向他指出了他研究德国经济危机的结果:"德国的通货膨胀,不是别的,它只是历史上从来没有过的最大的骗局而已! 它,通货膨胀,是斯廷纳斯、克虏伯,以及他们的朋友们仔细预谋的,为的是打乱盟国赔款委员会的计划,使竞争者破产,以极低的价格收买他们的企业,用海绵抹去各康采因的债务和税款而已。在这样的情形之下,有几百万德国人和他们的子女濒于饿死。现在这个计谋完成了,所以,谢天谢地,我们也就有了稳定坚挺的德国马克了!"③

这期间,爱因斯坦在卡普特别墅还接待了卓别林的来访。这次卓别林是从伦敦来的。他看到英伦海峡两岸的贫穷和失业景象,也显得十分抑郁。爱因斯坦为了赶去笼罩在卓别林心头的愁云,对他幽默地说道:"把一切理

① [法]瓦朗坦:《爱因斯坦和他的生活》,世界知识出版社1989年版,第149页。

② [苏]里沃夫:《爱因斯坦传》,商务印书馆1963年版,第225页。

③ [苏]里沃夫:《爱因斯坦传》,商务印书馆1963年版,第187页。

论搁起不谈吧！告诉您,如果授予我权力,我将这么办:把这个行星上流通着的货币全聚成一堆,付这一炬！"①他的话,把随同卓别林来访的英国当时最富有的人菲利浦·沙逊爵士气走了。

1930 年秋,泰戈尔去苏联访问,途经柏林,也特地到卡普特别墅看望爱因斯坦,他们讨论了教育问题。爱因斯坦认为学校教育问题是决定性的问题,教育家应该培养出人来,而不是培养学者。后来他还鼓励埃丽莎的女儿玛尔戈和她的丈夫(俄罗斯人)跟印度大诗人一起去俄罗斯考察,同时为泰戈尔当翻译。

国家的灾难、人民的痛苦和绝望,在别有用心的阴谋家眼里,正好是天赐良机。希特勒,这个纳粹党的头子,向迷惘中的人们许下诺言,国家社会主义制度将保证给每个工人以工作和面包。他还向陆军将领、大金融家和大企业家频送秋波。他保证如能上台,一定要给马克思主义者和犹太人一点厉害瞧瞧;他还信誓旦旦地保证,要为德国 1918 年的战败雪耻。德国一切反动势力都把希特勒当成了拯救资本主义制度的救星。在他们的支持下,法西斯主义日益抬头,反犹活动也更加肆无忌惮。

1930 年秋,爱因斯坦应帕萨迪纳的加利福尼亚理工学院(也有著作称工艺学院)和蒙特·威尔逊天文观测台邀请去美国访问,他之所以乐于接受这一邀请,是因为美国科学界的很多精英人物如迈克耳逊等人都集中在那里。在那里,可以和同行们一起探讨问题。另外,那里正在设法用实验证实他的统一场论。

但一到纽约港,一切安排就全变了:轮船在这里停留了 5 天,接连不断的谈话、接见、参观和访问……轮船尚未停稳,100 多名记者就蜂拥而上,早把爱因斯坦围得水泄不通。爱因斯坦已有近 10 年未到新大陆来了,好客的美国人再次对他表现出了巨大的兴趣和高度的热情。当他还没有从突然袭击中弄清楚是怎么回事时,"怎样用一句话说明什么是相对论"、"你的小提琴在哪里"、"宗教促进和平吗"、"人类的未来是怎么样的",等等,问题铺天盖地而来,仿佛爱因斯坦就是无所不晓的全智全能的上帝。

在从纽约到加利福尼亚时,根据主人的安排顺路去了哈得逊湾岸边的里维尔塞德—丘奇大教堂。教堂是用 600 尊各个时代和民族的伟大半身浮

---

① [苏]里沃夫:《爱因斯坦传》,商务印书馆 1963 年版,第 188 页。

雕像装饰的。对创造精神推崇备至的负责教堂的修建的人,决定从人类有史以来伟大科学家中选出 14 位。为了选得正确,请美国最卓越的科学家选。结果在这些科学家提出的名单中,像阿基米德、欧几里得、伽利略和牛顿等人总是被考虑在内,同时在每一个名单中,也总会有爱因斯坦的名字,他是活着的科学家中唯一被选中的人。爱因斯坦作为中世纪以来第一位能在教堂的正面凝视自己塑像的科学家、思想家,再也不能用他惯常的对个人荣誉的幽默态度坦然处之了。他感到非常难为情,甚至很颓丧。他对陪同参观的人说:"我曾设想他们可能把我看成是一个犹太圣者,但我从没有料到我竟变成了一个新教圣人!"

在帕萨迪纳,爱因斯坦讲授了一系列课程,参加了一些科学集会、座谈和私人交谈。不用说,那里也有不少隆重的接待,爱因斯坦对于这类事情出于礼貌只是不得不应酬。他还参观了一些名胜,作过郊游。一次在参观印第安部落时,印第安人授予他"伟大的相对论首领"的尊号,还赠送了他一套印第安服装。这期间还参观了马温特—威尔逊天文台。爱因斯坦夫妇对巨型望远镜都很感兴趣。埃丽莎问:"为什么需要这么大?"天文台台长说是"为了弄清宇宙的构造"。"真的吗? 我丈夫经常在旧信封背面干这件事。"①

1931 年春,爱因斯坦夫妇回国,答应第二年再来加利福尼亚理工学院,带走了许多纪念品,但谢绝了像无价之宝的古尔涅尔小提琴之类的礼物。他认为这"应当由真正的大师来用它演奏"。

同年末,爱因斯坦又一次到帕萨迪纳,并在那里与同行们待了整整一个冬天。不仅是那里的科学界吸引着他。在柏林,他有着太多的痛苦。这首先是令人越来越担心的时局的发展;其次,在欧洲物理学界,热衷于量子力学成就的晚辈们——如玻尔、海森堡、薛定谔等人走上了新的道路,这条道路当时似乎离爱因斯坦的道路甚远。而爱因斯坦在自己的道路上又总也找不到突破;此外,丧子之痛也一时难以从心头拂去,他需要到新的环境中散散心。

1932 年春他再回到柏林时,德国的形势仿佛又多少有了一些转机。共和国总统兴登堡拒绝接见希特勒。最积极的宣传者冯·罗姆上尉,轻蔑地讲希特勒不过是"捷克的军士",拒绝与他发生任何关系。国家社会主义正

---

① [德]卡·塞利希:《爱因斯坦》,黑龙江人民出版社 1979 年版,第 167 页。

在迅速失去他的社会基础,在1932年11月的选举中失去了200万张选票。但就在这时,一个被称为"东部救济"的花招,不顾国家日益严重的贫困,却要重新恢复波麦腊尼亚大土地所有者的富有。这对兴登堡及其儿子和他们所代表的整个阶级十分有利。勃鲁宁格总理由于反对"东部救济",被迫辞职。帕平被任命,施列赫尔被推荐上台。这样,金融寡头为希特勒攫取政权扫清了道路。形势急剧恶化,排犹势力更加嚣张:"ㄅ"字旗在风中乱飘,一群群被煽动起来的狂热的年轻人,口中唱着那支仇恨的歌曲冲向大街小巷:"醒来吧,日耳曼!让犹太人去见上帝!"他们狂怒地叫喊着:犹太人的血"必须从刀下喷出!"

早在1923年5月,瓦朗坦去卡普特村看望爱因斯坦夫妇时,当时表面上看起来还很平静,冯·西克将军就非常坚决地对她说:"预先告诫你所有的犹太朋友,最好劝他们离开德国。尤其要告诫爱因斯坦,在这里他的生活再也不会是安全的了。"而且,他们的女仆因给犹太人帮忙,她去买面包时,听了不少龃龉的话,也要辞职。当时,正好一个美国人弗莱克斯纳刚刚来过,他依靠大量的捐赠在普林斯顿建立了一所高等研究所。想请爱因斯坦到那里去工作。没有教课的任务,不必为物质需要所累,而且可以和年轻学者在一起。但爱因斯坦还未答复,因为他不甘心最终出走。瓦朗坦劝他们应聘,赶紧离开德国,并认为这时谁让爱因斯坦留在德国就是犯了谋杀罪。

爱因斯坦还是久久下不了决心,他是这样地离不开他的卡普特别墅,尤其留恋那艘小船,因为任何地方都没有像这里那样使他感到快乐。这期间,他又去布鲁塞尔参加一个会议。回来时看到一切如常,甚至取笑妻子:"我应该出走——的确是十分必要的吗?"将近9月,他还每天到湖上去航行。他简直着了迷,仿佛要永远这样沉浸在愉快中。

这期间,爱因斯坦在国际联盟的活动,更加激起了欧洲反动派对他的仇恨。不仅是欧洲,美国也有人起来反对爱因斯坦。当他第三次去帕萨迪纳前,就遇到了一系列麻烦。

他去美国驻柏林大使馆办手续时,大使的助手(大使当时不在柏林)要他呈报此行的目的、政治观点和关系。这是过去从来没有过的,前几次都是美国大使亲自办好送上门来的。爱因斯坦发火了,他声称不去美国后,就离开了大使馆。这才引起惊慌,通过同华盛顿的连夜交涉,第二天早晨就派人把签证送到爱因斯坦家里。

　　大使的助手所以敢于如此怠慢爱因斯坦不是没有理由的。在这之前，美国《妇女爱国团体》向国务院递交了一份抗议书，反对爱因斯坦赴美，因为他是"一个共产主义分子并且对美国制度构成威胁"。关于《妇女爱国团体》的抗议，爱因斯坦对美联社发了一则幽默的评论："我想接近女性的企图还从未遭到如此坚决的拒绝，如果遭到拒绝，那也不是一下子来自那么多人。可是，难道这些警惕的巾帼英雄们不对吗……对一个如此卑鄙以至除了和自己的老婆不可避免的战争外，对任何战争都反对的人能敞开大门吗？因此，请注意你们聪明爱国的妻子们，回想一下有一次强大罗马帝国的首都就是被卖掉的鹅群的咯咯叫声所拯救的。"

　　这两件事引起全美国的愤慨。与签证一起，爱因斯坦收到一捆电报，请求他别见怪大使的助手和抗议的太太们。这样，1932 年 12 月 12 日，爱因斯坦夫妇又离开柏林启程去帕萨迪纳。在他们离开卡普特别墅时，爱因斯坦对妻子说："这次你好好地看一眼你的别墅吧！""为什么呢？""你再也看不到它了。"没想到这句话真的应验了，这次竟一去不能复返。

　　当爱因斯坦到达加利福尼亚的时候，希特勒于 1933 年 1 月 30 日被任命为总理，上台执政了。临离开加州之前，爱因斯坦接受了《纽约世界电讯报》记者的采访。他说：

　　"只要我还能选择，我就将只生活在这样的国家——在那里，普遍遵循的准则是公民自由、宽容和法律面前人人平等。公民自由就是人们有用言语和文字来表达个人政治信念的自由，宽容就是尊重他人的任何信仰。这些条件目前在德国是不存在的。那些对于国际谅解有杰出贡献的人——其中有一些是第一流的艺术家——正在德国受到迫害。

　　"一个人精神受到压抑会得精神病，同样的，一个社会组织面临严重的难题也会害病……我希望，不久后，德国将恢复比较健康的气氛。我也希望，像康德和歌德那样伟大的德国人，不仅将常常被人纪念，而且也将在公共生活中，在人民的心里，以及通过他们矢忠的伟大原则的实际遵守，永远受到尊敬。"

　　不久，他离开了加利福尼亚到了纽约的总领事馆。在办公室里，由于有助手在，本来就很熟的总领事严肃地说："教授先生，我看了您对《纽约世界电讯报》发表的谈话。这篇讲话在柏林引起了震动。现在你打算怎么办呢？""还没有什么打算……不过不回德国去！"爱因斯坦坚决地说。

"还是回德国去的好,"总领事像背书那样劝说道:"现在国家社会主义工人党执政,新政权对每个公民都是公正的。你的看法有些片面……不会对你怎么样的。"

这时秘书有事出去了,屋里就剩下爱因斯坦和总领事。总领事立刻和颜悦色地向爱因斯坦凑过去,低声说:"教授先生,现在我们可以朋友的身份讲几句话了。你的决定是正确的。希特勒是最狂热、最凶恶的反犹主义者,又最恨和平、民主和进步。你要是回德国,他们绝不会放过你的。"总领事拿起一叠报纸给爱因斯坦看:"这些都是德国报纸,你看,这里指名道姓,把你叫做犹太国际阴谋家、共产国际阴谋家!"

助手进来了,总领事立即又恢复了原先冰冷面孔。爱因斯坦把德国护照扔在了总领事的办公桌上,然后离开了领事馆①。

爱因斯坦夫妇乘美国到比利时的航班回欧洲。在旅途中,从无线电里得知故乡乌尔姆的爱因斯坦大街改名了,卡普特的别墅被抄了,说是为了"搜查共产党藏在那里的武器",在柏林的不多的银行存款也被没收了。爱因斯坦在船上发表了一则声明:

"这些人手持武器,闯入我家里抄家,不过是现今在德国发生的为所欲为的暴力行动中的一个例子。这是政府在一夜之间将警察的职权移交给一帮纳粹暴徒的结果……"

远洋轮于 3 月 28 日在安特卫普港抛锚。爱因斯坦夫妇夹在旅客中间回到了欧洲大地。好客的比利时国王和王后在王室接见了他们。为了他们的安全,决定把他们安置到大西洋岸边一个小渔村——勒科克,并派人日夜守护他们。让他们住勒科克本来是要让他们隐蔽起来,可是这都办不到,记者们一下子就宣扬出去了。收到了一些恐吓信,不仅威胁要爱因斯坦的命,还扬言要对付他的亲属。初步安顿下来后,他做的第一件事就是声明退出普鲁士科学院,他之所以要这样做,是为了免得使他在科学院的那些朋友为难。事实也正是这样,一天,作为科学院秘书的普朗克去找希特勒,想说服他不要把狭隘民族主义的"雅利安条款"用在德国科学家身上。起先希特勒默默听了几分钟,接着歇斯底里式的狂态就发作了。他跺着脚,高声大喊,

---

① 此处从[苏]里沃夫著的《爱因斯坦传》说,秦关根著的《爱因斯坦》认为爱因斯坦的护照是在布鲁塞尔交给德国大使的。究竟谁是谁非,因缺乏原始资料,不确定,请读者原谅。

拳头在 80 高龄的普朗克的面前挥舞起来,声称要把他从地球上消灭。卫队以为元首受到了什么侵害,连忙赶来。普朗克赶紧跑回家。后来他给一个友人写信时说,他不指望活过"这个可厌的时代"了。普朗克在爱因斯坦问题上伤透了脑筋,他把学院秘书头衔交给了两个安插在他身边的纳粹分子,就称病不出了……

"我觉得老麦克斯很可怜,"爱因斯坦叹着气说:"他的灵魂跟我们这个艰难的时代合不来……"[①]

这期间还发生了一件有趣的事,表明由于血与火的教育,我们这位思想家在思想上又有了多大的变化。

欧洲的形势越来越紧。毗邻德国的小国比利时到处都有纳粹的特务在活动,连王宫里都不敢担保没有德国特务。面对这样严峻的形势,比利时不得不全国动员,加紧备战,因此抓了两个拒绝服兵役的青年。一位法国青年写信给爱因斯坦,请他出面向比利时政府交涉。因为爱因斯坦是全世界最著名的和平主义者。正是他倡导拒绝服兵役的。他曾提出,只要百分之二的人拒绝服兵役,仗就打不起来,因为政府不敢把这么多人抓进监狱。这两个比利时青年就是佩戴着百分之二的徽章拒绝服兵役而被捕的。

爱因斯坦尚未来得及回信又收到一封特殊的来信:

亲爱的教授:
有一件急事,第二提琴手的丈夫想和你谈谈。

原来信就是第二提琴手写来的,第二提琴手就是比利时的王后。

比利时国王请爱因斯坦进宫是商谈国家大事。国王面对强邻的战争叫嚣,问计于爱因斯坦。这时爱因斯坦坚决地说,对于希特勒这种以毁灭文明为己任的恶人,只能以牙还牙。这时他已认识到,世界上的人并不都像他自己那样心地纯洁、善良。也不能不管是什么性质的事,都用好心肠去解决。

8 月 18 日,他发表了给那位法国青年的公开信:

如果我是比利时人,在目前形势下,我不会拒绝服兵役。我将愉快地参

_____

① [苏]里沃夫:《爱因斯坦传》,商务印书馆 1963 年版,第 232 页。

军,我相信这将有助于拯救欧洲的文明。

这封公开信在世界上遭到了许多和平主义者的抗议,他们谴责爱因斯坦背叛了和平主义原则。爱因斯坦理直气壮地讲了自己对和平主义的新看法。他告诉世人,只要法西斯统治着德国,就不会有和平。在这生死关头,只有准备战斗,才有可能求生。

1933 年的夏天,爱因斯坦夫妇都是在勒科克度过的。他们在勒科克住下后,瓦朗坦曾去看望过他们。尽管当时形势对爱因斯坦充满了危险,可他仍一切如常,一如既往地潜心于他的科学研究。瓦朗坦告诉他们,他们在哈伯兰大街 5 号的藏书——包括他的相对论在内连同其他"非雅利安的和共产主义的书籍在柏林,在国家歌剧院前面的小公园里被当众焚毁了"。她还给他们带来了一本德国出版的希特勒制度下的敌人的大画册,画册的第一页上就是爱因斯坦的照片,外加说明,上面历数了他的罪行,其中有创立相对论,末尾还有一句话:"尚未绞死。"当时还传来了这样的消息,据说柏林已悬赏 2 万马克要他的脑袋①。爱因斯坦听了不仅不当回事,还微笑着点点头说道:"我这颗头值那么多钱吗?"埃丽莎担心得要命,她恳求丈夫小心,为此爱因斯坦指责她"是一个让人轻视的懦夫,没有尊严的意识"②。当瓦朗坦向他讲到法国上层欢迎所谓的犹太精英到法国避难,由于怕得罪德国使自己的利益受到损害,而不愿接纳一般的犹太移民,特别是穷苦的犹太移民时,爱因斯坦说:"这不单纯是犹太人的斗争,这是远为重要的社会斗争的一部分,有钱人聚集在一起保护自己,反对穷人。"③在这之前不久,他也曾经说过:"社会阶级之间的隔阂是不合理的。这些隔阂归根结蒂是由暴力支撑着的……"④显然,这较之于 20 世纪 20 年代初,他对马克思的阶级学说还持保留态度已经有了天壤之别。

当时最使爱因斯坦痛心的还是德国的犹太人要他对那里发生在他们身上的一切恐怖负责。他们相信一切都是他惹出来的,并且愤怒地宣布完全割断与他的关系。"我们不仅从纳粹分子那里收到许多信,我们同样也收到

---

① 也有的传记说是悬赏 5 万马克,如里沃夫的《爱因斯坦传》。
② [法]瓦朗坦:《爱因斯坦和他的生活》,世界知识出版社 1989 年版,第 186 页。
③ [法]瓦朗坦:《爱因斯坦和他的生活》,世界知识出版社 1989 年版,第 228 页。
④ [苏]里沃夫:《爱因斯坦传》,商务印书馆 1963 年版,第 228 页。

许多来自犹太人的愤怒的信件。当要他为他们牺牲掉一切时,他总是无所畏惧的,他从来没有让他们失望!把他当作偶像崇拜的同一些人,现在居然把污泥投向他,多么可悲啊!他们被吓得胆战心惊,以至于声明印在装潢精美的印刷品上,声明现在和将来都和爱因斯坦毫无相同之处。从德国犹太人中央委员会、犹太教法庭和其他组织的卑鄙无耻的声明中可以看出,是绝望和恐惧指使他们这样去做。他们都处于同样的情况之中,完全曲解了形势,这样人们还能说他们什么呢……""他们焚烧了我丈夫的每一张单人照片,然而,在那时,在他受到欢呼和拥戴之时,他从来没有注意过这些照片。"埃丽莎那时这样写道。

在比利时再继续待下去是不可能了。有两个可供选择的去向,一是去法兰西学院任教,这是他很乐意的,有一些朋友帮忙,但最终因法国政府怕因此激怒德国而未能办成;再一个就是应普林顿高等研究所之聘,去美国工作。爱因斯坦最后只好选择了后者。

1933 年 9 月初,比利时警察宣称,爱因斯坦乘私人游艇去南美了。所以发布这样的消息是为了迷惑可能有的纳粹间谍的盯梢。实际上他是去英国。在那里,他应邀在伦敦的阿尔伯特堂召开的群众大会上讲了话。罗素也是这次抗议纳粹暴行的大会的筹备人之一。此外,爱因斯坦还在牛津作了《论理论物理学的方法》的讲演。

在去美前,他再次渡过英伦海峡,向老朋友朗之万和居里夫人告别。当时居里夫人躺在病床上,生命正在消逝中。

爱因斯坦周围是一片凄凉。当时一位见到他的人回忆说:"在他身上仿佛有某种东西死去了。他坐在我们家的沙发上,一面把自己的一绺绺白发缠在手指上,一面沉思默想地谈着各种话题……他再也不笑了。"[①]

爱因斯坦在哈佛勒上了船,和他一起的是埃丽莎,还有他的忠实的秘书、沉默寡言的海伦·杜卡斯。埃丽莎的女儿玛尔戈和助手迈耶尔是后来到普林斯顿与他们会合的。

爱因斯坦在这种情况下不是回德国与法西斯作斗争,而是到美国去避难,自然也引起了世人的非议。1954 年 2 月 1 日某人在给爱因斯坦的信中引用了爱因斯坦过去提出的号召,爱因斯坦当时呼吁人们,为了维护言论自

---

① [苏]库兹涅佐夫:《爱因斯坦传》,商务印书馆 1992 年版,第 225－226 页。

由和反对战争,必要时应准备去坐牢。接着他说自己的妻子看到爱因斯坦这一呼吁之后指出,纳粹掌权后爱因斯坦匆匆逃离了德国,而没有留下来冒坐牢的危险大声疾呼,发表自己的意见。她把爱因斯坦的行为同苏格拉底相比,苏格拉底不离开自己的国家,而是留下来"战斗到底"。她还指出,公开发表自己的意见,对于有名望的人要比无名小卒更为容易。

对此,爱因斯坦于1954年2月6日的复信中是这样回答的:

谢谢你2月1日的来信。我认为尊夫人的话十分中肯。不错,一个无名小卒在那种情况下确实要比一位稍有名望的人更加岌岌可危。但是一位稍有名望的人除在必要时公开发表自己的意见之外,是否还有更好的办法来利用自己"名望"呢?

把我同苏格拉底相比并不十分恰当。对苏格拉底来说,雅典就是整个世界。而我却从来没有把自己同任何一个特定的国家联系在一起,更别说德国了,因为我同德国仅有的唯一联系只不过是我担任了普鲁士科学院的院士(还有我从小学会的德语)。

虽然我是一个信念十足的民主主义者,但我深知,如果没有一批愿意为自己的信念抛头颅洒热血、具有强烈的社会意识和正义感的男女勇士,那么人类社会就将陷于停滞,甚至倒退。与正常的时代相比,在现在的情况下更是如此。①

---

① [美]杜卡斯·霍夫曼编:《爱因斯坦谈人生》,世界知识出版社1984年版,第74—75页。

第七章
避难普林斯顿　提出政治新思维

　　爱因斯坦离开德国、离开欧洲后，就一直生活在普林斯顿，这是他生命的最后20多年，也是他一生中很艰难的一段岁月。这期间，他失去了自己最亲近的人；在科学上，他虽然奋力攀登、百折不挠，但始终也未能取得理想的结果；经历了第二次世界大战，特别是看到了与自己不无关系的原子弹的悲剧；面对军国主义泛滥和列强为争夺世界霸权加紧扩军备战、搞军备竞赛，他站在爱好和平和人道主义的立场上，虽然做了大量工作，但却未能看到明显的效果，这同样使他忧心如焚……悲剧如何避免？人类文明免遭毁灭、得以持续发展的出路在哪里？他的苦苦思索越来越多地集中到与人类命运直接相关的社会问题。正是在这个基础上，他最先提出了政治新思维。

1."对真理的追求比对真理的占有更可贵"

普林斯顿是一个远离闹市的安静的小城镇,整个城镇宛如一个到处长满了各种神奇树木的巨大公园,特别是深秋,林木经霜变红或发黄,五彩纷呈,显得尤其美丽。所有的建筑几乎都是哥特式的,教堂的钟声时时在空中回响,让人感到,这里仿佛是牛津。

普林斯顿高等研究所分配给爱因斯坦一座老式的贵族房子:图书馆街 2号,周围是一个大花园,房间大而明亮,布置得也很雅致。从勒科克营地般的生活换到这样的环境,就像一下子进到天堂。对此,爱因斯坦夫妇都十分满意。爱因斯坦在给伊丽莎白王后写的信中讲道:"普林斯顿是个奇妙的小地方,是一些装腔作势的小小的半神半人居住的招人喜欢的和讲究礼节的小村子。由于不理会某些社会习俗,我得以给自己创造一个宜于工作和逃避对工作的干扰的环境。"①

普林斯顿高等研究所的研究条件也是没说的。研究所的创建者和实际组织者、美国著名的教育家和学校改革家弗莱克斯纳从一开始就让普林斯顿高级研究所的研究者们既不需要为任何教学和行政杂事分心,又无物质上的担忧。他说,研究所是"一个自由港,学者们在这里可以把世界看作是实验室",享有完全的独立性,研究最高级和最普遍的问题以及任何自己感兴趣的科学问题。

爱因斯坦对仅凭纯粹的科学研究工作领取薪金感到不安,甚至是难为情。在他看来,不承担教学任务,凭内心要求做研究工作而拿钱是不行的。他总想干些与基本的研究活动无关的事情作为生活费用的来源。他习惯于把讲课、同学生谈话、考试、开会等之后的剩余时间才看成是属于他个人的

---

① ［美］杜卡斯、霍夫曼编:《爱因斯坦谈人生》,世界知识出版社 1984 年版,第 74－75 页。

东西。斯宾诺莎以磨制金刚石为生,业余时间研究哲学的生活对他有着很深的影响。在柏林,虽然爱因斯坦也完全可以不讲课,但出于上述看法,他还总是坚持上些课,尽管远不如在布拉格和苏黎世多。现在,在普林斯顿,这些任务几乎完全没有了,他仅负责指导一小批年轻的科学家。这使他感到不习惯。但统一场论是如此强烈地吸引着他,能把自己的全部精力和时间集中到对这个他已苦苦探索了近 20 年,认为有极重大的意义的课题上去自然是很好的事情。事实上,他也是这样做的。但也正由于上述看法,所以当弗莱克斯纳问他应聘普林斯顿高等研究所需要多少薪金时,爱因斯坦只说:"一年 3000 美元大概够了。"弗莱克斯纳听后惊讶极了,急忙说:"不行,不行,这和教授的身份不相称。"在弗莱克斯纳看来,这样低的薪金也有损普林斯顿高等研究所的名声。弗莱克斯纳一定要尽量往上提高,而爱因斯坦则不肯多要,经反复"讨价还价",最后爱因斯坦才答应接受最多年薪 16000美元。

每天早晨,爱因斯坦都去范氏堂(1940 年研究所搬出范氏堂和大学区,搬到一座比较幽静的私人建筑物中,离普林斯顿大约需步行半小时),在那里会见自己最亲近的同事和助手,了解他们的工作进展。当时他们主要是在设法克服数学手段方面的困难,商量进一步工作的路子,有时还回到初始立场,探索新的立场。然后,他回家继续思考那些问题。

普林斯顿高等研究所为了保证爱因斯坦能集中精力搞科学研究,对他的住所也实行了严格保密制度。当时连罗斯福总统邀请爱因斯坦到白宫去做客,也必须事先征得研究所所长的同意。而爱因斯坦也全身心扑在他的统一场论上,对于许多生活琐事常常心不在焉,一过即忘,为此闹出了不少笑话。刚到普林斯顿不久时,有一次,他找不到自己的家门了,没有办法,只好打电话给研究所办公室:

"我能不能和所长讲话呀?"

"很抱歉,所长出去了!"秘书回答。

"那么,也许,嗯……你能告诉我,爱因斯坦博士住在什么地方呢?"

根据规定,秘书很客气地拒绝告诉对方爱因斯坦住在什么地方。

这时爱因斯坦只好对着话筒低声说:"请你别对人讲,我就是爱因斯坦博士。我要回家去,可是忘了家在哪里了?"

虽然无论是研究所,还是爱因斯坦本人,都愿意避免无谓的干扰,他也回避了许多只能浪费他的宝贵时间的邀请和访问,但干扰总还是免不了的。一些人总能千方百计找上门来。特别是那些真正需要帮助的人找上门来,同情心总是使爱因斯坦毫不吝啬地放下手中的研究工作,尽量帮助他们解决困难。

美国一家医院要聘请一位 X 光专家。一个犹太难民来找爱因斯坦帮忙。爱因斯坦就给他写了一封推荐信。几天后,又来了一个从希特勒铁蹄下逃出来的犹太人请求帮忙,爱因斯坦也把他推荐给了该医院。这样,他一共竟向该医院推荐了 4 个人去,造成这 4 人去争夺同一个职位。他总是那么好心,对人有求必应。对此库兹涅佐夫著的《爱因斯坦传》曾引过这样一段话:

"虽然只有物理学和自然规律才能引起爱因斯坦的真正激情,但要是他发现谁需要帮助并认为这种帮助能起作用的话,他从不拒绝提供帮助。他写过成千上万封推荐信,给千百个人出过主意,一连几个钟点同疯子谈话,因为疯子的家庭写信告诉爱因斯坦,只有他一个人能够帮助病人。他善良、慈祥、健谈、面带笑容,但异常不耐烦地(虽然是暗中)期待着他将能重新投入工作的时刻。"①

然而,对爱因斯坦影响最大的还是亲人的去世。到普林斯顿第二年的 5 月,埃丽莎不得不回欧洲一趟,因为他们的大女儿得了重病,在巴黎住院。但她去得太晚了,因为女儿在这之前一直把病情瞒着她。她到巴黎不久,女儿就去世了。埃丽莎带着女儿的骨灰回到普林斯顿,一下子变老了许多。这时她的双目出现了病变,这是严重的心和肾疾病的反映。不久便卧床不起了。为了不使爱因斯坦和小女儿在情绪上受到影响,埃丽莎尽量把自己的悲痛埋藏起来。就是这样,对于爱因斯坦来说,看到任何人都无法替代的妻子的这种情况,仍感到意乱心烦,忧伤万分。他对妻子无比体贴,使埃丽莎也十分感动。

埃丽莎不仅由于爱因斯坦对自己的爱和关心而得到安慰,更从爱因斯坦的事业上受到激励。当时,她在给瓦朗坦的信中写道:"阿尔伯特已经作出了某些杰出的贡献。对这些贡献,没有人能认识,能相信。但是,或许在他离去后的某一天,人们将会认识到他所创造的一切。他的新发现看来是

---

① ［苏］库兹涅佐夫:《爱因斯坦传》,商务印书馆 1992 年版,第 223 页。

太大胆了,以至在有生之年他将不会看到人们认识到他的思想。"①

埃丽莎要为丈夫和女儿创造一种尽可能舒适和愉快的环境,而爱因斯坦则也希望能有一个更好的环境使埃丽莎的身体得到恢复。这年夏天,他们在康涅狄格州租了一幢美丽的别墅度假。埃丽莎把这个地方比作天堂。对此她写道:"今年我们允许自己来一次难以置信的奢侈。我们租了一所真正的庄园——20英亩土地,树木和田野——夏季的一切新奇在我们周围都有,甚至有一个网球场和一个游泳池。我们远远地离开了所有的事务,这里十分宁静。这种安静我仅经历过一次——那就是山区。""这里的一切都是那样的高雅,在开始的10天里,我向你发誓,我们是在餐室里吃的饭,豪华的餐厅对我们来说是太辉煌了……有一种感情使我对过得如此愉快感到惭愧了……"②在这里,埃丽莎失去爱女的悲痛有所减缓,身体也感到稍好了一些。

与此同时,他们买下了梅塞街112号的一幢房子,整个夏天正请人在进行内部装修。当他们结束度假,回到普林斯顿再看这幢房子时,埃丽莎完全被尽善尽美迷住了。仿佛希望重又进入了生活,她从悲哀情绪中暂时解脱了出来。

然而好景不长。紧接着就是紧张、费神的搬家。而新家如何安置,全靠埃丽莎设计和指挥。由于劳累,她的病急剧恶化了。她只好进医院接受治疗,并根据医生的指示绝对静卧。医生已如实地向亲属讲了埃丽莎病情的严重性。爱因斯坦忧心如焚,对爱妻更加关怀得无微不至。对此,埃丽莎在给友人写信时说道:"他曾被我的病弄得心烦意乱,失魂落魄,我从没有想到他是那么深地爱着我,这使我很感安慰。"③

1935年夏,爱因斯坦夫妇是在离蒙特利尔不远的萨兰纳克湖畔租的一幢美丽的别墅里度过的。在这美丽的加拿大湖畔的森林中,埃丽莎的身体又有所恢复。而爱因斯坦由于又能返回到他所喜爱的帆船上去扬帆游弋,笼罩在心头上的阴影仿佛被湖面上的凉风吹散了。埃丽莎在给瓦朗坦的信中关于爱因斯坦的工作写道:"他精神振奋,处于最佳状态。最近又解决了

---

① [苏]库兹涅佐夫:《爱因斯坦传》,商务印书馆1992年版,第231页。

② [法]瓦朗坦:《爱因斯坦和他的生活》,世界知识出版社1989年版,第191—192页。

③ [法]瓦朗坦:《爱因斯坦和他的生活》,世界知识出版社1989年版,第207页。

一些重要课题。他自己相信,最近的工作是他曾做过的最好的工作。"①

后来,埃丽莎的病情急转直下,不可避免的不幸终于发生了。1936 年,埃丽莎终于撒下爱因斯坦而去。爱因斯坦周围一片凄凉。早在 30 年代初,爱子的死就使他受到很大的打击,丧失了往昔的生活情趣。而现在,在埃丽莎死后,他更是时常流露出孤独和忧伤。

爱妻去世,他更是像发了疯似的拼命工作,只要生命的火花还在他身上燃放,就没有一种力量能把他从追求统一场论的战场上拉开。仿佛,极其抽象的思维对于爱因斯坦来说就像新鲜空气那样,是须臾不可缺少的。

对统一场论的研究是一场旷日持久的、希望与失望不断交替发生的坚韧的战斗。

物理学自 20 世纪 20 年代中期德布罗依、薛定锷、玻尔、海森堡等人创立量子力学以后,发生了飞跃。他们逐渐成了物理学中的多数派。爱因斯坦虽然承认他们在科学上是有贡献的,但对他们,以玻尔为首的哥本哈根学派(德布罗依与他们的观点不同)所认为的微观粒子的位置和速度不可能同时确定——确定了它的位置,速度就不确定了;确定了速度,位置又不确定了——的所谓的测不准关系是有看法的。他坚信,量子力学所使用的方法只能是一种过渡性的,通过努力,终将可以认识到粒子所有的相互作用和粒子自身的存在,并能用统一的公式把它们表述出来。

他沿着自己确定的方向苦苦地求索着。而物理学界追随他的人越来越少。瓦朗坦在回忆这段历史时曾经说道:"这不是两代人之间的鸿沟,其中一代人代表大胆的思想,而另一代人维护旧的东西,像一块被舍弃在道路边上的静止不动的石头。爱因斯坦的悲剧是这样一个人的悲剧,他不顾年迈体衰走着自己的愈来愈荒僻的路,在这期间几乎所有的朋友和青年都声称这条路是不会有结果的,并且是行不通的。"英费尔德在回忆中也说:"有 3 年的时间,我专心致志研究双星问题,但是我未曾看到过一颗星。"②

然而,爱因斯坦自己则百折不回,不屈不挠。这与其说是学术思想的不同,不如说是信仰和世界观的深刻对立和斗争。他深信,被研究的微观物理世界是不依人的主观意志为转移而客观存在着的,整个世界是统一的,合乎

---

①　[法]瓦朗坦:《爱因斯坦和他的生活》,世界知识出版社 1989 年版,第 194 页。

②　[法]瓦朗坦:《爱因斯坦和他的生活》,世界知识出版社 1989 年版,第 209 页。

理性的,服从于存在的统一规律,这个规律是能够认识的。科学的道路无论多么复杂、紊乱,它们终将达到与存在之实际和谐相符的认识。他在给朋友索末菲的信中就曾明确谈到这一点:"关于科学观念以及我对科学期待些什么,我们已走到极为不同的两端:你相信上帝掷骰子,我却相信在现存事物构成的世界中有一个完美的规律,就其真实性来说,我试图用那不受羁绊的思辨去理解。"①

1937 年 9 月 28 日,爱因斯坦从普林斯顿写信给朋友谈到自己研究统一场论的情况时说道:"我现在试图解决的问题同 10 年前的那个问题完全一样。在一些细节问题上,我已取得了一定的进展,但仍然无法达到真正的目标,尽管有时似乎已快大功告成。工作很艰苦,但我却得益匪浅,艰苦是指要实现这个目标是我力所不能及的,而得益匪浅则是指这项工作使我忘却了日常生活中种种令人分心的琐事。"②

1938 年 2 月 14 日,他在给兰茨奥斯的信中也说道:"我同这个根本问题已搏斗了 20 多年,现在已经相当失望,虽然还不准备罢休。我认为现在需要一种全新的令人茅塞顿开的灵感。另外我认为,如果用统计学作为逃遁的办法,那只能是一种权宜之计,它不可能触及问题的实质。"③

建立统一场论在科学本身和在思想上的巨大意义以及其任务之艰巨以至久久地难以突破,给爱因斯坦带来了不少痛苦的感受。自到普林斯顿之后,他就很少与老一辈的同事们接触,他尖锐地感觉到自己的事业缺乏理解和同情,向往孤独、与世隔绝的意向与日俱增。他的情绪越来越忧郁。他常常回忆起那些已经死去的挚友和亲人,特别是埃伦费斯特。他离开欧洲大陆不久就传来了噩耗:他最亲密的朋友埃伦费斯特在亲手结束了他的重病不治、无限疼爱的儿子的生命之后,用手枪自杀了……爱因斯坦认为,埃伦费斯特自杀,从表面上看,纯系私人性质,但更深刻的原因却在于科学家的悲剧性的不满足。在某种程度上乃是两代人科学兴趣之间的冲突的结果,在更大程度上乃是科学向科学家提出的问题和科学家不能够找到答案之间的冲突的结果。其实,与其把这话看作是爱因斯坦对埃论费斯特自杀原因的解释,不如把它看作是爱因斯坦自己当时内心的独白。

---

① [法]瓦朗坦:《爱因斯坦和他的生活》,世界知识出版社 1989 年版,第 209 页。

② [美]杜卡斯、霍夫曼编:《爱因斯坦谈人生》,世界知识出版社 1984 年版,第 60 页。

③ [美]杜卡斯、霍夫曼编:《爱因斯坦谈人生》,世界知识出版社 1984 年版,第 70—71 页。

1934 年,爱因斯坦在埃伦费斯特去世后不久为纪念朋友和评述这位学者而写的文章中曾说过,杰出的人们由于无法抵抗生活的打击和外部的冲突,比较起来常常地是自愿地离开人世的:"由于无法容忍的内心冲突而放弃生命和自然归宿,今天,在精神健全的人们中间是少有的事;这只有在那些清高的、道德高尚的人才有可能。这种悲剧性的内心冲突使我们的朋友埃伦费斯特永逝了。所有像我这样十分了解他的人都知道,这个无瑕的人主要是良心冲突的牺牲者;任何一个年过半百的大学教师发生这种或那种形式的良心冲突,乃是无可避免的。"①

对埃伦费斯特自杀原因的这种分析是实事求是的,对他自杀的评论也是很中肯的。并不能简单地说任何自杀都是软弱的表现,恰恰相反,有时自杀也是需要勇气的。

其实,埃伦费斯特所遇到的内心的矛盾冲突及其引起的悲苦,正是爱因斯坦所经历的心理历程的真实写照,一方面对科学发展所面临的任务有着异常清晰的理解,而在另一方面又感到力不从心。

他还常常痛苦地回忆起居里夫人:"我有一种巨大的幸福,就是同居里夫人有 20 年崇高而毫无波折的友谊。我对她的人格的伟大愈来愈感到钦佩,她的坚强,她的意向的纯洁,她的律己之严,她的客观,她的刚直不阿的判断,所有这一切都集中在一个人身上是少有的。她任何时候都意识到自己是社会的公仆,她极端谦虚,从不自满。人类社会的严酷和不公平使她的心情总是抑郁的。这就使她具有那样严肃的外貌,很容易使那些不接近她的人发生误解。他的这种严肃的外貌是无法用人为的努力来减缓的。"②

任何一个写作的人不可能不把自己以某种方式融入作品。这里,同样反映了爱因斯坦所崇尚和厉行的原则。

他根据自己对科学与道德不同的社会功效的看法认为,居里夫人的道德面貌也许比她发现镭对科学界和社会的意义更大。爱因斯坦写道:"第一流人物正直的道德品质对于当代和历史进程来说,也许比单纯的智力成就具有更大的意义。即使后者,它们取决于伟大的品格,也远远超出人们通常认为的那样。"③"居里夫人的品德力量和热忱,哪怕只要有一小部分存在于

---

① 《爱因斯坦文集》第 1 卷,商务印书馆 1976 年版,第 324 页。
② 《爱因斯坦文集》第 1 卷,商务印书馆 1976 年版,第 339 页。
③ 《爱因斯坦文集》第 1 卷,商务印书馆 1976 年版,第 340 页。

欧洲的知识分子中间,欧洲就会面临一个比较光明的未来。"①

过了若干年后,他又接到了具有同样崇高的思想力量的挚友朗之万的逝世的不幸消息。他在给索洛文的信中说:"他是我最亲近的朋友之一,他高尚圣洁而才华出众。"②

接着是不得不目睹自己的妹妹玛娅慢慢地死去。

1939 年,玛娅从佛罗伦萨来到普林斯顿。玛娅和她的丈夫曾经在佛罗伦萨居住。他们想消除法西斯制度下的印象,休息一下。她的丈夫到了瑞士,而她决定来看哥哥。

爱因斯坦兄妹二人不仅容貌相像,而且说话的语言、面部表情甚至说话的方式——孩子般的、但同时是怀疑的态度都惊人地相似。1947 年,爱因斯坦在写信给索洛文时说:"我妹妹主观上自我感觉良好,但是已经处于下坡路上,这是一条把她带到不可复归的地方去的路。她的路比大多数同龄人都偏斜得早。"③在随后的一些信中,爱因斯坦还叙述了妹妹的疾病进一步恶化的情况。他在她的病榻前度过了许多时光。他读书给她听,其中有一些是古希腊罗马作家的作品。1951 年夏,玛娅去世。爱因斯坦身边最亲近的人就剩下了埃丽莎的小女儿玛尔戈和秘书杜卡斯了。

痛失亲人、挚友,给爱因斯坦造成的不仅仅是孤独感和安详平静的悲凉与忧伤。这些精神上的悲剧更是一种高度的道德纯洁性,是对真理毫不动摇的忠实,也是一种执著地走自己的路的力量。这种力量让人们对科学和人类社会的未来充满了信心。

1936—1938 年,英费尔德是爱因斯坦最重要的助手和亲密朋友。那时,他们两人的生活是联系在一起的。从这个意义上说,英费尔德的生活也就是他的生活。英费尔德的回忆也是爱因斯坦那段时间生活的最忠实的再现。

那是 1936 年春天的一天,爱因斯坦家的门响了几下,走进来一位青年学者。16 年前,他曾到过哈伯兰大街 5 号,求爱因斯坦帮过忙,当时的情景是他终生也不会忘记的。

① 《爱因斯坦文集》第 1 卷,商务印书馆 1976 年版,第 340 页。
② [苏]库兹涅佐夫:《爱因斯坦传》,商务印书馆 1992 年版,第 239 页。
③ [苏]库兹涅佐夫:《爱因斯坦传》,商务印书馆 1992 年版,第 239 页。

"我很高兴给你写一封介绍信给教育部,不过一点用也没有的。"爱因斯坦说。

"那为什么呢?"第一次见到大名鼎鼎的爱因斯坦,当时自己还是一个穷得走投无路的大学生的英费尔德怯生生地问。

"我写的介绍信太多了。"爱因斯坦苦笑了一下又补充道:"他们是反犹的。"

爱因斯坦在房间里来回踱着步,沉思着,然后停下道:

"你是学物理的,事情好办一点。我可以给普朗克教授写一张条子。他的介绍比我有力。"

爱因斯坦开始找纸,其实纸就在他面前的书桌上。英费尔德不好意思地指给他看。他飞快地替英费尔德给普朗克写了一封介绍信。

这次,英费尔德是这样才来到爱因斯坦身边的:波兰的法西斯政府迫害、逮捕、放逐国内的优秀人才。英费尔德当时在世界物理学界已崭露头角,他又是犹太人,所以也在反动政府的迫害之列。在困难的情况下,他又一次想起了好心的爱因斯坦。他给爱因斯坦写了信,把自己的困难处境告诉了他。不久就收到了爱因斯坦的回信。爱因斯坦告诉他,已为他在普林斯顿高等研究所谋到一个从事研究工作的位置,研究所可为他提供一年的经费。他在信的末尾写道:"来吧,这里有的是研究的好题目!"

英费尔德走进屋子一眼看到,爱因斯坦穿的还是没有领子的衬衣,揉皱的裤子,赤足穿着凉鞋。只是他的长长的头发斑白了,完全变黄的脸满是深深的皱纹。英费尔德原以为该短短地谈一谈家常,问他是怎么到的,怎么走来的,欧洲有些什么新闻等,没想到爱因斯坦对他说的第一句话竟是:"你说德语吗?"

"能说。"英费尔德回答。

"那么我来告诉你,我现在在研究什么……"爱因斯坦说着,缓步走到小黑板前。

这时有人敲门,随之进来了一个人——勒维·契维塔——爱因斯坦在创立广义相对论时所采用的数学方法的创立者之一。勒维·契维塔当时年近花甲,人长得很瘦小,他由于拒绝效忠意大利法西斯制度而来到普林斯顿避难。勒维·契维塔见到爱因斯坦正在与人谈话立即就想退出去,但爱因斯坦请他留下来一起谈。爱因斯坦扼要地讲述了刚才交谈的内容。这时他改用英语,因为勒维·契维塔的英语水平非常有限,英费尔德所以能听懂是因为它一半是由公式组成的,而且他们讲述的内容非常简洁、连贯,勒维·契维塔还使劲做着手势。

当勒维·契维塔离去后,爱因斯坦和英费尔德一起回梅塞街 112 号。一路上,他向英费尔德谈了自己对量子力学的态度。他说,从美学的观点看来,量子力学不能令人满意。

英费尔德回忆说:"我随他走进一幢房子,走进有一个大窗户的工作室,窗外是一个美丽的花园,充满美国秋天的生动色调。在这里,我听到他整天来所讲的第一句,也是唯一的一句和物理学无关的话:'从这个窗户望去,景色多么美啊!'"①

其实,就是这句话又何尝与他所研究的问题完全无关!在爱因斯坦那里,对自然的美感和对科学理论的美感是交织在一起的。他所谈到的对量子力学不满意,不就是因为它在美学上残缺不全吗?他努力创立统一场论,不就是要给自然界一个完美的解释吗?

爱因斯坦和英费尔德在一起研究的是如何从场方程中推导出运动方程,这是一个极为复杂而又艰巨的数学课题。20 世纪 30 年代末,爱因斯坦才在自己的学生们的协助下解决这一课题。1936—1937 年间,英费尔德几乎每天都到爱因斯坦那里去,和他一起讨论问题,有时陪他散步。

爱因斯坦所以要如此执著地探寻统一场论,在对世界图像的初始思想上,从纯物理的观念的角度可能是出于下述考虑:

在广义相对论中,引力场或时空弯曲被看作是物质物体——场的源泉在时空中存在的结果。场方程表明,在场源给定的条件下,即在引力中心——物质物体的分布是给定的条件下,时空怎样弯曲,引力场的强度也怎样。粒子在引力场中运动着。如果它的运动定律(运动方程)依赖于场方程,那么这就涉及两个实在:1)场和 2)场在场中运动并产生场的物体。如果说运动方程不是独立的,而已经包含在给定的场方程中,那么我们面前除了场之外没有别的实在了。如果粒子的运动归根到底取决于场方程,并且只取决于场方程,这就意味着,我们可以把粒子看作是场的某个中心浓缩点。

---

① [苏]库兹涅佐夫:《爱因斯坦传》,商务印书馆 1992 年版,第 246 页。

英费尔德在谈到爱因斯坦从事科学研究的过程时,说他具有不可思议的生命力,就像一架永远不知疲倦的高速运转的智力机器:"当我观察爱因斯坦的时候,这幅画面常常浮现在我眼前。像有一架最富有生命力的机器永远在他的脑子里转动似的。这就是被升华出来的生命力。有时,这种观察是令人难受的。爱因斯坦能谈政治,能以他所特有的极其惊人的好心肠听取种种请求,回答种种问题,但是,在这些外部活动后面感觉出他在不断地思考科学问题,他的大脑机器不停地开动,只有死才能中断这架机器的永恒运转。"①

英费尔德在自己的回忆中还谈到了一个非常重要的问题,即爱因斯坦的超人的智力的起源问题。他认为,爱因斯坦的道德品格处于理智特点深邃的、虽然还不清晰的和谐中。很难找到一个学者,其思想能在这样的程度上充满感情,他具有如此明朗的表达激情的声调,能在这样的程度上从"为超个人的东西服务"的激情中,从对大自然的美的陶醉中汲取养料。另一方面,也很难找到一个人,他对人们的诚恳态度、对人们的爱、对人们的责任心,能在这样的程度上出自他的思想。

英费尔德曾经说过:

"在物理学方面,我向爱因斯坦学到了许多东西,但我所最珍贵的,却是在物理学以外学到的东西。爱因斯坦是——我知道,这样说是多么平庸乏味——世界上最好的人。其实,看来这个定义也不那么简单,而且需要作些解释。

"同情——一般来说这是人的善意的源泉。对别人的同情,对贫困、对人的不幸的同情——这就是善意的源泉,它通过同情的共鸣器起作用。当我们看到别人在斗争和痛苦的时候,对生活和对人的眷恋便通过我们对外部世界的联系在我们的感情中激起反应。

"但是,善意还有完全不同的根源。这就是建立在独立清醒思考基础上的天职感。善的、清醒的思考把人引向善、引向忠实,因为这些品质使生活变得更单纯、更充实、更完美,因为我们用这种方法在消除我们的灾难,减少同我们生活环境之间的摩擦,并在增加人类幸福的同时,保持自己内心的平静。在社会事务中应有的立场、援助、友谊、善意,可以来自心灵或头脑。我

---

① ［苏］库兹涅佐夫:《爱因斯坦传》,商务印书馆 1992 年版,第 248 页。

一年一年地学得愈来愈珍视这第二类善意——它来自清醒的思维。我曾多次看到不是由清醒的理智支持的感情是多么有害。"①

一年的奖学金花完了,而这时英费尔德也全身心投入进去了,但对其产生了浓厚兴趣的与爱因斯坦共同研究的课题还远没有完成。1937年初,英费尔德在经过长时间的犹豫之后,决定同爱因斯坦商量一个纯个人的问题,以便能继续和爱因斯坦一起工作下去。尽管爱因斯坦全力为他争取,英费尔德延长奖学金的申请还是遭到了拒绝。这时,他想出了一个同爱因斯坦一起写一本通俗读物的主意。只要对任何出版社说这是爱因斯坦同意的,预支一半稿酬是不会有问题的,而这就足够英费尔德在普林斯顿再留一年的生活费用了。英费尔德好不容易才鼓足勇气说出了这一计划。爱因斯坦听后,小声地说:"这个主意不错,很不错!"然后,他向英费尔德伸出手来,说:"我们来干吧!"

但爱因斯坦想写的倒不是关于相对论的通俗读物,而是一本专著,说明逐步纳入科学的世界图像的基本的物理学概念的逻辑。爱因斯坦在谈到将要着手撰写的那本书的内容时说道:"这是一出戏剧,思想的戏剧。我们的书应该是对每一个热爱科学的人都有意思的、极感兴趣的书。"②事实上,他本人对系统阐述物理学的历史也很感兴趣,深深地为其所吸引,后来甚至对它着了迷。原因可能是他觉得对物理学概念内在逻辑发展的阐述,可能会引发新的灵感,从而有助于统一场论的研究。因为爱因斯坦坚信:科学思想的逻辑在理想上能推导出凭经验把握的物理学关系式的总和。

在写作的指导思想上,爱因斯坦和英费尔德都坚持避免许多著作中都有的那种通病:故弄玄虚,仿佛科学思维同普通的健全思维有原则区别。爱因斯坦的认识论立场是:科学思维与日常健全思维走的是同一条道路,但它走得远一些,深入到碰见新的规律性的那些领域,而日常的健全思想(至少在开始阶段)却认为这些规律是反常的。

1938年4月,《物理学的进化》一书问世。该书在序言中写道:"在我们写这本书的时候,关于我们所想象的读者的特征,曾作过很长的讨论,并且处处都在替他们着想。我们想象他完全缺乏物理学和数学的实际知识,但

---

① [苏]库兹涅佐夫:《爱因斯坦传》,商务印书馆1992年版,第249—250页。
② [苏]库兹涅佐夫:《爱因斯坦传》,商务印书馆1992年版,第252页。

是却具有很强的理解能力,足以弥补这些缺憾。我们认为他们对物理学和哲学的观念很感兴趣,同时他们对努力钻研书中比较乏味和困难的部分很有忍耐性。"①在书中,他们还一再强调了自己的信念:世界的客观性、和谐并可以认识。"如果不相信我们的理论结构能够领悟客观实在,如果不相信我们世界的内在的和谐性,那就不会有任何科学。这种信念是、并且永远是一切科学创造的根本动机。在我们所有的努力中,在每一次新旧观念之间的戏剧性斗争中,我们坚定了永恒的求知欲望和对于我们的世界的和谐性的始终不渝的信念。"②

叫人难以理解的是,爱因斯坦对已出版的书的特殊态度。《物理学的进化》一书在作准备时他曾全神贯注,然而一旦脱稿,他就对它毫无兴趣了。无论是对清样,还是对印就的样书他看都没有看一眼。为了不得罪出版者,英费尔德佯称,爱因斯坦对书的装帧是喜欢的。所以会如此,也许是由于他一生都在进行创造性劳动,追求新的东西,物理学发展的内在逻辑既然搞清楚了,出版出来了,也就不重要了;也许他并没有因写这本书而获得新的灵感,从而在统一场论这个根本问题的研究方面有所突破,他还是急于想把统一场论建立起来。

世界上没有第二件事情能动摇爱因斯坦对统一场论的探求,因为它的意义太重大了,它将系统地表述普遍具有的规律,同时包括广阔无垠的引力空间,包括存在于星际空间的举动深邃狭小、令人生畏的原子领域的电磁场。这种包罗万象的全面概括,将弥补存在于宏观世界和微观世界、无限大和无限小之间的裂缝。宇宙的复杂总体从此将以一种同一的运动得到解决。一切运动形式,从群星缓慢地转动到电子的迅速飞动,都将简单地表现为原始场的密度和结构的变化。这用爱因斯坦的话来说,是"探求整个物理学的基础的问题","即要寻找一个关于所有这些学科的统一的理论基础,它由最少数的概念和基本的关系所组成,从它那里,可用逻辑方法推导出各个分科的一切概念和一切关系。""认为这个终极目标是可以达到的,这样一个深挚的信念,是经常鼓舞着研究者的强烈热情的主要源泉。"③

英费尔德回国了,瓦连丁·巴尔格曼(在 1938—1943 年)又来了。在他

---

① [德]爱因斯坦、[波]英费尔德:《物理学的进化》,上海科学技术出版社 1962 年版,第 188 页。
② [德]爱因斯坦、[波]英费尔德:《物理学的进化》,上海科学技术出版社 1962 年版,第 188 页。
③ 《爱因斯坦文集》第 1 卷,商务印书馆 1976 年版,第 385 页。

之后是恩斯特·施特劳斯(在 1944—1947 年),接替恩斯特·施特劳斯的是约翰·凯曼尼(在 1948—1949 年),这之后是罗贝尔·克莱赫曼(在 1950 年)和布鲁里亚·考夫曼(在 1951—1955 年),学生兼助手换了一个又一个,爱因斯坦直到自己生命的终点始终在统一场论的研究方面未能获得自己满意的结果,但也始终未放弃自己的目标。

1955 年 3 月,即在他逝世的一个月前,爱因斯坦在为纪念他的母校苏黎世联邦工业大学成立 100 周年而写的回忆录——《自述片断》中就说:"自从引力理论这项工作结束以来,到现在 40 年过去了。这些岁月我几乎用来为了从引力理论推广到一个可以构成整个物理学基础的场论而绞尽脑汁。有许多人向着同一个目标工作着。许多充满希望的推广,我后来一个一个放弃了。但是最近 10 年终于找到一个在我看来是自然而又富有希望的理论。不过,我还是不能确信,我自己是否应当认为这个理论在物理学上是极有价值的,这是由于这个理论是以目前还不能克服的数学困难为基础的,而这种困难凡是应用任何非线性场论都会出现。此外,看来完全值得怀疑的是,一种场论是否能够解释物质的原子结构和辐射以及量子现象。大多数物理学家都是不假思索地用一个有把握的'否'字来回答,因为他们相信,量子问题在原则上要用另一类方法来解决。"[①]然而,爱因斯坦从来就是敢于怀疑"完全值得怀疑的"事。他坚信自己的方向没有错,目标是可以达到的。他要判断粒子的运动状态,不仅要知道它在给定时刻的位置,而且要知道时间对于它的坐标的导数、粒子的速度。他在《理论物理学基础的考查》一文的最后写道:

"有些物理学家,包括我自己在内,不能相信,我们必须实际地放弃那种在空间和时间里直接表示物理实在的想法;或者我们必须接受这样的观点,说自然界中的事物是像碰运气的赌博那样。对于每个人,他所能选择的奋斗方向是宽广的;而且每个人也都可以从莱辛的这样一句精辟的名言里得到安慰:对真理的追求要比对真理的占有更为可贵。"[②]

"对真理的追求比对真理的占有更为可贵",爱因斯坦多次强调这一思想。这是他身体力行的人生信条,也是他为统一场论苦苦奋斗了 40 年仍毫

[①]　《爱因斯坦文集》第 1 卷,商务印书馆 1976 年版,第 49—50 页。
[②]　《爱因斯坦文集》第 1 卷,商务印书馆 1976 年版,第 394 页。

不动摇的原因。像爱因斯坦这样伟大的科学家还加上许多年轻的才智出众的助手搞了整整 40 年都未能得到满意的结果,这是人类科学史上一幕多么感人的大悲剧!而通过这一悲剧又可看出悲剧的主人公的人格是多么的高尚和伟大!

2. $E = mc^2$ 的悲剧

合理的科学理想同合理的社会理想必然是紧密联系在一起的。爱因斯坦生活的主旋律自然是科学研究,这在他的后半生主要表现为对统一场论的不懈探索。而且为了能集中精力攻克这一科学难关,他也尽可能地回避各种干扰。但对宇宙和谐的强烈追求必然导致"对社会正义的强烈兴趣和社会责任感"。事实也正是这样,就是在他紧张、繁重的科学研究中,也从来没有忘记关心世界形势的发展,为反对一切反动势力,追求一种合乎理性的社会制度而奋斗。面对日益深化的世界形势,他充满了对人类命运的焦虑和担忧,表现出对人类幸福的坚定的、感人的关怀,尽管这并不表现他全心全意地献身给自己的地区、国家、朋友、亲人和家庭,相反,他还表现为要摆脱这些关系和与外界隔绝的意向。他到普林斯顿后,很少和人交往,也很少在公众场合露面,过的几乎是一种隐居生活。为此还引起了一则笑话。一位英国学生于 1946 年 7 月 10 日从南非开普敦给爱因斯坦寄来一封天真可爱的长信,其中讲道:"我给您写信,是想弄清楚您实际上还在不在世。"①

爱因斯坦生活的全部表现——如他努力研究科学,思考各种社会问题,生活历来都很随便、节俭,包括他向往孤独,总想摆脱各种具体的人和事等,都有一个统一的、最深刻的根源——这就是要促进社会进步和人类的解放。"人只有献身于社会,才能找出那实际上是短暂而有风险的生命的意义。"这

_____

① ［美］杜卡斯、霍夫曼编:《爱因斯坦谈人生》,世界知识出版社 1984 年版,第 94 页。

是他的认识,也是他光辉一生的写照。在很多人都认为不可能有什么结果,一些人甚至是在等着看笑话的情况下,他仍毫不动摇地坚持探索统一场论。这正是由于认识到,如果能有所突破,将可以为人类提供一种认识自然界的伟大工具。他在《我的世界观》一文中就曾明确谈到他之所以拼命工作的原因:"我每天无数次地提醒自己,我的外部和内部的生活都依赖于我的同时代人和我们先辈的劳动,我必须尽力以同样的分量来报偿我正在领受和将要领受的东西。我深感必须俭朴,并且时常痛心地发觉自己占有了比需要更多的我的同胞的劳动产品。"①

正是基于这样的人生观,他的一生就是创造、斗争、奉献!是对社会进步的期盼!正是出于这样的思想,当 1938 年 10 月的某天,罗斯福总统从华盛顿打电话给他,说在纽约东北部正在为第二年开国际博览会修建展览馆,他们想请一些杰出人物尽可能简明扼要地把当时的思想和感情写出来埋到地基下,待 5000 年以后让人们取出来看。总统请爱因斯坦写一个 100 单词左右的东西时,他是这样写的②:

我们的时代富于创造思想。我们的发现本应该可以大大地使我们的生活轻松愉快。我们利用电能横渡大洋。我们使用电能来减轻人类繁重的体力劳动。我们学会了飞行,我们利用电波很容易地把消息发到全球各处去。

但是,虽然有着这一切,我们的商品的生产和分配是完全无组织的。人们必须生活在忧虑中,担心被人从经济生活中抛出,失去一切。除此之外,生活在不同国家中的人们每隔一个长短不等的时间就要进行互相杀戮,因此,每一个想到未来的人必然都生活在经常的忧恐中。

我相信,我们的后人将怀着一种理所当然的优越感读上面这几行文字吧。

阿尔伯特·爱因斯坦

1938 年 8 月 10 日

在这里,除了对人类理性的信心,还表达了对不合理的制度的不满和对

---

① 《爱因斯坦文集》第 1 卷,商务印书馆 1976 年版,第 42 页。

② [苏]里沃夫:《爱因斯坦传》,商务印书馆 1963 年版,第 240—241 页。

战争的厌恶。作者对人类命运的深切关注跃然纸上。

希特勒上台之后,对犹太人的迫害更疯狂了。当时爱因斯坦就确信,纳粹机器一旦建立起来就会发动战争。可是由于领导人的自信和愚昧,也可能是由于第三帝国的欺骗宣传,有些国家对德国法西斯采取绥靖政策,对于武装冲突的严重性缺乏准备。自希特勒夺权之后,除了统一场论,一直萦绕在爱因斯坦心头的另一个重大问题就是"怎样从灾难中拯救欧洲"。他在写这封《致后人书》时,西班牙的战争已经爆发。当时他已认识到,不干预政策只适用于民主中立的国家,对法西斯主义侵略别人也采取不干预政策,实际上鼓励了法西斯主义并使它有可能取得胜利,他对"面对南方来的威胁",法国所表现出来的软弱十分苦恼和忧伤。同时,他也主张处于法西斯统治下的人民团结起来,作坚决的斗争。他认识到,在集权主义国家,拒绝战斗将意味着殉难和死亡,尽管这种反抗有可能仅仅是遭到迅速镇压的无数的个人反叛。他的这些思想遭到了美国的国家主义者们的谴责,说他要把美国拖进战争。特别是那些以爱国者自居的妇女,担心美国政府听爱因斯坦的话,出来制止侵略战争,她们的儿子就可能要去冒死亡的危险。

这时,他对资本主义制度也有了新的认识,认为对人的虐待是"资本主义最坏的东西"①。"伴随它的竞争制度是对成功的崇拜,而不是对道德和人类社会有关事物,对人所具有的价值的推崇。这种倾向支配着一切出版物,在教育上也是如此。""残酷的经济斗争产生的道德沦丧"②被这种崇拜激起,并进一步加剧了这一浩劫。因此,他后来甚至在美国杂志上发表了题为《为什么要社会主义》的文章(1949年)。这些看法现在看来虽不无偏颇,但基本上是符合当时情况的。这主要是对竞争推动社会进步的意义看得不够,无竞争使社会缺乏生气和活力在当时暴露得尚不充分。

当时,法西斯主义已对文明世界构成了可怕的威胁。整个人类社会处于一种极度的危险之中。每个有头脑的人都感到,人生是一种冒险,生命必须无休止地从死亡手中去夺取。因此,爱因斯坦满心都是对世界形势发展的焦虑,对人类命运的担忧。为此,尽管他忙于统一场论的研究,在普林斯顿高等研究所的工作室里,除了接待科学界的朋友外,还接待了无数在世界

---

① ［法］赫尔内克:《爱因斯坦传》,科学普及出版社1979年版,第92页。

② ［法］瓦朗坦:《爱因斯坦和他的生活》,世界知识出版社1989年版,第210页。

上有影响的思想界、文艺界和政界知名人士,其中有曾在柏林看过他的印度诗人、哲学家泰戈尔,印度总理尼赫鲁及其女儿英·甘地,伟大的人道主义者施维策尔和英国著名哲学家罗素。

罗素于 1943 年迁居普林斯顿,他曾谈到爱因斯坦为使人们免遭苦难而要做些什么不可遏止的要求:"我认为,爱因斯坦的学问和提琴给他带来了很大的幸福,而他对人们的深切同情和对他们命运的关怀又使他预先避免了对他这样的人的不应有的失望。"

罗素发现了爱因斯坦的一个主要特征,即他的社会思想是根据他心理上和道德上的特征而来的,就其实质而言,它们就是对所有的人的幸福和自由的某种不断的追求,对人的个性的独立价值的始终不渝的承认。他在谈到与爱因斯坦的直接交往时说道:"同爱因斯坦交往可以得到异乎寻常的满足。他虽然很有天才,满载荣誉,却保持着绝对的朴实,没有丝毫的优越感……他不仅是一个伟大的科学家,而且还是一个伟大的人。"[1]

他是他那个时代科学智慧的结晶,同时也是他那个最悲惨的时代的良心,是善的化身。

能表明爱因斯坦的最深刻的人道主义精神的,莫过于他对原子能的态度。

1905 年,他公布了他的质能关系式 $E = mc^2$。这里的 c 代表光速,大约每秒 30 万公里;E 是静止物体的隐含的能量,m 是它的质量。这就是说,任何质量 m 都潜在地包含着它乘以巨大光速的平方这样一个巨大数量的能量。

有人问爱因斯坦,既然物质都潜在地包含着如此巨大的能量,人们在这之前为什么没有注意到它呢? 回答十分简单,爱因斯坦说:"能量除非被释放出来,否则就不可能被观察到。"他还进一步以一个生动的比喻来说明:"好比一个非常有钱的人,他从来不花一分钱,那就没有谁能说出他究竟有没有钱。"[2]

爱因斯坦的质能关系式从理论上揭示了具有巨大能量的原子能释放的可能性。这一天才思想把人们的想象力激发了起来。很多人都想把这一理

---

① [苏]库兹涅佐夫:《爱因斯坦传》,商务印书馆 1992 年版,第 241 页。
② 《爱因斯坦文集》第 1 卷,商务印书馆 1976 年版,第 430 页。

论变成现实。我们在前面已经提到,1921 年初,他在布拉格作相对论报告之后,就接待过这样一位年轻人,他声称自己发明了一种绝妙的机器,能把物质中亿万个原子所蕴藏的能量统统释放出来。这个青年当时实际上当然是没有真正做到这一点。其实早在第一次世界大战前,就有人根据爱因斯坦的科学发现,发表过一篇预言小说。小说描述了一颗原子弹落在巴黎后产生巨大毁坏的情景。

在发生放射性蜕变过程中,每个单位质量就能释放出像爱因斯坦关系式中所讲的那么大的能量。这就是一个质量为 m 的原子分裂为质量各为 m' 和 m'' 的两原子,它们分开时各自带有巨大的动能。而根据相对性原理,蜕变产物的质量总和 $m' + m''$ 则比蜕变原子的原来质量 m 少些。质量的这种减少正好与能量的释放相对应,排出的能量等于减少的质量乘以光速的平方。根据这一相对论的结论还可以推断,在最重的核发生分裂反应时和最轻的核进行聚合反应时,都能释放出大量的能量。这就像爱因斯坦所说的:"原子 m 是个有钱的守财奴,他在一生中不让出一分钱(能量)。但是在他的遗嘱中,他把他的财产留给他的两个儿子 m' 和 m'',条件是要他们给公家少量的钱,其数量少于全部遗产(能量或者质量)的千分之一。两个儿子共有的钱比父亲要少些(质量 $m' + m''$ 的和比放射性原子的质量 m 稍微少些)。给公家的部分虽然比较小,但也已经是非常之大了(作为动能来看),以致带来了一种最严重的祸害威胁。避免这种威胁已成为我们这个时代最迫切的问题。"[①]

根据爱因斯坦的质能关系式和放射性现象,1935 年,约里奥・居里在诺贝尔奖授奖仪式上作演说时就宣称,就科学所获得的不断前进的力量来说,我们应当认为,靠意志去建立和分裂元素的研究人员,将能够实现爆炸性的嬗变——真正的化学链式反应,并且,将会发生巨大的能够利用的能量的释放。

理论上是这样讲,但事实上是在特殊的时代背景下通过许多人的紧张的努力才变成现实的。

1937 年 1 月 17 日那天早晨,爱因斯坦像往常一样,先浏览艾伦・杜卡斯事先给他整理、筛选好了的邮件。在一大堆信函中他发现了一本杂

---

① 《爱因斯坦文集》第 1 卷,商务印书馆 1976 年版,第 431 页。

志——他一看就知道这是柏林出版的《自然科学》。他撕开透明的封皮,心不在焉地浏览着目录。突然其中一篇文章引起了他的高度注意:哈恩和施特拉斯曼合著的《论铀在中子轰击下所形成的碱土金属的认定及其行为》。他早在柏林时就知道,哈恩是著名的化学家、实验物理学家,有趣的是,哈恩还是"威廉皇家学会"所属物理研究所的所长,爱因斯坦也曾在这个学会里当过所长。哈恩和施特拉斯曼公布了一个奇特的实验结果:被中子轰击过的铀中出现了镭。铀是门捷列夫周期表中第 92 号元素,而镭是第 88 号元素。这究竟是怎么回事呢? 其实,这种实验结果,伊琳·居里和她的助手在1938 年秋就发现了,不过当时他们在被轰击后的铀中发现的是门捷列夫周期表中的镧,92 与 S7,而且爱因斯坦知道,就是哈恩作出的这一实验结果,不单是他和斯特拉斯曼,其中还有与哈恩在一起工作了 20 年的、被爱因斯坦称为我们时代的"居里夫人"的奥地利的女科学家莉莎·迈特纳。"为什么没有署莉莎·迈特纳的名字,她到哪儿去了呢? 从铀中轰击出镭,这是怎么回事呢? 这一实验将会引起怎样的后果啊……"

爱因斯坦很快知道了,正是她,这位杰出的女科学家,在这件事情上,做出了许多别人无法替代的工作。

当实验出现了上述结果时,哈恩一时还不能解释。当时莉莎·迈特纳已或多或少地认识到,这是中子轰击铀原子核将其分裂为两个放射性碎片,同时释放出巨大的能量。她已认识到这一实验的无比巨大的意义及其问题的紧迫性。她毫不怀疑威廉皇家研究所所做的这一实验或迟或早必然会把人类送到地狱中去,因为她亲眼看到那个优秀民族正在加紧建立统治世界的毁灭性机器。于是,她一到斯德哥尔摩,就坐下来为一本科学杂志写了一篇报告,讲了他们那个奇怪实验的全部细节。她同时给她的外甥——在哥本哈根的杰出的原子物理学家玻尔手下工作的弗里施博士拍了电报,把发现的基本事实告诉了他。弗里施也意识到这一消息的极端重要性,他重复了在柏林做过的实验,结果完全一样,他把这种现象叫做"核裂变"。同时,他把这一消息及时打电话通知了当时正要动身去美国的玻尔。而玻尔又拍电报把此消息告诉了费米教授。

正当爱因斯坦对着杂志在浮想联翩时,门铃响了。杜卡斯小姐把玻尔迎了进来。他昨天才到纽约,今天一早就搭长途汽车来到普林斯顿,脸上充满了激动神色。

"欧洲有什么新闻吗?"爱因斯坦问。

"不,我们不谈欧洲,我们谈物理。物理学发生了一桩不可思议的事情。"玻尔急切地说。

"是 92 号元素铀吗?"爱因斯坦问道。

"是的,"玻尔脱口而出。接着他讲了弗里施博士告诉他的事和弗里施与他姑妈莉莎·迈特纳对这件事的正确解释。

"哈恩搞错了,他们说的镭其实是门捷列夫化学元素周期表上第 56 号元素钡。"

"重要的是,莉莎·迈特纳发现,每个铀核在发生裂变时,质量减少了,但按照 $E = mc^2$ 计算,释放出了 2 亿电子伏特的能量。"

爱因斯坦听着玻尔的激动的叙述,陷入深深的沉思:难道那不可能发生的事情,就快要变成现实了? 他又想起了在布拉格讲完课后遇到的那位激动的年轻人。

"我已经作过计算,这现象和我的原子核液滴模型在理论上是一致的。"玻尔又补充道。

接着他们又谈了一会儿统一场论。爱因斯坦说道:"我知道,你们都不相信统一场论会成功。连我自己也不大相信统一场论会在我手里完成。可是,在科学上,每一条道路都应该走一走。发现一条走不通的道路,就是对于科学的一大贡献。我们的科学史,只写某人某人取得成功。在成功者之前探索道路的、发现此路不通的失败者往往不写,这是很不公平的。那种证明'此路不通'的、吃力不讨好的工作,就让我来做吧。"[1]

爱因斯坦低下头去,往烟斗里装烟叶。玻尔赶紧重又把话题拉到铀核裂变上来。

"昨天我把哈恩实验的真正含义告诉了费米教授。哥伦比亚大学物理系忙乱得像蜂房一样了。"

"这里也会忙起来的。"爱因斯坦说着又陷入沉思之中。

也就是在这一天,费米在哥伦比亚大学也做了这一实验。第二天一早,他手中拿着刚刚冲洗出来的照片:铀核一分为二,清清楚楚,和哈恩的实验结果完全一样。

---

① 秦关根:《爱因斯坦传》,中国青年出版社 1979 年版,第 268 页。

消息在世界物理学界不胫而走。到处都有人在努力使这种巨大的能量释放成为现实的可能。

1月26日,费米,这位从墨索里尼那里逃出来的原子核物理学家,在华盛顿理论物理学家会议上,当着爱因斯坦和玻尔的面说出了这样一个想法:假如在击破的原子核内部,除了分裂成的两个半个之外,还飞出另一些中子来,会怎么样呢?他一面讲,一面打着手势。由于过于激动,一下子说不出英语而改说意大利语了。然而,他已是事后诸葛亮。1月20日,约里奥·居里和他的妻子伊琳·居里已经发现在原子核裂变时伴有这种中子的存在。30日,这个报告已在巴黎科学院的《报告》上发表了。后来知道,在哥伦比亚大学工作的匈牙利移民、爱因斯坦过去的学生利奥·西拉德在实验室里也同样发现了这一点,并且还发现,每次核分裂飞出去的中子还不止两个。就算放出三个中子吧,这三个中子再引起三个铀核裂变,靠这种链式反应就可以使铀的裂变一直能进行下去,使存在的铀核全部进入裂变过程,这样,刹那间,亿万卡热量就将冲腾出来,凶猛无比……

既然这样,在实验室里为什么暂时尚未发生这种情况呢?

玻尔通过研究很快找到了答案:铀235,只有提炼出它的同位素,而且要达到一定的数量——临界点才能发生这种链式反应。

可是铀的链式反应就是威力无比的炸弹啊!它意味着大片土地或城市被毁,千万人的生命顷刻化为灰烬。要是让希特勒和墨索里尼这两条疯狗掌握了这种武器还了得!正直的科学家们想到这一点都不寒而栗。

这时由柏林传来的消息说,由于国外的反响,希特勒终于认识到了它的重要性。他动员了200名德国最伟大的科学家继续进行哈恩实验。

3月,费米去拜访了海军部,结结巴巴地报告了关于链式反应的研究情况。可海军部军械部长胡柏将军根本听不懂什么中子、同位素。加上费米的英语不行,还夹杂着不少意大利语,不仅是将军,连将军助手们也一点都没有听懂费米说了些啥。将军以敷衍的态度向费米道谢,请他"继续努力"。

费米的努力没有收到效果,西拉德和维格纳就去找爱因斯坦。他们拿出一份《纽约时报》,问爱因斯坦看到了没有。

"没有,"爱因斯坦戴上眼镜读了起来,"哥本哈根的尼尔斯·玻尔博士宣称,用中子轰击少量同位素——铀235——会引起连锁反应或是原子爆炸……假如不采取措施,实验室以及半径数里的地区之内的一切东西都将飞入空中……"①

那么说,他所不相信,也不肯相信的事,眼看就要发生了。是的,甚至在两个月前,他都不相信"亿万卡的热量会以不可遏止的力量向我们冲来",使很大一片地方立时变成一片废墟。

"我没有想到,这在我活着的时候,在 100 年内会成为可能。"他向维格纳和西拉德再三道出了自己的思想,仿佛他后悔公布了自己的研究成果——质能关系式。

"有人似乎称我为天才,或是这一类的东西,可是我阿尔伯特·爱因斯坦向你们发誓,我并没有想到这一步!玻尔说,借助于链式反应这就成为可能了,我所没有想到的也正是这个链式反应……"

他声音低沉,眼里充满了泪水。

西拉德说:"必须行动起来,费米打算说服海军部,没有得到什么结果。"

"行动?怎么行动?造出炸弹来,炸死烧死可不是千百个,而是几百万人!不,我不打算行动!"爱因斯坦从椅子上站了起来说。

"但是希特勒……哈恩在德国工作,您是知道他的能力的,那里还有许多有能力的物理学家……"

爱因斯坦坐了下来,他的交谈者也全都坐了下来。他沉默了好久,然后说:

"德国没有铀。"

"他们夺得了捷克的铀,欧洲最丰富的铀矿。"维格纳回答道。

"你的具体打算是什么呢?"

"写信给总统。在这个国家里如果有一个声音可使总统注意到铀,那就是阿尔伯特·爱因斯坦的声音!"

"好,我考虑一下。"说话就这样结束了。

由爱因斯坦出面给罗斯福总统写信的主意是西拉德和在纽约的两位德国反法西斯侨民在谈话中想出来的。其中奥托·那坦教授在柏林时就与爱因斯坦认识,而且两人感情很好。爱因斯坦曾这样评论过那坦:"我一生中还没有遇见过肯这样地放弃自己的利益,这样地准备为大家牺牲的人。"

西拉德再一次去找"哲人那坦",劝他帮着做做爱因斯坦的工作。"您在

---

① ［苏］里沃夫:《爱因斯坦传》,商务印书馆 1963 年版,第 254 页。

爱因斯坦心目中是良心的化身,他会听您的话!"

那坦说他自己也不相信研究铀会对世界有利。不过他也不希望铀裂变的技术被希特勒掌握。最后,大家决定还是应该写这封信,而且越快越好。接着西拉德又去找金融家、罗斯福的密友和顾问萨克斯,拟定了信稿后约定,由萨克斯亲自把爱因斯坦签名的信交给罗斯福总统。

8月2日清晨,当西拉德再次去找爱因斯坦时,爱因斯坦正在长岛的别墅里。他们驾着车找了一个多小时也没有找到,这时西拉德都有些动摇了:"不用再找了,还是回去吧,反正奥托·那坦还认为这件事在良心上是有问题的!"还是同去的爱德华·泰勒说:"事情既然开了头,就应该做到底!"他们又找了一会儿,还是没有找到。这时遇到一个七八岁的小孩,西拉德抱着侥幸心理挥了一下手说:"问问这个小孩子看吧!"没想到得到的回答竟是"当然知道",并把他们带到了爱因斯坦的住处。

爱因斯坦正在等他们。他表情严肃,眼中阴影表明,他刚刚度过的是不眠之夜。显然,要防止"可怕的灾难",即在纳粹德国创造出原子弹。这一点,他也是很赞同的。

爱因斯坦把事先考虑好的信的内容先进行口授,泰勒把它们记了下来。接着,西拉德又把他和萨克斯草拟的信稿读了一下,经交换意见,把两者内容加以综合,把信稿写好,用打字机打了出来,最后西拉德把钢笔递给爱因斯坦,请他签名。可是,爱因斯坦拿过笔,并没有立即就签,而是疲倦地在藤椅上坐了下来,说:"我们有权利用自然界牢牢地藏着的、不让人得到的这种能去杀人吗?"

"铀的能只用于对法西斯的自卫上。"西拉德说。

"但是,在我们制造出这种炸弹之前,法西斯就被打倒了呢?"

"那么它将永远不用于战争目的。"

"我们能保证这一点吗?"

"这个国家的良心和信誉可以保证,富兰克林·德拉诺·罗斯福的名字可以保证。"

然而,在政治上天真的科学家上当了,不久,他们就为此后悔不已。

经爱因斯坦亲手签名的信的全文是这样的:①

---

① [苏]库兹涅佐夫:《爱因斯坦传》,商务印书馆1992年版,第259—261页。

阿尔伯特·爱因斯坦,老格
罗夫路,那索点,毕科尼克,长岛,
1939年8月2日

致美国总统

罗斯福

白宫·华盛顿

阁下:

我从费米和西拉德的手稿里,知道了他们最近的工作,使我预感到不久的将来铀元素会变成一种重要的新能源。这一情况的某些方面似乎要加以密切注意,如有必要,政府方面还应迅速采取行动。因此,我相信我有责任请您注意下列事实和建议。

最近4个月来,通过约里奥在法国的工作以及费米和西拉德在美国的工作,已经有几分把握地知道,在大量的铀中建立起原子能的链式反应会成为可能,由此会产生出巨大的能量和大量像钡一样的元素。现在看来,几乎可以肯定,这件事在不久的将来就能做到。

这种新现象也可用来制造炸弹,并且能够想象——尽管还很不确定——由此可以制造出极有威力的新型炸弹来。只要一个这种类型的炸弹,用船运出去,并且使之在港口爆炸,很可能就会把整个港口连同它周围的一部分地区一起毁掉。但是要在空中运送这种炸弹,很可能会太重。

美国只有一些数量不多而品位很低的铀矿。加拿大和以前的捷克斯洛伐克都有很好的铀矿,而最主要的铀资源是在比利时的属地刚果。

鉴于这种情况,您会认为在政府同那批在美国做链式反应工作的物理学家之间有一种经常的接触是可取的。要做到这一点,一个可行的办法是,由您把这任务托给一个您信得过的人,他不妨以非官方的资格来担任这项工作。他的任务可以有以下几方面:

A.联系政府各部,经常告诉他们进一步发展的情况,并且提出政府行动的建议,特别要注意为美国取得铀矿供应的问题;

B.设法加速实验工作。目前实验工作是在大学实验室的预算限度之内进行的。如果需要这项资金,可通过他同那些愿意为这一事业作出贡献的私人进行接触,或者还可以由取得那些具有必要装备的工厂实验室的合作来解决。

我了解到德国实际上已经停止出售由它接管的捷克斯洛伐克铀矿出产的铀。它之所以采取这种先发制人的行动,只要从德国外交部副部长的儿子冯·魏茨泽克参加柏林威廉皇家研究所工作这一事实,也许就可以得到解释。这个研究所目前正在重复着美国关于铀的某些工作。

您的诚实的

阿尔伯特·爱因斯坦

萨克斯拿到这封信后并没有立即去找罗斯福总统,他要等到一个有利的时机去。这个时机终于来了。第二次世界大战爆发了。希特勒吞并了波兰,不久,德国坦克又在法兰西大地上横冲直撞,特别是,德国潜水艇击沉了一艘英国客轮,上边的几十个美国公民全部丧命。

1939年10月11日,萨克斯拜访了总统,并给他读了爱因斯坦的信。

罗斯福端坐在沙发上,默默地听着,脸上一派严肃的表情。爱因斯坦是他最敬重的科学家。1933年秋,爱因斯坦到美国避难,刚一到,罗斯福就请他到白宫做客。但眼下这件事关系到外交政策的许多方面。他作为总统,不能不有许多别的顾虑。当萨克斯接着给他谈西拉德写的备忘录时,总统脸上渐渐露出疲倦和厌烦。

"亲爱的亚历克,这件事由政府出面组织,是不是不太合适呢?"罗斯福和萨克斯一向互相以小名相称。

"那么再见吧,弗兰克!"

总统看到萨克斯失望的面孔,伸出手来说道:"亚历克,真抱歉,今天我太累了。这样吧,明天早餐请到白宫和我一起吃早饭,我们明天再谈。"

萨克斯回到饭店后怎么也睡不着,他越想越感到这件事关系重大,越觉得应设法全力说服总统,让他接受爱因斯坦等科学家的建议,他苦苦地想了一夜,最后终于想出了一个主意。

第二天早上当萨克斯来到白宫时,总统已在早餐。他请萨克斯入席。

"弗兰克,我来讲一个历史故事吧,"萨克斯说:"富尔顿发明了轮船。他听说拿破仑皇帝想征服英国,就向皇帝陛下提出建议,造一支舰队。这支舰队不用风帆,不管刮什么风,都能横渡英吉利海峡。拿破仑对这一建议置之一笑……"

"可是,亚历克,美利坚合众国的总统并不想做拿破仑。"总统打断了萨克斯的话。

"可是弗兰克,柏林的那个冒险家却是野心勃勃,要征服全世界呢!"萨克斯说:"我刚才讲的那个历史故事,有人认为没有多大意义,不过是轶事一桩。但是英国历史学家阿克顿却认为,这是由于敌人缺乏见识,英国才得以幸免,如果当时拿破仑多动动脑筋,再慎重考虑一下,那么19世纪的历史进程,也许会完全不同呢!"

总统沉默着,从上衣口袋里掏出一个小本写了几个字,撕下来交给仆人。仆人很快拿回来一瓶拿破仑时代的法国白兰地。总统和萨克斯干了一杯后说:

"亚历克,你的意思是说,我们应当跑在纳粹德国的前头,否则他们就要把我们炸得粉碎,是不是?"

"是这样。"

总统按了一下电铃,他的秘书瓦特将军进来了。总统把爱因斯坦的信递给他,说:"需要行动起来了。"

当天晚上,成立了一个委员会,10天后举行了首次会议。萨克斯、费米、西拉德、维格纳、泰勒全出席了。但是引人注目的是爱因斯坦没有参加。美国官方的记载说,邀请爱因斯坦教授参加,但他不愿意出席。这是很可能的,因为他从来就反对把科学运用到战争上,成为杀人的手段,所以在信上签字,是出于对希特勒先掌握了这种武器的担忧,出于对人类的责任。但从这件事发展的整个过程看,他始终是矛盾的,所以他以自己不懂原子物理为由不参加,是好理解的。

有没有参加这次会议是次要的,重要的是他的质能关系式引起了人们在这上边的遐想,而给罗斯福总统的信又开创了把这理论变为实践的新时代。

斯宾诺莎从来不和掌权的人来往,决不依靠他们,他选择了磨金刚石的职业,以便排除各种干扰,有利于自己的思考。而莱布尼茨则是国王们的顾问,无数政治和行政方案的制定者。爱因斯坦属于哪种类型的思想家?他既欣赏斯宾诺莎的生活方式,竭力逃避日常生活的干扰,而且一般说来对掌权者有好印象的极少。而另一方面,他也与一些大政治家来往,而且在自然科学家中没有任何一个人以如此多的精力和如此有效地干预过世界大事。因为当时历史已发展到这样一个阶段,科学成了人类最光明的希望和最黑暗的罪恶的根源,他不能不认识到这一点。他对人类命运的关切和对科学的执著,使他不能不站出来干预。尤其是眼看自己的科研成果有可能成为毁灭人类的杀人武器时,他不能不积极地站出来说话。否则,他良心上就过不去。

在正常的时代,这种史无前例的、直到当时尚未找到有效控制的新发现,从实验阶段到投入实际应用需要经历很长时间。因为需要筹款和旷日持久的准备。然而在这特殊的时代,在竞争的条件下,由于国家对它全力以赴,这一过程却惊人地被缩短了(1940 年 3 月,爱因斯坦知道纳粹德国对铀的兴趣提高后,又给总统写了一封希望能进一步加快研制速度的信)。很快,美国就完成了这种有巨大威力的秘密武器——原子弹的研制。

美国原子弹研制的神奇速度并没有给爱因斯坦带来任何的欣慰,反而增加了他的忧虑。在这件事的自始至终,都未能消除爱因斯坦内心的矛盾冲突。在他那里,一方面有用原子弹武装起来的希特勒的幽灵,另一方面,他对美国统治集团也不信任。早在 1940 年 9 月,爱因斯坦就说过:自己给罗斯福的信是"一生中最令人痛心的回忆"[①],尽管德国也研制原子弹这一事实证明这封信是正当的。

1944 年春,纳粹德国在战场上已开始土崩瓦解。不断有消息由无线电收音机播放出来:1 月,德军在列宁格勒战役中败北,3 月撤出乌克兰,6 月在白俄罗斯被击败退回到波兰;在南方,1 月 22 日英美两国军队在内图纳登陆,经过激战,取得很大进展。接着,美国空军对乌尔姆——爱因斯坦的故乡完成了大规模的空袭。匈牙利的国土即将全部解放,而直到这时,德国法西斯用来进行军事恐吓的、有巨大威力的神秘飞弹也还没有造出来。后来德国国防部根据"元首""只能把钱花在那些半年内即能制造出来的新式武器上的指令",决定不把铀弹视为首要项目,加之缺乏足够的电力净化铀矿,致使研制原子弹计划的现实基础遭到破坏。1944 年春,德国还只有物理研究所地下室里有一个不大的实验用的反应堆在建造中。

就在这时,西拉德又来到梅塞街 112 号。

---

① [苏]库兹涅佐夫:《爱因斯坦传》,商务印书馆 1992 年版,第 262 页。

"您瞧,德国的原子弹还没有造出来,然而我们手里倒握着原子弹……"西拉德说话时,心里有一种说不出的滋味。

"我和您说过有这种形势的可能,您还记得吗?"爱因斯坦打断他的话说道。

"不错,我记得,应该承认,在当时……"西拉德答道。不过他把话题一转说道:"如果说我们那时所担心的是别让德国人跑在我们前面,那么现在重要的问题是我们以后拿它怎么办了……"

"这对您是个问题呢!"爱因斯坦不无责备地说。

"对我是没有问题的,问题并不在我自己……"接着他告诉爱因斯坦,在军人中,一个有势力的集团,其中包括参谋总长马歇尔,主张拿日本一些城市作原子弹的试验场。因此,他写了一份给总统的备忘录,指出这种新的毁灭性的武器变为政府政策的工具,对全世界和平将发生极大的危险。

"您想想看,假如几个大国——美国、英国、苏联,都武装了这种可怕的武器,在战后世界里彼此处在敌对状态中,那将发生什么事呀!"

西拉德在备忘录里指出,最小的失慎步骤,最小的有欠熟虑的行动,都可能导致奇灾大祸。只有完全拒绝军事用途,只有把这种新式武器交付给国际组织——在苏联、英国以及其他所有国家的参与之下——才能挽救危局。这意味着保证对于可能发生的滥用进行监督。

"老师,"西拉德讷讷地有些不好意思地说:"1939 年 8 月 2 日,我请您签署过一封信,吁请总统尽快行动……今天,1944 年 4 月,我又来劝您签署致总统的另一封信,请求制止过急的行动!"他从文件包里拿出了这份备忘录。

爱因斯坦苦笑着摇摇头,由于他当时也主要是这一担心,所以接过信,看完之后很爽快地就签了字。

但收信人并没有看到这封信。1945 年 4 月 12 日罗斯福突然逝世。后来在他的办公桌上发现有这封尚未批阅的信。

广岛和长崎的悲剧使爱因斯坦万分震惊,深感痛心。他在不同场合有关这个问题的一系列谈话表明了这一点。

爱因斯坦最先听到这一消息是在纽约州北部的一个湖上驾驶帆艇回到

岸边时一位记者告诉他的[①]，就是那天——1945 年 8 月 6 日(当地时间早晨 8 时 15 分)一架 B29 型水上轰炸机在广岛投下了一颗原子弹。

爱因斯坦听后沉默了一会儿，猛烈地摇了摇头，沉痛地说：

"唉，这是不能容许的！"

两天之后，在长崎投下了第二颗原子弹。

"假如在那时候，在 1939 年，我确实知道德国人还不能制造原子弹，我不会给罗斯福提那个建议的。"仿佛，他感到，这笼罩世界人民心头的阴影，广岛的灾难，他也有部分责任。他后来这样对一位来访的原子物理学家说。那次他还明确提出："搞原子武器竞争，对美国是自杀。""如果我们这些制造了这个炸弹的科学家不能获得对它的禁令，我们就会给自己、给科学定了死罪！"[②]

由于爱因斯坦的质能关系式 $E=mc^2$ 奠定了原子弹的理论物理基础，而他给罗斯福总统的信，又使美国的原子弹的研制工作得以启动，所以有人开始把爱因斯坦叫做"原子弹之父"。

"我不认为我自己是释放原子能之父。在这方面，我所起的作用完全是间接的。"1945 年，他对雷蒙德·斯温这样说。几年以后，当瓦朗坦在普林斯顿爱因斯坦的办公室里与爱因斯坦一起回忆这个时期时，爱因斯坦也说："事实上我仅是一个邮箱，他们带给我一封信，我所必须做的一切事情就是在那上面签字。"这种说法是实事求是的。事实上当时罗斯福听了人家读完他的信之后就并没有引起高度的重视。如果当时的美国总统是一位对欧洲毫不感兴趣，决定置身于战争之外的人，爱因斯坦的信都不可能对原子弹研制过程产生任何影响。瓦朗坦说："仍然是你按的按钮啊！"他听后，目光转向了远方，投向弯曲的溪谷、绿色的草地和那一片片遮住了地平线的森林。过了一会儿，爱因斯坦用一种低沉、缓慢的声音——好像不是在回答瓦朗坦，而是面对所凝视的那些古老树木的顶部，每个字都互相断开地说："是的，我按的按钮。"[③]

---

① 这里采用里沃夫著的《爱因斯坦传》的说法，参见该书第 266 页。秦关根的《爱因斯坦传》关于这一点说法与此不同，参见该书第 280－281 页。缺乏必要的资料，无从考证，特此说明。

② ［苏］里沃夫：《爱因斯坦传》，商务印书馆 1963 年版，第 269 页。

③ ［法］瓦朗坦：《爱因斯坦和他的生活》，世界知识出版社 1989 年版，第 219－220 页。

3. 提出政治新思维　呼吁成立"世界政府"

1940 年 10 月 1 日,爱因斯坦加入美国国籍。但他从来没有感觉到自己属于美国。相反,他在美国生活的时间越长,对美国社会本质的认识也就越清楚,对美国也就越不满意、越反感。特别是杜鲁门执政以后,在广岛、长崎扔下了罪恶的原子弹,大力推行军国主义;对内让法西斯议员麦卡锡出任"取消共产党活动"议员委员会主席,在全国范围内疯狂迫害进步人士。本来爱因斯坦最不愿意让别的事情分散自己从事科学研究的精力。但是在人类已走到选择的历史关头——即科学成了人类最光明的希望,同时也是最可怕的忧虑的根源时,拒绝出来干预就成了背叛科学时,呼吁成立"世界政府",为各国人民间的谅解,为不同制度的国家间的和平共处,禁止核武器,反对种种战争煽动就成了他晚年思想活动和社会政治生活的主旋律。当年的哥尼斯堡老人康德在自己生命后期写出了不朽的《永久和平论》,现在,爱因斯坦在自己的黄昏岁月也主要是为了人类的持久和平而奋斗。他自己就说过:"全部时间除了搞政治,就是摆弄方程式。"

爱因斯坦早在推动美国研制原子弹时就对美国政府心存疑虑,但他做梦也没有想到美国政府会在第二次世界大战就要结束时,还要扔原子弹。而且炸死的基本上是无辜的和平居民。这两颗原子弹使爱因斯坦在心灵受到巨大震撼之余已依稀认识到问题不在领导者个人品质的优劣,而在于制度的性质,认识到世界已进入了一个新的时代——拥有具有大规模杀伤力的原子武器时代。在这种情况下,全人类要么共存,要么同归于尽。因此,需要一种新的思维。他利用各种机会不遗余力地宣传这一思想,为防止人类毁灭的命运,不顾年迈体弱,不懈地进行斗争。他给报刊写文章,也到各种集会上,有时还通过无线电广播作讲演。

1945 年 11 月,他对雷蒙德·斯温谈到,"只要各个主权国家具有很大的权力,战争就不可避免"①。这就是他呼吁成立"世界政府"的基础。因为通过当时的一些世界强国统治集团的所作所为,他已经看清了某些人以强调本国人民利益为借口,不惜让包括本国人民在内的千百万人作出巨大牺牲,以达到他们少数人不可告人的目的。

1946年,他在拍给美国几百位科学家和社会活动家的一份电报,募捐筹建一项基金时说道:"我们迫切需要20万美元充作一项运动的基金。这次运动的目的是向人民说明,目前如何迫切需要按新的方法来思考,假如人类想要生存和进步的话。这一请求是对于悬在人类头上的严重的危险作了长时间的考虑而作出的。"②他还向所有那些对于悬而未决的世界命运有责任的人呼吁说:"我们的世界面临一场危机,这是到目前为止那些有力量作出善或恶的重大决策的人没有觉察到的,原子弹释放的力量已改变了每一件事情,只有我们的思维方式除外。因此,我们逐渐走向了空前绝后的灾难。如果人类一定要活下去,并且向更高阶段发展,那么一种新的思想方式就是必要的。"③

很显然,这里爱因斯坦的"新的思想方式"的内容就是,全人类的利益高于任何一个国家、任何一个民族、任何一个集团的利益。不同国家、民族意见上的分歧和利益上的冲突,只能通过政治对话、协商的途径来解决,而不能通过军备竞赛、炫耀实力、搞核讹诈的途径不道德地来解决。这与他的建立"世界政府"的思想是一致的,建立"世界政府"就是为了更好协调各国的利益,避免因利益冲突而导致原子战争。这就是几十年来逐步得到世界上越来越多的人认同和崇奉的政治新思维。

1945年12月10日,在纽约一家饭店举行的聚餐会上,他说:"战争是打赢了,但是和平却没有赢得!"接着他谴责美国的政府:"要说世界的命运现在只维系于这个国家和俄国之间达成广泛的协议,那将不是夸张的……可以说,在目前这种情况下,协议是可能达成的。但是,所发生的事不正是完全朝着相反的方面走吗?现在美国既然并未发现任何实际威胁,那就没有任何的必要继续生产原子弹,把120亿美元用在军需上。""这些事实说明了什么呢?它只说明,在消除俄国疑虑方面,什么也没有做过。要知道这种疑

---

① [法]瓦朗坦:《爱因斯坦和他的生活》,世界知识出版社1989年版,第224页。
② [苏]里沃夫:《爱因斯坦传》,商务印书馆1963年版,第270—271页。
③ [法]瓦朗坦:《爱因斯坦和他的生活》,世界知识出版社1989年版,第235—236页。

虑是很容易理解的。"针对美国军国主义的加强,他明确提出:"持久的和平不能用威胁的方法求得,而只能采用建立互相信任的诚意来求得。"①

广岛和长崎的悲剧,使他爆发出一种被欺骗的巨大愤怒:"我们所以把这种武器交到美国和英国人民手里,是因为我们把他们看作是全人类希望的寄托者、和平自由的战士。但是到目前为止,我们既没有和平的保证,也没有《大西洋宪章》对世界所许诺的任何自由的保证。"到 1946 年,爱因斯坦已清醒地认识到:"原子弹成了人类继续生存的威胁。"因此,"我们必须永远不停地警告,我们必须永不松懈地努力,使世界各国尤其是他们的政府意识到,如果他们不改变相互的态度,不改变对于通向未来任务的看法,那么就会引起难以形容的灾难"②。

1946 年 5 月,爱因斯坦知道俄罗斯作家爱伦堡到了美国,他请他到普林斯顿去。他对他谈到了原子弹的悲剧。爱伦堡记载了爱因斯坦的看法。爱因斯坦认为特别可怕的是,在美国有许多人并没有把广岛和长崎的毁灭同地球上出现人之后千万年间积累起来的道德理想和文化珍品的毁灭联系起来。爱因斯坦认为忘记此事是对文明的最大威胁。爱伦堡在回忆录中是这样描述当时的爱因斯坦的:"当我见到爱因斯坦的时候,他已年过六旬,长长的花白的头发使他的容貌显得苍老,并使他具有上世纪音乐家或隐士的某种风度。他没有穿西装上衣,只穿一件高领绒线衣,一支自来水笔插在高高的领子里,直抵下颏。他从裤兜里掏出记事本。他的面庞机智,轮廓鲜明,而一双眼睛却惊人地年轻,时而忧郁,时而专心致志,聚精会神,它们忽然充满热情地笑起来了——我是不怕用词的——孩子般地笑起来了。头一分钟,我觉得他好像是一位深沉的老人,可是只要他说起话来,只要他很快下楼到花园,只要他的眼睛刚露出愉快的、嘲弄的神情,最初的印象便消失了。他年轻因为他具有不随年华而消逝的青春,他自己用脱口而出的一句话表述过它——我活着并疑惑,因为所有的时间我都想弄明白……"③

在这次交谈中,爱因斯坦还讲到,抛弃了逻辑、理性,就必然要发生危险。因为他从社会现实生活中已清楚地看到,专制主义与非理性主义之间有着深刻的内在联系,所以它迟早总要引起灾难。

---

① [苏]里沃夫:《爱因斯坦传》,商务印书馆 1963 年版,第 270 页。
② [法]瓦朗坦:《爱因斯坦和他的生活》,世界知识出版社 1989 年版,第 270 页。
③ [苏]库兹涅佐夫:《爱因斯坦传》,商务印书馆 1992 年版,第 266 页。

接着,爱因斯坦在连续发表于《大西洋月刊》上的两篇文章中又写道:"这个国家(美国)搞出了一个国际共管原子的建议,然而附带的条件却是俄国不能接受的……那些责备俄国不肯接受的人不应该忘记,我们自己都没有自愿地拒绝使用原子弹。""我认为,美国的政策是错误的……贮存原子弹,不肯首先允诺不使用它们,这就是想利用拥有原子弹这一事实来达到政治目的。""也许有人认为用这个办法可以迫使苏联接受美国的计划吧?但是,这种恫吓手段只会加深矛盾,加剧战争产生的危险。"①

如果说,在 1945 年,爱因斯坦仍然相信"由单独一个美国人,一个英国人,一个俄国人"谈判,可以制定这个世界的宪法。只要美国国会公开了原子弹的秘密,即可消除俄国人的疑虑的话,这时他已认识到这是不可能的了。他感到只有建立一个"世界性政府",没有任何其他的方法可以消除人类从来不曾面临的最可怕的危险。尽管有过一切凌驾于国家之上的组织都遭到失败的记忆,也没有动摇他这一信念。

为了建立这样的"世界政府",他首先寄希望于刚刚建立不久的联合国的改造。他在给当时联合国秘书长的信中,针对大国为自己的利益企图主宰世界的局面指出,减小安理会的权力,扩大大会的权力,要求联合国是"人民的真正代表",由人民直接选举产生,我们就能期望代表中"政治家多一些,外交家少一些"。因为否决权使安理会瘫痪无力,所以他主张取消这种权力。他要求加强联合国道义上的权威,积极建立世界政府,如果有些国家拒绝参加,可以先组织一个局部性的世界政府。

科学家为避免人类的悲剧,企图建立"世界政府"的想法虽然在逻辑上是无懈可击的,其高尚的人道主义性质也是不容怀疑的,而且通过政治对话和协商解决争端的思想今天也越来越成为人们的共识,但社会生活是复杂的,一些怀有不可告人目的的政治家和野心家的阴暗心理是善良的科学家爱因斯坦无论如何也想象不到的。所以,他的想法一开始就具有空想的悲剧色彩。此外,谁研究原子弹都是为了自己的利益而想去消灭、吓唬别人,而不是为了使自己同归于尽,这一点在他提出要么共存,要么同归于尽时显然忽略了。他的想法不仅注定了是空想,还不可避免地遭到了方方面面的攻击。

---

① [苏]里沃夫:《爱因斯坦传》,商务印书馆 1963 年版,第 272 页。

这种反对首先来自美国。

华盛顿派了一位官方人士来警告爱因斯坦。那人告诉他说,在华盛顿某些圈子里的人们"怀着惊异而不安的心情"注视着这位科学家在原子问题方面对于"美国外交界的努力"持否定态度。那人给爱因斯坦做工作说:"我们尽了一切力量以求达成协议,但是俄国人不让步……我们强大的战略空军是制止俄国侵略的唯一手段……"

爱因斯坦不无讥讽地说:"我们的强大的战略空军倒是非常准确地把乌尔姆城里那家面粉店的房子连根铲下来了,不幸得很,那是我依依学语的地方!我们的空军把和平城市卡塞里变成了瓦砾堆,而且是在战争结束前几个星期干的。那天,在卡塞里城的一所房子里,普朗克身上盖着碎石块和石粉浆倒在那里……您知道这位普朗克是什么人吗?不知道?他是本世纪最伟大的科学家之一。他在我们的空中礼品之下逃出他那把老骨头来的时候已经 87 岁了……盖世太保处死了他的儿子爱尔文……"

来访者故意把这样的话当耳旁风,继续说道:"政府方面的一些圈子里,大家都在期待您采取积极行动,您是目光远大地考虑问题的……"①说话者见爱因斯坦早就思想开小差了,知道怎么做工作都没有用,只好起身告辞。

更有甚者是对爱因斯坦的直接攻击和迫害。1945 年 10 月 25 日,密苏里州一位众议员发言称爱因斯坦为外国煽动者,说他想把美国投入新的欧洲战争,目的是进一步扩张世界共产主义,他说:"依我的意见,他破坏法律,应受惩罚!"那时,得克萨斯州的一个名叫"警察妇女团"的组织还要求从本城公共图书馆里抽出并销毁"600 种共产主义书籍",其中就包括爱因斯坦的《相对论》!不久,麦卡锡主义在美国泛滥起来,在美国大地上重新出现了当年德国法西斯搞的褐色恐怖。大批的特务充斥了大学、研究所和实验室,使人感到压抑、窒息。他怒斥:"麦卡锡主义就是美国的希特勒主义!"当纽约《工人日报》的通讯员、工人共产党人莱文菲尔斯被抓进监狱后,他给这位遭迫害的人的妻子写信说道:"……我认为,任何人不应该由于信仰和倾吐信仰而受到处罚。"②

爱因斯坦最崇尚的就是民主、自由、人道和科学,最痛恨的就是专制和

---

① 〔苏〕里沃夫:《爱因斯坦传》,商务印书馆 1963 年版,第 274 页。
② 〔苏〕里沃夫:《爱因斯坦传》,商务印书馆 1963 年版,第 304 页。

谎言。早在少年时代,在路提波德中学上学时,他就饱尝了专横之苦。后来德国的专制统治、现在美国的专制统治都使他恨之入骨。早在1942年在反对法西斯的肆虐时,他就说过:"……我相信我们现在终于可以盼望,有朝一日那些无法形容的滔天罪行都将受到惩罚……但是我还希望,即使是那些最为迟钝愚昧的人现在也会清楚地看到,谎言和暴政终究是要失败的。"①

反对专制,崇尚自由、民主、人道与科学,必然要主张宽容。事实也正是这样。1934年,爱因斯坦在刚逃离德国法西斯的魔掌后,为一家美国杂志撰写的一篇关于宽容的文章表达的就是这种意思:"……宽容就是对于那些习惯、信仰、趣味与自己相异的人的品质、观点和行动作恰如其分的评价。这种宽容不意味着对他人的行动和情感漠不关心,这种宽容还应包括谅解和移情……任何一种伟大高尚的事物,无论是艺术作品还是科学成就,都来源于独立的个性。只是在文艺复兴使个人有可能不受束缚地发展自己的时候,欧洲文化才在被打破令人窒息的停滞状况方面取得了最重要的突破。""因此,最主要的宽容就是国家与社会对个人的宽容。为了确保个人自身发展所不可缺少的安全,国家当然是必要的。但如果国家变成主体,个人却沦为唯命是从的工具,那么所有好的价值就全部丧失了。必须先砸碎磐石然后才能长出树木,必须先松土然后植物才能茁壮成长。同样,只有在人类社会达到足够的开放水平,个人能够自由发展自己能力的时候,人类社会才能取得有价值的成就。"②因为杂志的编辑坚持要对此文进行一些爱因斯坦无法容忍的修改,爱因斯坦后来把文章收了回来。故此文当时并未发表。

1953年5月9日,一位名叫弗劳恩格拉斯的中学教员,写信给爱因斯坦说,他被传到"非美活动委员会"讯问,他不愿供述自己的政治关系,请教爱因斯坦该怎么办。爱因斯坦当即回信道:

亲爱的弗劳恩格拉斯先生:

……

我国知识分子面临的问题是非常严重的。反动政客在公众眼前虚晃着一种外来的危险,借此煽动公众怀疑一切理智的努力。他们得逞之后,就进

---

① [美]杜卡斯、霍夫曼编:《爱因斯坦谈人生》,世界知识出版社1984年版,第78页。
② [美]杜卡斯、霍夫曼编:《爱因斯坦谈人生》,世界知识出版社1984年版,第78页。

一步窒息教学自由。谁要是不听话,就把他解雇,叫他饿肚皮。

只占少数的知识分子应当怎样反抗这种罪恶呢? 老实说,我看只有照甘地所倡导的那种不合作的革命方法去办。每一个受到这类委员会传讯的知识分子,都应当拒绝作证,也就是说,他必须准备坐牢,准备破产。总之,他必须准备为祖国的文明幸福的利益而牺牲个人幸福。

拒绝作证……应当是基于这样的主张:这种审问违反宪法精神,无辜的公民向这种审问屈服,那是可耻的。

如果有足够多的人准备迈出这庄严的一步,他们就会成功。不然的话,等待着我国知识分子的命运就是被奴役,他们也不配得到更好的东西。

你的真诚的

爱因斯坦

爱因斯坦在信尾还故意加上了这样一句:

(又及)此信内容不必保密。[①]

此信于 6 月 12 日在《纽约时报》上公开发表后,在白色恐怖下的美国引起了轩然大波。麦卡锡亲自出马,攻击爱因斯坦道:"谁要是像爱因斯坦给人出主意,那他就是美国的敌人……出席本委员会作证的共产党律师,就是那样给人出主意的。"[②]

他以为这样可以把爱因斯坦吓倒,他不知道,爱因斯坦早就做好了坐牢、破产、被解雇和牺牲个人一切的准备。

其实,美国对爱因斯坦的攻击,又何止因为原子弹爆炸引起的对美国政府不满,可以说,这种不满从来没有间断过。在爱因斯坦加入美国国籍,宣誓忠于美国宪法的自由、民主、平等、博爱的精神时,最坚决的资产阶级卫道士就曾出来反对过:"如果阿尔伯特·爱因斯坦是正确的,世上没有个人的上帝,那么美国就是立国在神话和虚妄之上的。"[③]

无论是劝说、警告还是攻击、恐吓,都丝毫不能动摇爱因斯坦对美国政

---

① [苏]里沃夫:《爱因斯坦传》,商务印书馆 1963 年版,第 288—289 页。

② 秦关根:《爱因斯坦传》,中国青年出版社 1979 年版,第 293 页。

③ 秦关根:《爱因斯坦传》,中国青年出版社 1979 年版,第 289 页。

府搞军国主义的批判和斗争。

1950 年 2 月 1 日清晨,美国无线电广播停止正常播音,广播了一则"特别紧急的报道":美利坚合众国总统宣布了他要研制比原子弹杀伤力还大的氢弹的意图。就在这时,纽约一家电视公司问爱因斯坦肯不肯发表一篇电视演说,题目可以自己定,不过"尽量不要谈关于政治争论的问题"。原来电视公司怕遭到拒绝,因为他老人家已 71 岁了,平时又最不愿抛头露面,没想到,他居然很干脆地答应了。

2 月 13 日,他去那里发表了电视讲话。他说:

"认为可以用军备竞争的办法取得安全,是一个会闯大祸的错误思想。在美国拥有了原子弹之后,有些人立即产生了这种幻想。他们认为可以用这种办法吓倒敌人,而获得安全……

"在这个国家里我们五年来所信奉的信仰象征是这样的:不顾一切地武装起来。我们是怎样行动的呢? 在地球上凡是可以建立军事据点的地方都建起了军事基地。把别的国家视作可供利用的盟友,而武装他们……在国内我们把令人咋舌的财政力量集中在军人手里,对青年进行军事训练,用骇人的警察机构进行'效忠'调查……还有什么呢? 禁止独立思想,任由无线电、报刊、学校制造社会舆论。还有就是军备竞争,无止境的军备竞争,到今天居然宣布要制造氢弹,它已具有了歇斯底里的性质,达到了登峰造极的境地了。

"这颗炸弹假如造出来。大气就会沾染放射性物质——前景就是,地球上一切生命的灭亡!

"这些计划的险恶性从它的狂躁的一发不可收拾的趋势可以看出来:每一步都必然引起下一步,一直达到终点——战争大灾祸发生为止……"①

他的讲演使电视台的经理吓得惊慌失措,以至在他离去时都不敢送他。

如果说这时他主要还是表现为对美国政府搞军国主义的揭露的话,那么后来,他的一些讲话就简直是号召人民起来造他们的反了。

1954 年 3 月 14 日,爱因斯坦 75 岁生日,保卫民主权利美国委员会来信祝贺他。他写了一封回信。信末附加了这样的话:"把美国引向反动独裁的那些人竭力想把凡是反对他们的人的嘴全封住,并对他们加以恐吓。""我们

---

① [苏]里沃夫:《爱因斯坦传》,商务印书馆 1963 年版,第 286 页。

一定要坚持不屈!""必须用种种办法帮助那些因思想迫害而需要辩护的人们、拒绝提供口供的人们,以及那些由于思想迫害而遭受物质困难的人"

他在给美国法学者协会的一封信里也写道:"人的权利并不是在天上规定的,为这个权利所作的斗争也不是在天上,而是在这里,在人间进行的……对共产主义的恐惧使我们的国家做出种种令人耻笑、令人憎恶的行动。这种情况我们还必须忍受多久呢?对于那些贪婪地争权夺利,从这种情况得到好处的政客们,还将容忍多久呢……"①

在另外的场合他还进一步分析了美国军国主义的根源与实质。他认为"这种精神的根本事实是'赤裸裸的霸权'。"军国主义的精神状态只有把原子弹、战略基地,把各种各样的武器、原料、资源等非人性的因素,看作是根本性的,而把诸如人们的愿望和思想等心理因素看作是不重要的和第二位的。在这种精神统治下,"个人遭到贬斥,他只是一件工具,他仅仅变成为一种原材料,丧失了人类正常的树立雄心壮志的冲动。"这种军国主义要求公民的政治权利在所谓国家利益的托词下作出牺牲。"各种各样的政治迫害和政府干涉,比如对教学、研究和报纸的官方控制等,看来是不可避免的了。因而也遇不到人民群众的抵抗,而这种抵抗本来是可以用来保护人民的。"②

他在1948年春写的一封信中也指出:"……国家军国主义化的计划,不仅意味着发生战争的危险。这个计划毫无疑问是在慢慢地,然而确实地摧毁民主和个人权利!"③

爱因斯坦争取世界和平的言行不仅遭到美国政府和反动势力的反对,他关于改造联合国、建立世界政府的一些建议也引起了苏联政府的强烈不满。

苏联的4位科学家不得不根据政府的指示在英文杂志《新时代》上发表了一封致爱因斯坦的公开信,激烈反对"爱因斯坦博士的错误思想"。他们谴责爱因斯坦提出的取消各国主权、建立世界政府的主张是为了确立垄断资本主义的世界霸权,支持卑鄙的帝国主义者,"掩护其无限制的扩张"。对于爱因斯坦关于缩小安理会权力,扩大大会权力的思想,他们认为这是一种"把联合国变为美国国务院的一个部门的愿望"。对他关于联合国的代表应

① [苏]里沃夫:《爱因斯坦传》,商务印书馆1963年版,第303—304页。
② [法]瓦朗坦:《爱因斯坦和他的生活》,世界知识出版社1989年版,第232—233页。
③ [苏]里沃夫:《爱因斯坦传》,商务印书馆1963年版,第281页。

由人民直选的主张,更是竭尽讽刺挖苦之能事。甚至说爱因斯坦是在支持
与和平和国际合作为敌的最凶恶的敌人的计划和努力①。

在对待美国和苏联这两个制度根本不同的国家的态度上,显然,爱因斯
坦始终比较倾向于苏联。正因为如此,德国和美国的反动势力才大肆反对
他。尽管他有时也批评苏联缺少自由,对于科学与文化有着太多的不必要
的干预,但更多的却是称颂苏联革命和建设的成就,认为苏维埃制度在"教
育、公共卫生、社会福利和经济领域里的成就无疑是伟大的","全体人民已
从这些成就里得到了很大的益处"。就是对他所批评的那些问题,他甚至都
表示出了某种程度的理解和谅解。他在答复美国民主党人说苏联是少数人
的统治、缺乏自由的诘难时就说过,对于一个被剥夺了政治教育的民族和一
个缺乏改善其灾难状况的能力的国家是必要的②。而另一方面,他从来没有
停止过对美国政府搞军国主义的批判,后来这种批判还深入到了对社会制
度本身的揭露。1945年他对雷蒙德·斯温说,苏联的内部状况,不会"构成
对世界和平的威胁"。爱因斯坦敌视一切国家主义。但比起苏联的国家主
义来说,他更加担心美国的国家主义。他认为,当时的世界局势,美国的罪
责比苏联的大。"因为在控制世界局势上我们实际上是更有能力的国家,如
果发生了危机,那么我们就应比苏联受到更多的谴责"③。

苏联科学家说爱因斯坦提出要建立世界政府"是支持美帝国主义","掩
护其无限制的扩张",显然是冤枉了爱因斯坦。

爱因斯坦读了苏联科学家的公开信,并且反复读了好几遍。爱因斯坦
并没有像有些人那样感情用事,他在回答公开信时再一次体现出了他的宽
广的胸怀和伟大的人格。

苏联的曲解迫使爱因斯坦对自己的态度作出明确的说明。他叹息苏联
人所使用的"公开信的讨厌笨拙的方法",而不是用能创造一种相互理解气
氛的直接接触的自由和亲自交换意见的方法。然而他赞赏他的俄国同事的
率直坦白、毫不含糊地表明他们观点的做法,认为"相互理解只有做这样的
努力才有可能,那就是努力充分了解对方的思想、动机和忧虑,做到设身处
地地从对方的角度去观察世界"。事实上,他对苏联科学家的答复就是这样

---

① [法]瓦朗坦:《爱因斯坦和他的生活》,世界知识出版社1989年版,第228页。
② [法]瓦朗坦:《爱因斯坦和他的生活》,世界知识出版社1989年版,第229页。
③ [法]瓦朗坦:《爱因斯坦和他的生活》,世界知识出版社1989年版,第232页。

做的,他对他们某些过激的言词表示可以理解,因为他了解,俄罗斯在近 30 年中从敌视他的帝国主义势力方面受了多少苦难。他记得德国人的入侵,内战时代的外国干涉,西方国家以希特勒为反俄工具而给予的支持……他在答复中说,他"是诚恳地在寻求一个可行的解决办法,而不幻想他自己知道了'真理',或者知道了所要遵循的'正确道路'"。对于苏联人谴责他支持资本主义,他说明了他一贯坚持的思想——即认为资本主义从来不曾和永远不可能使生产与人民的购买力保持健康的平衡,也不能制止失业。他还进一步说:"我而且同意你们的看法,社会主义经济优于资本主义经济。无疑地,总有一天,那时一切国家(只要这样的国家仍然存在)都会感谢俄国,因为它是在极为艰难的条件下为社会主义计划经济的实际可能性作出了证明的第一个国家。"同时他也批评了那种狂热的不容许有任何不同声音存在的褊狭性,认为这就把一种可行的社会组织形式变成了一种像帮会那样的东西,把一切"异教徒"都污蔑为叛徒和为非作歹的坏分子。他还指出了苏联政策上的矛盾性:在经济领域强烈地反对无政府状态,"在国际政治领域却又以同样的激情来拥护无政府状态,即拥护无限制的主权"。爱因斯坦也毫无顾忌地、直率地指出:"美国政府关于原子武器的一些建议,至少表明了一种想要创立超国家安全组织的企图。如果说是对方不能接受的话,那么,至少也为真正解决国际安全问题提供了一个讨论的基础。其实,倒是苏联政府半否定半拖沓的态度,使得这一个国家善良的人们很难像他们原来所希望的那样,运用他们的政治影响来反对'战争贩子'。关于美国对联合国大会的影响,我要说的是:照我看来,这不仅是由于美国具有经济实力和军事实力,也是由于美国同联合国都在努力寻求真正解决安全问题的办法。"最后,爱因斯坦站在自己一贯的立场上强调:"最重大的问题是战争与和平的问题,其他一切与之相比均属微不足道的。""大家知道,实力政策迟早必定导致战争……"我们面临的首要任务就是用一切手段阻止战争的爆发。

对爱因斯坦来说,悲哀还不止来自各国统治集团的反对,而是老百姓的愚昧,对战争危险的普遍麻木与冷漠,对他的再三呼吁无动于衷。

1949 年,他曾经讲过这样一件事:"近来,我和一位理智而好心的人讨论过另一次战争的可能性,这次战争真正威胁到人类的存在。我告诉他说,我相信只有一个超国家组织可能提供一种对抗这种危险的措施。对此,我的来访者平静而冷淡地回答说:'你究竟为什么如此热切地反对人类的消失呢?'"爱因斯坦说,对此他感到震惊:"我确信,100年前是不会有人如此随便作出这样的评述的。"然而对于这种愤世嫉俗的态度他只有痛心,没有表现出愤怒。因为,他理解隐藏在这言过其实的说法后面的痛苦,能说出这样的话的人一定是一个曾经为反对战争作了很多努力而处处碰壁的人。更使他感到困惑不解、心烦意乱的是,"虽然已经得到原子战争的恐怖性质的警告,人们仍没有做出任何事情反对它,甚至还有几分漠视他们意识到的警告"。有的人认识到邻近的人们会被消灭,但存在侥幸心理,总觉得不会殃及自己。更有甚者,有些人还因自己国家拥有这种具有巨大杀伤力的武器沾沾自喜乃至自豪。爱因斯坦说,真正的危险是由仇恨产生的那种视而不见,"真正的危险在人们的心中","人们的精神堕落了,变得习惯于战争。结果是理智的、客观的人类行动几乎很少有效果,它落入被怀疑并被当作反对爱国而遭到迫害"。他认为这是由于人民受到统治者欺骗宣传的蒙蔽。所以,要使人们听到理性的声音,就应该使人们脱离、超越那些统治者、政治家,那些权力的维护者们。

面对战争危险日益深重自己又无能为力,他感到沮丧、失望而痛苦万分。那些曾在思想上接近他的人,现在很多地远离他而去,他感到更加孤独了,爱因斯坦与他那个时代被一道深渊隔开。这是他对人类命运的崇高责任心、使命感与人们自私自利、麻木不仁之间的深渊,是他对于理性和秩序的需要和那些随波逐流的人的恣意妄为之间的深渊。他,几乎是一个孤独的老人,面对整个世界的愚蠢。

瓦朗坦在最后一次见他时,他对她谈到了广岛,谈到走向毁灭的竞赛,以及所发生的一切事情都加剧这种竞赛。他谈到他个人的经历,所进行的徒劳无益的努力,无人理睬的警告。他谈到了人的愚蠢,他的盲目选择,对于萦绕心头的人性的忧虑。"当提及某些特别令人失望的谈话或荒唐的偶然事件时,他发出了阵阵大笑,正像某些通常不合条理的事件激起他的幽默感时他所反应的那样。但是,他的笑声是苦涩的,它不再是发自内心的……"①

1946年12月,他的挚友朗之万的死,使他本来已经孤独得不能再孤独的心变得更加寂寞、孤独了。"保罗·朗之万的噩耗给我的打击,比在这充

---

① [法]瓦朗坦:《爱因斯坦和他的生活》,世界知识出版社1989年版,第240页。

满沮丧不幸的年头里很多事件都大。"他这样说:"保罗·朗之万的去世所带来的伤感之所以特别沉重,是因为他给了我十分孤独和凄凉的感觉。"他和朗之万经常肩并肩地在相同的科学思想领域中一起探索,他欣赏朗之万的才能,认为他"在科学思考方面具有非凡的明确性和敏捷性,同时对于关键问题又有一种可靠的直觉眼力";他更钦佩朗之万的为人。朗之万胸怀宽广,他常常成为其他人的启发者和激励者,他的无私"使得他的劳动成果出现在别的科学家的著作中要比在他自己的著作中多得多"。"朗之万的一生都由于觉悟到我们的社会制度和经济制度的缺陷和不平等而深受其苦,可是,他还是坚信理性和知识的力量"。虽然朗之万也存在相当多的怀疑、猜忌和冷嘲热讽,爱因斯坦还是觉得他非常可亲。因为"他那促进全人类幸福生活的愿望,也许比他那纯洁知识启蒙的热望还要强烈"。他们两人之间有着太多的、共同的、一般人所不具备的品质特征,"从来没有一个求助于他的具有社会良心的人是空手回去的"。"像他那样对事物本性有明确的眼光,而同时又具有为真正的人道而挑战的强烈感情和从事斗争行动的能力,在无论哪个时代都是非常少见的"。爱因斯坦说,"这样一个人逝世了,他所留下的空隙,对于残生者似乎是难以忍受"①。

在原子弹在广岛和长崎爆炸之后,爱因斯坦在孤寂生活中集中加以思考的另一个重要问题就是科学伦理学的问题,这也是他防止再次爆发世界大战、反对军备竞赛努力的一个重要组成部分。

恐怕在同辈人中再没有第二个科学家像爱因斯坦这样更深切、更尖锐、更痛苦地经受了原子弹被用于军事侵略的惨剧,尽管他本人并没有直接参与原子弹的研制。他从来不回避责任,尤其是自己的责任。

1945 年 12 月 10 日,在纽约一家豪华的大饭店里举行了每年一度的诺贝尔聚餐会。美国科学界的精英云集一堂。大家欢迎爱因斯坦致词,他站起来沉痛地说:

"今天物理学家的处境和诺贝尔没有什么两样。诺贝尔发明了一种在当时威力无比的炸药——一种超级破坏工具。为了对此赎罪,为了安慰自己的良心,他设立了诺贝尔奖金,以促进和平事业。现在,参加过研制这种历史上最可怕、最危险的武器的物理学家,不说是犯罪,也是被同样的责任

---

① ［法］瓦朗坦:《爱因斯坦和他的生活》,世界知识出版社 1989 年版,第 236－238 页。

所烦恼……"

他说,"我们之所以曾经帮助创造这种新武器,是为了预防人类的敌人比我们先得到它;按照纳粹的精神状态,要是让他们占先,就意味着难以想象的被破坏,以及对世界其他各国人民的奴役"。但这丝毫不能减轻他的苦恼。

广岛、长崎事件使他看清了非理性的悲剧。科学研究本来是要为人类提供认识的强大工具,使人类借助它能更好地驾驭自然,把人类社会推向更加美好的境地。但广岛、长崎悲剧表明,在对抗社会里,理性的果实被毒化,而且每一种科学思想,每一个新的发现都可能成为非理性势力的武器。

科学的唯理论精神和科学应用的非理性性质的脱节使爱因斯坦痛苦不堪。对于爱因斯坦来说,科学是为某种"超个人的"理性的东西服务的自由思想的同义语。可在对抗制度下,统治者的利益同真理是敌对的,就犹如它同人民的利益是敌对的一样。然而可悲的是,美国原子能机构的活动使爱因斯坦认识到,在对抗性社会条件下,科学不得不依赖于非理性势力。因为科学研究需要经费,科研人员要吃饭,要有工作和生活条件,而所有这些都不得不依靠政府和有钱的人。这就必然会使整个科学陷入对敌对阶层的严重依赖中。这就使他们——有权的和有钱的人能迫使科学家和科学为他们的非理性,为他们的私利效劳。这是科学向自己反面的转化,是科学和科学家的悲哀,是科学与伦理不容易统一的根源。

意大利科学家在路卡召开大会,大会筹备人员通过费米教授请爱因斯坦写几句话,爱因斯坦在给意大利科学家的信中愤怒地控诉了统治者们对科研成果的掠夺和滥用。信中说:"使科学工作者们感到焦虑的是,他们的劳动成果被那一小撮人夺去了,这些人先把经济权集中在他们手里,继而又把政治权集中在他们手中……"①因为搞科学研究是无可指责的,科学本身也没有任何罪过。正如原子能本身并不威胁人类,新的自然力的滥用才威胁人类。爱因斯坦写道:"原子核链式反应的发现,正像火柴的发明一样,不一定会导致人类的毁灭。但是我们必须竭尽全力来防范它的滥用。"

他利用一切机会不厌其烦地要科学家们拿出自己的良心和道德勇气来,向政府、向人民、向整个社会发出滥用科研成果造成巨大威胁,特别是滥

---

① [苏]里沃夫:《爱因斯坦传》,商务印书馆1963年版,第288页。

用原子释放这样的科学成就会毁灭整个人类的警告,坚决地与那些滥用科学成果的人作斗争,有一些别有用心的人要把科学用于非人道的目的时,采取坚决不合作的态度。

1949 年 5 月,他对弗吉尔·欣肖说:"永远不要做任何违背你良心的事情,即使是国家要求你去做。"①

在麦卡锡亲自出马说爱因斯坦是美国的敌人后,《报道报》的记者请爱因斯坦谈谈对麦卡锡这伙法西斯暴徒猖狂叫嚣的看法,以及这一发难对他个人可能导致的后果所抱的态度时,爱因斯坦说:"我不想分析这个问题,我只想用几句话来表示我的感觉:假如我再做一个年轻人,需要决定一下怎样来安排自己的生活,那我决不想再做科学家了。我宁愿选择自来水工人的职业,以便取得在目前这种情况下可以得到的最起码的一点独立性。"有一位科学家对爱因斯坦的这个答复不满意,问爱因斯坦,这种立场是不是在困难面前投降,退出斗争,否认科学的进步? 为此爱因斯坦立即回答道:"您完全没有了解我的这些话的意思,我只是想说,对于那些利用自己的势力给知识分子造成恐怖的暴徒是不应该不予以回击的……当斯宾诺莎拒绝在海德堡任教授(他与黑格尔不同),决心不出售自己的精神的自由挣钱谋生时,他遵守了这个原则……"②很显然,在这里爱因斯坦说的就是要挣脱对政府和任何大资本家垄断企业的依赖和科学家的完全独立,这本身就是与他们作坚决的不妥协斗争的一种方法,其目的就是不让自己的科研成果为他们的私利服务,为他们屠杀无辜的和平居民的兽行服务。

尽管他的不屈不挠的宣传在当时几乎没有看到什么积极的结果,但他相信,人类终将有一天会彻底解决这个问题。那时,社会会在理性原则指导下得到改造,并会为人们的利益而充分利用科学上的发现。因此,警告、宣传和呼吁是绝对必要的,也是有意义的。"只有不受任何信条的约束,并有权怀疑包括自己论点在内的所有论点,科学才能全心全意地为人类服务"。正是出于这样的信念,他在生命的最后时刻还和罗素共同倡议世界各国自然科学家定期会晤,以便团结起来,以自己的言行维护世界和平。

这里讲的就是著名的《罗素－爱因斯坦宣言》。

---

① [法]瓦朗坦:《爱因斯坦和他的生活》,世界知识出版社 1989 年版,第 243 页。
② [苏]里沃夫:《爱因斯坦传》,商务印书馆 1963 年版,第 304－305 页。

1955年3月14日爱因斯坦生日那天,也是他创立狭义相对论50周年,由世界各地寄来的贺信和贺电还没有来得及全看,3月20日,杜卡斯又告诉他,"'科学争取和平'组织3月26日要开年会,有几个英国人要请您给他们写几句话……"罗素寄来了一份给大国政府的呼吁书,他希望用《爱因斯坦—罗素宣言》的名称发表。

呼吁书的内容是建立强有力的世界政府,废除核武器,制止战争。杜卡斯把呼吁书读了一遍:

我们之间的大多数人不是采取中立立场的。我们的感情和思想并不一致,但作为人,我们懂得东方和西方之间争执的问题应该用和平方法来调整。

应该使每一方面,不论是共产主义或反共产主义者、亚洲人、欧洲人、美洲人,白种人或黑种人都得到最大满意。应该使所争执的问题不使人类陷入毁灭性的战争中去……

我们希望这在东方和西方都能为人了解。我们要求全世界各国的政府都承认,并且公开声明,他们将不用战争方法以达到自己的目的。因此我们向他们呼吁,与此相应谋求调整存在于他们之间的意见分歧的和平方法……

"罗素的意思是,"读完呼吁书后,杜卡斯说:"征求'铁幕'双方的占领导地位的物理学家们在这个文件上签名。表示愿意在这个文件上签名的人中间已有约里奥·居里和英费尔德……此外,还打算举行一次或几次会议,在会议上原子物理学家们可以就如何一劳永逸地结束核战争威胁的问题交换意见。罗素计划第一次会议8月在伦敦召开。他已向俄国科学家们发出邀请,他们已答复同意到伦敦去……"

由于罗素这份呼吁书就是在爱因斯坦精神的影响下起草出来的,其中基本思想就是爱因斯坦多年来在各种场合所反复强调的,于是他很爽快地答应签名。这是他最后的签名。他同时对杜卡斯说:"上帝啊,我们竟能活着看到这个可恶的冷战结束的一天吗?"接着他又口授了下列一些话:"我们面临的二者择一是,或者是结束战争,或者是人类一起灭亡……但是,决心作出这一选择,仍需要勇气。因为有些人只看见眼前的利益,而看不见将来最可怕的远景！"

爱因斯坦关于要用新的思维来处理国际事务、呼吁成立"世界政府"、禁止使用核武器、维护世界持久和平等思想,在当时虽然带有不少空想的成分,但其中无疑有不少合理之处,其人道主义性质更是不容否定。其合理之处就在于:主权、关税、国界等等国家壁垒,它也是历史范畴,因为是私有制的产物,迟早总有一天要与人类的文明水平、人类的继续发展不相适应,成为过时的东西！几十年来,世界上再没有发生广岛、长崎那样的惨剧,缓和正逐步代替冷战,限制和销毁核武器再已不像当时那样还是"天方夜谭",所有这一切不正好证明了爱因斯坦思想的生命力和他生前为反对战争、争取和平奔走呼号并没有白费吗?！

4. 永垂不朽

1951 年 1 月 6 日,爱因斯坦在给比利时王后伊莉莎白写信时说[①]:

我不拉小提琴了。这些年来,听我自己演奏,越听越难受,希望你没有遭到类似的命运。留给我的事情是:毫不悯惜自己,研究困难的科学问题。那个工作迷人的魔力,将持续到我停止呼吸。

是的,这位年逾古稀的老人还坚持在阵地上——研究他的统一场论——这一他奋斗了已近 40 年的课题。尽管他也意识到,在他有生之年恐怕很难有什么突破了。

他,仿佛活着就是为了搞科学研究,发现真理。他的整个后半生都在研究统一场论,这是他的生活乐趣之所在,甚至可以说这就是他的生活本身,

---

① 秦关根:《爱因斯坦传》,中国青年出版社 1979 年版,第 299 页。

也表现了他对自己信念的无比执著！

对此有人不理解，甚至把他描绘成一个僵化的保守派，是个死抱着自己陈腐观念不放的人。还是他的老朋友、杰出的物理学家劳厄说得对。他指出，爱因斯坦所表现的不是"固执"，而是"异乎寻常的勇气，结合着深入自然的最本质特点的天才的洞察力"。"他怀着那种勇气继续着为建立量子力学而进行的尚未定局的斗争"。[①]

20 世纪 50 年代初，物理学界在爱因斯坦所研究的统一场论的道路上出现了决定性的突破，这使爱因斯坦大受鼓舞。

在美国、法国、联邦德国、匈牙利、日本和苏联，都有一些物理学家坚信爱因斯坦的方向是正确的，他们沿着爱因斯坦的道路在奋力地向统一场论冲击。其中年轻的巴黎物理学家维日埃以爱因斯坦－格罗美尔－英费尔德型方程为基础，在广义相对论与原子理论之间，在场的各种理论与粒子的各种理论之间架起了一座桥。1952—1958 年间，维日埃在磁场与引力场之外，又引入了第三个场，物质连续性的第三种性质形式，即"场"，这是德布罗依原子波的基础层。这样，这些波在维日埃的方程里具有了实在的物质的性质，波和粒子的统一也具体实现了。波和粒子现在被视为是场的一些最小特殊范域。原子物体的运动规律则与这些范域的运动规律相关联。

爱因斯坦得知这一突破后给德布罗依写了一封很长的信，表示他与巴黎学派采取的是同样的立场，他把他的那封信称作"遗书"。他写道："请转告维日埃，他走的是正确的道路。""请您对他和别的法国同志们说，我建议他们朝他们所选取的方向继续工作下去。"

1958 年春，德国著名物理学家海森堡所作的一些研究成果，虽然还停留在统计方法的框子里，但在内容上实际上已经非常接近电磁场、原子核与引力场的统一理论了。可惜爱因斯坦未能亲眼看到这一结果。

从 20 世纪 40 年代末开始，在爱因斯坦与人的接触过程中和书信往来中，越来越经常地谈到死，流露出对生活的厌倦，尽管语调很平静，但却是一种浓浓的哀伤。1949 年 3 月底，他在回复老朋友索洛文给他的 70 大寿的贺信时，里边就有这样的话："……当代人认为我是一个邪教徒，同时又是一个反动分子，真是活得太长了。"他的这种情绪，一方面是由于反复呼吁和平，

---

① ［苏］里沃夫:《爱因斯坦传》,商务印书馆 1963 年版,第 322 页。

而看到的却是大国之间不顾人民死活所搞的剧烈的军备竞赛。另一方面是由于他面对着自己所期待的科学上的东西和他在科学上所能做到的事情之间的悲剧性脱节。在统一场论的研究上,他深刻地感觉到已经做到的事还不能令人满意,前面的路还长,而自己已经深感力不从心。

一个年逾古稀的人经常想到死,谈到死,这丝毫没有什么奇怪的。值得重视的是一个伟大思想家对待死的独特的看法和态度及其折射出来的爱因斯坦的个性特征和晚年生活的烙印。

早在两千年前,伊壁鸠鲁就为反对怕死提出了有力的论证:"当我们存在时,没有死亡;当有死亡时,我们已不存在。"①当他自己快死的时候,坐进热澡盆,要喝浓郁的醇酒,并在临终的信中把死去的一天称为自己最幸福的一天,因为他的脑海里充满了关于哲学推论的回忆。斯宾诺莎也说过:"自由的人最少想到死,他的智慧不是表现在对死,而是在对生的研究中。"②

在对待死的看法和态度上再没有人比爱因斯坦与他们更接近了。爱因斯坦热爱生,但他在给友人的信中也讲过"死也不是那样坏"。1955年4月,一位朋友偕同爱因斯坦到医院去探望患风湿病的玛尔戈。出来后,他们曾四处溜达,并谈起过死。那位朋友援引了一则死对一个人意味着什么的格言。爱因斯坦也讲了一句:"死也是一种解脱。"③是啊,死,对活得很沉重的人不仅不可怕,还是一种理想境界,不再生存也就不再受苦,所以,死亡就意味着解放。

在对待死上,爱因斯坦所表现出来的特有的态度是,对本人生命的相对的无所谓和对已经死去和将要死去的亲人们的深沉的怀念和虽然平静而却十分强烈的忧伤。有一次,他在同英费尔德谈话时说:"生命——这是一出激动人心的和辉煌壮观的戏剧。我喜欢生命。但如果我知道过3个小时我就死了,这不会对我产生多大的影响。我只会想,怎样更好地利用剩下的3个小时。然后,我就会收拾好自己的纸张,静静地躺下,死去。"④美国曾有人建议举办一次题为"我将怎样度过最后两分钟"的电视节目。他们将采访罗斯福、施威莱尔这样的著名人物,也给爱因斯坦寄去了这样一份邀请信。这

①　北京大学哲学系西方哲学史教研室:《古希腊罗马哲学》,三联书店1957年版,第366页。
②　[苏]库兹涅佐夫:《爱因斯坦传》,商务印书馆1992年版,第282页。
③　[苏]库兹涅佐夫:《爱因斯坦传》,商务印书馆1992年版,第282页。
④　[苏]库兹涅佐夫:《爱因斯坦传》,商务印书馆1992年版,第206页。

个电视节目的题目是引人入胜的,但爱因斯坦却看得比较透。他于 1950 年 8 月 26 日回信道:"我无法参加你们准备举办的电视节目'最后两分钟',人们怎样度过他归天之前的最后两分钟,这个问题对我来说似乎无关宏旨。"①他为什么能这样平静地面对自己的死呢?其实,早在 1916 年他讲过的一段话就对此作出了回答。

当时他病倒了,生命垂危。麦克斯·玻恩的妻子去看望他,他向她谈到了死。玻恩的妻子见他对死是那样的无所谓,于是问他怕不怕死。他回答说:"不,我同所有活着的人是融为一体的,所以在这无穷无尽的人流中,个别的成员开始了和终结了,我觉得都无关宏旨。"另外,他还说过:"死去的我们将在我们共同创造的保留于我们身后的事物中得到不朽。"②

一位英国人曾给住在柏林的爱因斯坦的信中向他询问一个原先由爱迪生提出来的问题,即当你躺在床上行将去世的时候,如果你回顾自己的一生,那么你依据什么来判定自己的一生是成功的还是虚度了? 1930 年 11 月 12 日,爱因斯坦写了这样一封回信:

"无论是在我弥留之际还是在这以前,我都不会问这种问题……我自己不过是大自然的一部分。"③

是啊,自己成功了还是虚度了,这种问题是不可能使一个始终抱着"超个人的"生活态度"同所有活着的人融为一体"的人感兴趣的,在他看来,这是那些把个人利益看得比什么都重的商人的事。他活着就是为了使人类变得更美好。为此他作出了最大的努力,即使自己追求的理想——建立统一场论还没有完全实现,他已感到无怨无悔。所以能以惊人的平静面对自己生命的终结。

在爱因斯坦逝世的前两个星期,科恩访问了他。科恩后来写道:"他的脸显出了阴沉悲伤,布满了深深的皱纹,但是一双炯炯有神的眼睛却消除了衰老的印象。特别是爱因斯坦笑的时候,眼睛里噙满了泪水,这时他就用手背拭去眼泪。"④

他们谈话的内容主要是关于科学史,但也涉及哲学本身的问题。爱因

---

① 《纪念爱因斯坦译文集》,上海科学技术出版社 1979 年版,第 206 页。
② [苏]库兹涅佐夫:《爱因斯坦传》,商务印书馆 1992 年版,第 314 页。
③ [美]杜卡斯、霍夫曼编:《爱因斯坦谈人生》,世界知识出版社 1984 年版,第 80 页。
④ [苏]库兹涅佐夫:《爱因斯坦传》,商务印书馆 1992 年版,第 277 页。

斯坦讲到他的立场与马赫的立场之间的根本对立,还较详细地叙述了他在维也纳同马赫的会晤以及他们之间发生的主要是关于分子和原子存在的争论。还提到后来的一代物理学家的哲学爱好。爱因斯坦说:"他们是坏的哲学家",并援引"逻辑实证论"为例。爱因斯坦认为,"逻辑实证论"和正统的马赫主义之间差别的性质,就像实证论的各个流派之间的其他差别的性质一样是不重要的。

谈话中,他注意的重点是牛顿的创作问题,并特别谈到了科学创作方面的历史直觉。在他看来,有一种内在的或直觉的历史,还有一种外部的或者有文献证明的历史,后者比较客观,但前者要有趣得多。

爱因斯坦还企图揭示一系列促使牛顿从穿过虚空的超距作用概念得出以太概念的逻辑的、无意识的、纯心理的动机,以说明历史直觉的意义。他说连他本人也常常不能说明他是怎样得出这个或那个概念的,也许历史学家能比科学家本人更好地解释清楚科学家的思想进程。

爱因斯坦还和科恩谈了促进科学发展的动力问题,他认为恰恰不是解答,而是问题,冲突、争论、矛盾把科学史变成思想戏剧的东西。他认为某些基本问题可能会永远纠缠着我们,一些似乎解决了的问题在新的历史条件下又会从新的角度重新提出来,问题的这种保留和再现——尽管在这个时代有了解答——证明解答有近似的、暂时的、相对的性质。它给世界图像带来了正面的、历史不变的内容,却并不取消问题,而是使它深化,使它现代化,使它再现于科学中。

因此,要判断科学思想的运动,不仅必须知道它已经达到何种观点,它对它面临的问题作了何种解答,而且要知道它的速度、它的梯度是怎样的,而这就不仅与答案有关,而且也与新的问题、与老的问题的变化与深化、与传给未来并继续存活的一切东西有关,因为科学已经获得的答案、观点将会过时。科学的这种发展,不仅是外在因素作用下的运动,而且在很大程度上是由于内因,由于内部的冲突。

爱因斯坦看出牛顿是 17 世纪的思想家,正面的解答属于 17 世纪,也属于以后的两个世纪。未解决的问题、17 世纪的矛盾和问题也属于未来的世纪。它们使爱因斯坦产生了一种不朽的思想。值得注意的是,爱因斯坦并未读过马克思、恩格斯的著作,对科学发展原因的解释,与他们是十分接近的。

　　自1916年那场大病之后，爱因斯坦一直有胃痉挛、头晕、恶心和呕吐等毛病，但他有做不完的工作，始终就像一支两头点燃的蜡烛，从不知道什么叫保重自己。1945年和1948年又因发现主动脉上有瘤，连续做了两次手术，从此身体状况更是每况愈下。他知道自己的时间不长了。然而对此心里越清楚，他工作就越拼命。他要为人类做尽可能多的事，他希望再多做些工作，在呼吁世界永久和平方面能够奏效。他当然也希望在统一场论的研究上能取得比较满意的结果。

　　他76岁生日过后不久，1955年4月13日，爱因斯坦右腹部感到阵阵剧痛，胆囊发炎，还有别的一些症状。为了不使家人为他痛苦，他咬紧牙关，强忍着疼痛，硬是一声也不吭。第二天，心脏外科专家格兰医生从纽约赶来了。病人很虚弱，动手术很危险，但不开刀更危险，所以经权衡利弊，医生还是建议动手术。爱因斯坦听后脸上现出一丝疲倦的微笑，摇摇头说："不用了。"

　　人生最后的一件大事就要来临了，他已做好充分的心理准备。没有什么可怕的，也没有什么好遗憾的。他不怕死，他这一生，凡是能做到的，他都努力去做了。

　　4月16日，病情进一步恶化。杜卡斯又匆匆跑去请医生。医生要爱因斯坦住院，但他只管摇头，执意不肯。但几年前的一件事使医生有了主意。

　　有一次，他给爱因斯坦治病，给他配了几种药片、一瓶药水，要他服用。爱因斯坦顺从地吞下药片、药水，叹了口气说："你觉得好点了吗？"似乎吃药完全是为了医生。医生由此看出了这位伟大的思想家和科学家身上的同样伟大的人道主义精神——即生命的意义就在于设身处地替人着想，忧他人之忧，乐他人之乐。

　　医生说："教授先生，你看杜卡斯小姐，她实在顶不住了，我看她也要病了。"

　　这一招果然奏效。爱因斯坦看了一眼杜卡斯——他的忠实的助手，把自己的全部都献给了他所从事的事业的人，自1928年爱因斯坦生病以来，杜卡斯就一直跟着他。她是秘书，后来又兼管家。他有病时也全靠她护理。她年龄也已不轻，她确实疲惫不堪，快顶不住了。

　　爱因斯坦住进了普林斯顿一家医院。但他一到医院就打电话回家，要人把他的眼镜、自来水笔、一封没有写完的信和一道未做完的计算送到医院来。老人在病床上欠了欠垂危的身体,伸出颤颤巍巍的手拿起笔,可是笔尖尚未碰到纸,就感到天昏地暗,一阵头晕目眩。他侧过身去,静了静。这时,他的宽大的、布满深深皱纹的前额上又渗出了汗珠。那支用了几十年的钢笔从不听使唤的手中滑落了!他为这个世界做得太多了!他太累了!"上帝"也不忍心让他再干了!

第二天是星期日,爱因斯坦感到好些了。在加利福尼亚当工程师的大儿子汉斯·阿尔伯特特地坐飞机来看了他。他的好朋友、经济学家那坦教授和高等研究所里几位亲近的同事都来看他。他和朋友们谈话,照旧那样从容不迫,幽默深刻。他看到一位朋友愁容满面,还安慰起这位朋友来:"别难过,人总有一天要死的。"

他谈到了自己身后的事,再三叮嘱,切不可把梅塞街112号变为人们"朝圣"的纪念馆,他的高等研究所的办公室一定要让给别人使用,把他的骨灰撒在大地上。他希望除了他的科学理想与社会理想,他的其他的一切都随他一起死去。他也谈到了科学。在谈到美国公民权遭到践踏和世界和平前景暗淡时,他的脸上满是忧伤。他请他的老朋友那坦教授当他的遗嘱执行人。他把手稿赠给艾伦·杜卡斯,房产留给玛尔戈,把他心爱的提琴给孙儿伯纳德·爱因斯坦。

晚上,他让杜卡斯回去休息了。玛尔戈当时也在闹病,正好与他住在同一家医院。她坐着轮椅请人推着去看了他。玛尔戈看到他由于痛苦而变了形的脸感到非常难受,伤心地落了泪。他亲切地对她说:"我这里没有事了,你好好地去睡吧!"后来,她在回忆爱因斯坦临终时的情景说:"他是那样静静地,还略带幽默的口吻谈论医生,像是等待着即将到来的自然事件一样等待着他的末日。他正像他的一生那样无所畏惧,面对死神的来临仍是那么泰然自若。他既不感到悲伤,也不感到遗憾,从从容容地离别了人间。"①

深夜,值班护士突然听到了他的急促的呼吸声,赶忙跑到他床头,听到他在讲话,但听不清讲些什么,他说的是德语。不久,他的心脏停止了跳动,那是1955年美国时间4月18日1时25分。

当日16时,只有12个最亲近的人跟在灵枢后面,把他的遗体送到了离城有几里地的火葬场。没有花圈,没有乐队,没有演说,没有任何宗教仪式,

---

① ［法］赫尔内克:《爱因斯坦传》,科学普及出版社1979年版,第95页。

只是当这位伟人的遗体送入火中之前,沉默才中断了一下。人们扶着棺盖,缓慢地背诵了歌德对席勒亡灵说的那几句话:

> ……这一切,
> 他在黑夜的沉寂中,
> 用感人的力量创造的一切,
> 他并未带入坟墓——
> 他把灵魂的热力献给了人间。
> 他像明亮的彗星一般,
> 从星丛间飞向我们之后,
> 他又把光芒四射的,
> 他自己的火花送入了永恒。

那天傍晚,当政府官员和大批记者赶到时,只看到了他那即将撒向大地的骨灰。

巨星陨落了。噩耗迅速传遍全球:

> 当代伟大的物理学家爱因斯坦逝世,终年 76 岁。

许多国家的报纸,在头版登出了大幅讣告和悼文。各国学术刊物出版纪念爱因斯坦的专号。到处是镶着黑框的爱因斯坦像,到处痛悼"世界失去了最伟大的科学家","人类失去了最伟大的儿子";到处是颂词:"爱因斯坦开创了物理学的新纪元","爱因斯坦改变了人类对世界和宇宙的认识"。

当时,中华人民共和国总理周恩来正在印度尼西亚的万隆参加第一次亚非会议。会议举行了特别的追悼爱因斯坦的仪式,周恩来总理代表中国人民致了悼词。中国科学院的院刊《科学通报》在该月发表了爱因斯坦的中国学生、中国物理学会会长周培源教授撰写的纪念文章。

唁电和唁函像雪片一样从世界各地飞向普林斯顿。这些唁电和唁函,有的来自学术团体,也有的来自国家元首和政府首脑,有来自著名科学家,也有来自普通老百姓,甚至是未成年的学生。人们怀念他,因为他改变了人类对宇宙的认识,拓宽了科学造福于人类的领域;人们怀念他,因为他反对暴力，争取和平、民主，为人类进步进行了不屈不挠的斗争；人们怀念他，是因为他给人类留下了宝贵的精神财富，留下了无比崇高的做人的道德风范。

只有把全部身心奉献给自己的事业的人才有希望成为名副其实的大师，因为大师的高超才华需要一个人的全部心血。爱因斯坦就是这样一个把全部身心都奉献给了自己的事业的超级大师。他的挚友、伟大的物理学家朗之万曾这样评论爱因斯坦[①]：

在我们这一时代的物理学史中，爱因斯坦将位于最前列。他现在是，将来也还是人类宇宙中有头等光辉的一颗巨星。很难说他究竟是同牛顿一样伟大，还是比牛顿更伟大；不过，可以肯定地说，他的伟大是可以同牛顿相比拟的。按照我的见解，他也许比牛顿更伟大，因为他对于科学的贡献，更加深刻地进入了人类思想基本概念的结构中。

过去，人们为了向贝克表示敬意，准备出一本纪念他的文集，请爱因斯坦为之撰写文章，爱因斯坦答应给他们一些提炼出来的小药片（精辟的格言），同时他还给贝克本人写了这样一段颂词[②]：

在你的一生中你总是助人为乐，从无恐惧，从无抱怨和仇恨。只有这样的人才能成为我们悉心效仿的楷模；只有在这种人身上，人类才能在由自己一手造成的痛苦灾难之中找到安慰。

1936 年 11 月 30 日，他在祝布兰代斯寿辰时写道[③]：

……没有人能像你这样，把如此深奥渊博的知识、才能，同严于律己的自我克制精神融为一体，在默默无声地为社会服务之中寻求自己生活的真正乐趣。我们大家衷心地感谢你，不仅因为你所取得的成就，而是因为我高兴地发现，在我们这个缺乏真正的人的时代，竟然还有你这样一个人。

---

①　秦关根：《爱因斯坦传》，中国青年出版社 1979 年版，第 310 页。

②　[美]杜卡斯、霍夫曼编：《爱因斯坦谈人生》，世界知识出版社 1984 年版，第 99 页。

③　[美]杜卡斯、霍夫曼编：《爱因斯坦谈人生》，世界知识出版社 1984 年版，第 75—76 页。

其实,这些正好是他自己的写照,可能也正是由于这个缘故,他的老朋友劳厄在祝贺他 60 寿辰时才说:"……只要地球上存在着文明社会,他的事业就将经久不败。"①

事实也正是如此。爱因斯坦逝世 40 多年了,他生前许多政治主张正日益被世人所接受;他对科学执著追求的精神,也进一步得到了发扬和光大。当时那些显赫一时的人和事随着时间的流逝早已灰飞烟灭;而爱因斯坦的名字却像一块金子,历时越久,就被人们记忆的火光磨得愈亮。

---

① [美]杜卡斯、霍夫曼编:《爱因斯坦谈人生》,世界知识出版社 1984 年版,第 75—76 页。

附录一　参考书目

爱因斯坦.我的世界观.上海:上海文化出版社,1937.

爱因斯坦.英费尔德.物理学的进化.上海:上海科学技术出版社,1962.

爱因斯坦文集(1—3卷).北京:商务印书馆,1976,1977,1979.

巴乃特.爱因斯坦与相对论.上海:上海科学技术出版社,1956.

柏格曼.相对论引论.北京:人民教育出版社,1961.

玻珀.科学发现的逻辑.北京:科学出版社,1986.

纪念爱因斯坦译文集.上海:上海科学技术出版社,1979.

[美]杜卡斯,霍夫曼编.爱因斯坦谈人生.北京:世界知识出版社,1984.

[德]卡·塞利希.爱因斯坦.哈尔滨:黑龙江人民出版社,1979.

[法]瓦朗坦.爱因斯坦和他的生活.北京:世界知识出版社,1989.

[苏]里沃夫.爱因斯坦传.北京:商务印书馆,1963.

[法]赫尔内克.爱因斯坦传.北京:科学普及出版社,1979.

[苏]库兹涅佐夫.爱因斯坦传.北京:商务印书馆,1992.

秦关根.爱因斯坦.北京:中国青年出版社,1979.

朱亚宗.伟大的探索者——爱因斯坦.北京:人民出版社,1985.

李醒民.激动人心的年代.成都:四川人民出版社,1983.

陈昌曙、远德玉主编.自然科学发展简史.沈阳:辽宁科学技术出版社,1984.

周培源.举世景仰的科学巨匠——在纪念伟大的科学家爱因斯坦诞辰100周年大会上的报告.北京:人民日报,1979.2.21.

附录二 大事年表

1879

3月14 生于德国乌尔姆(Ulm)市。父母都是犹太人。父名海尔曼·爱因斯坦(Hermann Einstein,1847—1902),是电器作坊的小业主。母名保莉妮·科赫(Pauline Koch 1852—1920)。

1880

全家迁居慕尼黑(一直住到1894年)。父同其弟雅各布(Jakob Einstein)合办一电器设备小工厂。

1884

对罗盘针引起强烈兴趣和好奇心。进天主教小学读书。

1885

开始学小提琴。

1889

进慕尼黑的卢伊波耳德中学(读到1894年),对德国的军国主义教育感到窒息。

1890

在医科大学生塔耳梅(Max Talmey)的引导下,读通俗科学读物,破除了宗教迷信思想。

1891

自学欧几里得几何,感到狂热的喜爱。

1892

开始读康德的哲学著作。

1894

全家迁住意大利米兰。

因厌恶德国学校生活,4 月只身离开慕尼黑去米兰。放弃德国国籍。去日内瓦旅行。

1895

自学完微积分。

投考苏黎世瑞士联邦工业大学,未录取。

10 月　转学到瑞士阿劳(aarau)市的阿尔高(aargau)州立中学。

开始思索空间、时间问题,并写出论文《关于磁场的以太状态的研究》。

1896

8 月　毕业于阿劳中学。

10 月　进苏黎世联邦工业大学师范系学习物理,同学有格罗斯曼(M. Grossmann),阿德勒(F.adler),米列娃·玛利奇(Mileva Maric)等人。结识贝索(M.Besso),后成为挚友。

1897

大学四年(1896—1900)大部分时间花在物理实验室中,其余时间主要用来自学基尔霍夫、亥尔姆霍兹、赫兹、费普耳(a.Föppl)、马赫等人的著作。

1900

8 月　毕业于苏黎世联邦工业大学,但立即失业,到处寻找工作,无结果。

12 月 13 日　完成第一篇科学论文《由毛细管现象所得的推论》,发表在 1901 年的莱比锡《物理学杂志》上。

1901

2 月 21 日　取得瑞士国籍。

3 月　去米兰找工作,无结果。

5 月　回瑞士,任温特图尔(Wintherthur)中等技术学校代课教师。10 月到夏夫豪森(Schaffhausen)任家庭教师,3 个月后又失业。12 月申请去伯尔尼瑞士专利局工作。

5-7 月　完成电势差的热力学理论的论文。

1902

2 月　到伯尔尼等待工作。

4 月　结识索洛文(M.Solovine)和哈比希特(K.Habicht),经常共同讨论哲学和科学问题,这一活动继续到 1905 年,他们自己戏称为"奥林比亚科学院"。

6 月 23 日　受聘为伯尔尼瑞士专利局的试用三级技术员,结束了失业的生活。坚持用业余时间进行研究工作。

6月26日　完成第三篇论文《关于热平衡和热力学第二定律的运动论》，提出热力学的统计理论。

10月　父病故。

1903

1月6日　同米列娃·玛利奇(1875—1948)结婚。

1904

9月　由专利局的试用人员转为正式三级技术员。

5月　长子汉斯·阿尔伯特·爱因斯坦(Hans albert Ein－stein，1904—1973)出生。

1905

3月　发展量子论，提出光量子假说，解决了光电效应问题。

4月　向苏黎世大学提出学位论文《分子大小的新测定法》，取得博士学位。

5月　完成布朗运动理论的研究。

6月　完成论文《论动体的电动力学》，独立而完整地提出狭义相对性理论，开物理学的新纪元。

夏随妻子去塞尔维亚旅行。

9月　提出质能相当关系。

1906

4月　升为专利局二级技术员。

11月　用量子论解决低温时固体比热问题。

1907

开始研究引力场理论，在论文《关于相对性原理和由此得出的结论》中提出均匀引力场同均匀加速度的等效原理。

1908

10月　兼任伯尔尼大学编外讲师。

1909

7月　接受日内瓦大学名誉博士。

9月　参加萨尔斯堡德国自然科学家协会第81次大会，会见普朗克等，作了《我们关于辐射的本质和结构的观点的发展》报告。

10 月　离开伯尔尼专利局,任苏黎世大学理论物理学副教授。

1910

7 月　次子爱德华(Eduard,1910—1965)出生。

1911

2 月　应洛伦兹邀请访问莱顿。

3 月　任布拉格德国大学理论物理学教授。

10 月　去布鲁塞尔出席第一届索尔维物理学讨论会。

1912

2 月　埃伦菲斯特来访,两人由此结成莫逆之交。

10 月　回瑞士,任母校苏黎世联邦工业大学理论物理学教授。

提出光化当量定律。

开始同格罗斯曼合作探索广义相对论。

1913

7 月　普朗克和能斯特来访,聘他为柏林威廉皇家物理研究所所长兼柏林大学教授,12 月正式受聘。

发表同格罗斯曼合著的论文《广义相对论纲要和引力理论》,提出引力的度规场理论。

1914

4 月　从苏黎世迁居到柏林。

10 月　反对德国文化界名流为战争辩护的宣言《告文明世界书》,在同它针锋相对的《告欧洲人书》上签名。

11 月　参加发起组织反战团体"新祖国同盟"(1916 年 2 月被禁后处于地下)。

1915

3 月　写信给罗曼·罗兰,支持他的反战态度,并于 9 月到瑞士斐维同他会见。

同德·哈斯共同发现转动磁性效应。

11 月　提出广义相对论引力方程的完整形式,并且成功地解释了水星近日点运动。

1916

3 月　完成总结性论文《广义相对论的基础》。

3 月　发表悼念马赫的文章。

5 月　提出宇宙空间有限无界的假说。

8 月　完成《关于辐射的量子理论》，总结量子论的发展，提出受激辐射理论。

首次进行关于引力波的探讨。

写作《狭义与广义相对论浅说》。

1917

年初患严重胃病。

发表宇宙学的开创性论文《根据广义相对论对宇宙学所作的考查》。

1918

对德国十一月革命表示热烈拥护、支持，在 11 月 11 日给母亲的明信片中说"学术界把我看作是一个极端社会主义者"。

1919

1—3 月　在苏黎世讲学。

2 月　同米列娃离婚，但始终保持友谊。

6 月　同表姐（也是堂姐）埃丽莎（Elsa löwethal，1876—1936）结婚。

9 月　获悉英国天文学家观察日食的结果，11 月 6 日消息公布后，全世界为之轰动。英国皇家学会会长 J.J.汤姆逊宣称爱因斯坦的理论是"人类思想史中最伟大的成就之一"。

秋　领导德国知识分子抗议帝国主义对苏俄的"饥饿封锁"。

1920

3 月　母亲癌症去世。

夏　访问斯堪的那维亚。

8—9 月　德国出现反相对论的逆流，爱因斯坦遭到恶毒攻击，他起来公开应战。

10 月　接受兼任莱顿大学特邀教授名义，发表《以太和相对论》的报告。

1921

1 月　访问布拉格和维也纳。

1 月 27 日　在普鲁士科学院作《几何学和经验》的报告。

2 月　去阿姆斯特丹参加国际工联会议。

4—5 月　同魏斯曼一道访问美国，在普林斯顿讲《相对论的意义》。

6 月　访问英国。

1922

3—4 月　访问法国,发表批判马赫哲学的谈话。

5 月　参加国际联盟知识界合作委员会。

7 月　受到被谋杀的威胁,暂离柏林。

10—12 月　赴日本讲学。11 月 13 日船过上海停一天。11 月 17 日到日本,12 月 27 日离开。12 月 31 日船过上海,逗留两天。

1923

1 月 2 日　离开上海,去巴勒斯坦访问。后又访问西班牙,直至 3 月回到柏林。

3 月　因对国联不满,提出辞职。

7 月　到哥特堡接受 1921 年度诺贝尔奖金,德国报纸谣传他去苏联旅行。

11 月　受到法西斯分子威胁,去莱顿,发表《仿射场论》。

1924

获悉德布罗依的物质波假说,立即表示热烈支持。

在玻尔工作的基础上,提出单原子理想气体的量子统计理论。

受伯恩斯坦委托,审读恩格斯《自然辩证法》遗稿。6 月 30 日回信,建议出版,但对该稿的科学价值作了错误的否定评价。

6 月　重新参加国联工作。

1925

1 月 6 日　发表声明支持德共提出要求释放政治犯的呼吁。

受聘为德苏合作团体"东方文化技术协会"理事。

春季去南美洲访问。

发表《非欧几里得几何和物理学》。

1926

春　同海森伯讨论关于量子力学的哲学问题。

接受为苏联科学院院士。

1927

2 月　在巴比塞起草的反法西斯宣言上签名。

参加国际反帝大同盟,被选为名誉主席。

10 月　参加布鲁塞尔第五届索尔维物理讨论会,开始同哥本哈根学派就量子力学的解释问题进行激烈论战。

发表《牛顿力学及其对理论物理学发展的影响》。

1928

1 月　被选为"德国人权同盟"(前身为德国"新祖国同盟")的理事。

春　因病到瑞士达沃斯疗养,并为疗养青年讲学,发表《物理学的基本概念及其最近的变化》。

4 月　海伦·杜卡斯(Helen Dukas)开始到爱因斯坦家担任终生的私人秘书。

1929

2 月　发表《统一场论》。

3 月　50 岁生日时,柏林市民为他举行盛大庆祝,他躲到郊外。

4 月 24 日　公开表达"我信仰斯宾诺莎的上帝"的信念。

9 月　以后同法国数学家阿达马进行关于战争与和平问题的争论,坚持无条件地反对一切战争。

1930

不满国际联盟在改善国际关系上毫无作为,提出辞职。

7 月　同泰戈尔争论真理的客观性问题。

10 月　启程赴美国加利福尼亚讲学。

发表《我的世界观》、《宗教和科学》等文章。

1931

3 月　从美国回到柏林。

5 月　访问英国,在牛津讲学。

11 月　号召各国对日本经济封锁,以制止其对中国的军事侵略。

12 月　再度去加利福尼亚讲学。

对 1932 年国际裁军会议抱极大幻想,为此发表了一系列文章和演讲。

发表《麦克斯韦对物理实在观念发展的影响》。

1932

3 月　从美国回柏林。

5 月　去剑桥和牛津讲学,后赶到日内瓦列席裁军会议,感到极瑞失望。

6 月　同墨菲作关于因果性问题的谈话。

7月　同弗洛伊德通信,讨论战争的心理问题。

号召德国人民起来保卫魏玛共和国,全力反对法西斯。

12月　第三次去加利福尼亚讲学。

1933

3月10日　在帕萨迪纳发表不回德国的声明,次日启程回欧洲。

3月20日　纳粹搜查他的房屋,他发表抗议。后来他在德国的财产被没收,著作被焚。

3月28日　从美国到达比利时,避居海边农村。

5月26日　给劳厄的信中指出科学家对重大政治问题不应当沉默。

6月　到牛津讲学,发表《关于理论物理学的方法》,后回比利时。

7月　改变绝对和平主义态度,号召各国青年武装起来准备同纳粹德国作殊死斗争。

9月初　纳粹以2万马克悬赏杀害他。

9月9日　为躲避纳粹特务暗杀,星夜渡海到英国。

10月3日　在伦敦发表演讲《文明和科学》。

10月10日　离开英国,10月17日到达美国,定居于普林斯顿,应聘为高等学术研究院教授。

文集《反战斗争》出版。

1934

文集《我的世界观》由其继女婿鲁道夫·凯泽尔(Rudoph Kayser)编辑出版。

1935

同波多耳斯基和罗森合作,发表向哥本哈根学派挑战的论文,宣称量子力学对实在的描述是不完备的。

为使诺贝尔和平奖金赠予关在纳粹集中营中的奥西厄茨基而奔走。

1936

开始同英费耳德和霍夫曼合作研究广义相对论的运动问题。

12月20日　妻埃丽莎(1876—1936)病故。

发表《物理学和实在》、《论教育》。

1937

3—9月　参加由英费尔德执笔的通俗册子《物理学的进化》的编写工作。

3月　为中国"七君子"被捕事件声援。

6月　同英费尔德和霍夫曼合作完成论文《引力方程和运动问题》，从广义相对论的场方程推导出运动方程。

1938

同柏格曼写论文《卡鲁查电学理论的推广》。

9月　给5000年后的子孙写信，对资本主义社会现状表示不满。

1939

8月2日　在西拉德推动下，上书罗斯福总统，建议美国抓紧原子能研究，防止德国抢先掌握原子弹。

妹妹玛雅从欧洲来访，后就留住在爱因斯坦家。

1940

5月15日　发表《关于理论物理学基础的考查》。

5月22日　致电罗斯福，反对美国的中立政策。

10月1日　取得美国国籍。

1941

发表《科学和宗教》等文章。

1942

10月　在犹太人援苏集会上热烈赞扬苏联各方面的成就。

1943

5月　作为顾问参与美国海军部工作。

1944

发表对罗素的认识论的评论。

12月　同斯特恩、玻尔讨论原子武器和战后和平问题，听从玻尔劝告，暂时保持沉默。

1945

3月　同西拉德讨论原子军备的危险性，写信介绍西拉德去见罗斯福，未果。

4月　从高等学术研究院退休(事实上依然照常工作)。

9月　以后连续发表一系列关于原子战争和世界政府的言论。

1946

5月　发起组织"原子科学家非常委员会"，担任主席。

5 月　接受黑人林肯大学名誉博士学位。写长篇的《自述》,回顾一生科学上探索的道路。

5 月　妹妹玛雅因中风而瘫痪,以后每夜念书给她听。

1947

继续发表大量关于世界政府的言论。

9 月　发表公开信,建议把联合国改组为世界政府,受到苏联科学家批评。

1948

4—6 月　同天文学家夏普利合作,全力反对美国准备对苏联"预防性战争"的阴谋。

抗议美国进行普遍军事训练。

发表《量子力学和实在》。

前妻米列娃在苏黎世病故。

年底发现有致命的疾病。

1949

1 月　写《对批评的回答》,对哥本哈根学派在文集《阿尔伯特·爱因斯坦:哲学家－科学家》中的批判进行反批判。

5 月　发表《为什么要社会主义?》

11 月　"原子科学家非常委员会"停止活动。

1950

2 月 13 日　发表电视演讲,反对美国制造氢弹。

4 月　发表《关于广义引力论》。

文集《晚年集》出版。

1951

连续发表文章和信件,指出美国的扩军备战政策是世界和平的严重障碍。

6 月　妹妹玛雅在长期瘫痪后去世。

9 月　"原子能科学家非常委员会"解散。

1952

发表《相对论和空间问题》、《关于一些基本概念的绪论》。

11 月　以色列第一任总统魏斯曼死后,以色列政府请他担任第二任总统,被拒绝。

1953

4月3日 给伯尔尼时代的旧友写《奥林比亚科学院颂词》,缅怀青年时代的生活。

5月16日 给受迫害的教师弗劳恩格拉斯写回信,号召美国知识分子起来坚决抵抗法西斯迫害,引起巨大反响。

为纪念玻恩退休,发表关于量子力学解释的论文,由此引起两人之间的激烈争论。

发表《〈空间概念〉序》。

1954

3月 75岁生日,通过"争取公民自由非常委员会",号召美国人民起来同法西斯势力进行斗争。

3月 被美国法西斯分子麦卡锡公开斥责为"美国的敌人"。

5月 发表声明,抗议对奥本海默的政治迫害。

秋 卧病数日。

11月18日 在《记者》杂志上发表声明,不愿在美国做科学家,而宁愿做一个工匠或小贩。

完成《非对称场的相对性理论》。

1955

2—4月 同罗素通信讨论和平宣言问题,4月11日在宣言上签名。

3月 写《自述片断》,回忆青年时代的学习和科学探索的道路。

3月15日 挚友贝索(1873—1955)逝世。

4月3日 同柯恩谈论关于科学史等问题。

4月5日 驳斥美国法西斯分子给他扣上"颠覆分子"帽子。

4月13日 在草拟一篇对以色列的电视讲话稿时发生严重腹痛,后诊断为动脉出血。

4月15日 进普林斯顿医院。

4月18日 1时25分在医院逝世。当日16时遗体在特伦顿火化。遵照其遗嘱,骨灰被撒在大地上,不发讣告,不行公开葬仪,不做坟墓,不立纪念碑。

附录三　著作目录

关于热平衡和热力学第二定律的运动论(《物理学杂志》,4 辑,9 卷,此文写于伯尔尼,完成于 1902 年 6 月 26 日。)

热力学基础理论(《物理学杂志》,4 辑,11 卷,此文完成于 1903 年 1 月 26 日。)

关于热的一般分子理论(《物理学杂志,4 辑,14 卷,此文完成于 1904 年 3 月 27 日。)

关于光的产生和转化的一个启发性的观点(《物理学杂志》,4 辑,17 卷,132－148 页。这是以后获得诺贝尔物理奖金的论文。完成于 1905 年 3 月 17 日。)

热的分子运动论所要求的静液体中悬浮粒子的运动(《物理学杂志》,4 辑,17 卷,549－560 页。此文完成于 1905 年 5 月 11 日。)

论动体的电动力学(《物理学杂志》,4 辑,17 卷,891－921 页。这是物理学中有划时代意义的文献,完成于 1905 年 6 月。)

关于相对性原理和由此得出的结论(《放射学年报》,4 卷,411－462 页;5 卷,98－99 页。此文完成于 1907 年 12 月 4 日;更正写于 1908 年 3 月 3 日。)

论我们关于辐射的本质和组成的观点的发展(《物理学期刊》,10 卷,817－826 页。此文系 1909 年 9 月 21 日在萨尔斯堡"德国自然科学家协会"第 81 次大会上的报告。)

关于引力对光传播的影响(《物理学杂志》,4 辑,35 卷,898－908 页。此文完成于 1911 年 6 月。)

广义相对论纲要和引力理论(莱比锡,Tubner 出版,共 38 页,1913 年出版。)

理论物理学的原理——在普鲁士科学院的就职讲话(《普鲁士科学院会议报告》,1914 年,第二部,739－742 页。)

用广义相对论解释水星近日点运动(《普鲁士科学院会议报告》,1915 年,第二部,831－839 页。此文完成于 1915 年 11 月 18 日。)

引力的场方程(《普鲁士科学院会议报告》,第二部,844－847 页。此文完成于 1915 年 11 月 25 日,提出广义相对论引力场方程的完整形式。)

广义相对论的基础(莱比锡,Barth 出版,共 64 页,同时发表在《物理学杂志》,4 辑,49 卷,769－822 页。此文是关于广义相对论研究的全面总结,完成于 1916 年 3 月。)

根据广义相对论对宇宙学所作的考查(《普鲁士科学院会议报告》,1917 年,第一部,142－152 页。)

论引力波(《普鲁士科学院会议报告》,1918 年,第一部,154－167 页。)

关于相对论(在伦敦皇家学院的演讲。伦敦《泰晤士报》1921 年 6 月 14 日,8 页。)

论以太(《瑞士自然研究会论丛》105 卷,第二部,85－93 页,1924 年。)

非欧几里得几何和物理学(《新评论》,柏林,1925 年 1 月号,16－20 页。)

牛顿力学及其对理论物理学发展的影响(《自然科学》周刊,15 卷,273－276 页,1927 年。)

关于 M・E・梅耶松的《相对论演绎法》(《法国哲学评论》,105 卷,161－166 页,1928 年。)

空间—时间(《英国百科全书》,第 14 版,21 卷,105－108 页,1929 年。)

我信仰斯宾诺莎的上帝(《纽约时报》,1929 年 4 月 25 日,60 页,4 列。)

关于统一场论(《普鲁士科学院会议报告・物理学数学卷》,1929 年,2—7 页。)

关于实在的本性问题同泰戈尔的谈话(美国《亚洲》杂志,1931 年,31 卷,138—142 页。)

宗教和科学(《纽约时报杂志》,1930 年 11 月 9 日。)

我的世界观(阿姆斯特丹 Querido 出版,共 269 页,1934 年。)

科学和社会(美国《科学》周刊,1935—1936 年冬季特刊。)

科学和宗教(纽约,1941 年出版,209－214 页。)

关于哲学和科学问题同 a・施特恩的谈话(纽约《当代犹太记录》,8 卷,3

期,1945 年 6 月出版。)

自述(纽约 Tuder 出版公司,1949 年版,1—95 页。)

$E=mc^2$:我们时代最迫切的问题(美国《科学画刊》,1946 年 1 卷,1 期,4 月号,16—17 页。)

相对论:时间、空间和物质(该书系纽约的格罗列学会 1948 年出版。)

相对性:相对论的本质(《美国人民百科全书》,第 16 卷,1948 年出版。)

量子力学和实在(苏黎世《辩证法》季刊,2 卷,320—324 页,1948 年。)

物理学、哲学和科学进步(《国际外科医学院学报》,14 卷,755—758 页,1950 年。)

关于一些基本概念的绪论(巴黎 Albin Michel 出版,4—15 页,1952 年。)

关于科学史和科学家的谈话(《科学的美国人》,1955 年 7 月号,69—73 页。)

爱因斯坦和玻恩夫妇通信集(慕尼黑 Nymphenburger 出版,本书共收集 117 封信,其中 57 封是爱因斯坦写给玻恩夫妇的。)

后　记

　　我之所以愿意先后应安徽人民出版社唐绍雄先生和江苏人民出版社吕佳女士之请主编《世界十大思想家》和《现代世界十大思想家》等书，从大的方面讲，是因为在我看来，有思想巨人才有国家富强。而我们这个民族在理性方面，在思维能力上，较之西方有不足，希冀通过自己的努力，能提高广大读者乃至全民族对理论的兴趣，更加重视理性，逐步改变原有的思维特征，从而使我们的国家进步得更快。因为传记形式不仅要介绍大思想家们在思想创新方面的成就，而且要交代他们是如何作出这些创新的，所以比纯研究著作更容易为读者，特别为不是专门从事理论工作的读者接受。这使思想家、科学家的传记可以作为通向纯理论著作的桥梁。对我个人来说，则是想通过它来进一步打思想史的基础。而我之所以乐于花很多时间钻研爱因斯坦，写爱因斯坦，则是想通过做这件事补自然科学方面的课，并逼着自己去提高理解力和抽象思维能力。

　　本来，爱因斯坦作为人类有史以来最伟大的科学家和思想家，国内外有关他的材料浩如烟海。在这方面，我们已很难增添什么新东西。把原有的东西拼拼凑凑，意义几乎等于零。但在看了大量材料、作了一定钻研之后，自己反而有了写作冲动。原因在于，我作为时代发展到今天的一个学者，一个中国人，一个哲学工作者，感到根据我国社会发展的需要，在材料的选取上，在阐述的重点上，在对思想和事件的认识、分析与评价上，还有很多事可以做。这可能就类似于同样的材料，不同的厨师能够做出口味完全不同的菜，不同的设计和建筑师可以建筑出风格迥异的房屋吧?!

　　不管怎么说，本书所用的全部原材料都是包括爱因斯坦本人在内的前人和同代学者辛勤劳动的结晶。特别值得提出来的是，书后关于爱因斯坦的年表和著作目录的附录就是直接从许良英、范岱年、赵中立等先生编译的《爱因斯坦文集》中转过来的。在此，向本书刊用过他们劳动成果的所有的先贤和同辈学者表示衷心的感谢！

面对爱因斯坦，就犹如置身无边的大海和高耸入云的山峰，感到自己是何等的渺小和微不足道！我是以无比敬仰同时又是诚惶诚恐的心情来写这位对人类作出的贡献怎么估计也不会过高的伟人的。但愿他一生在思想上和科学上的重大成就，他的伟大的人格和高尚的情操，在本书中都得到了较为忠实的反映。书中所作的大量评述也基本上是中肯的，不至有损于他的光辉形象。当然，爱因斯坦，作为如此伟大的思想家和科学家，对他的真正深刻的认识需要时间，是一个过程。相信以后还会有许多人一代一代地接着去做。由于作者知识水平的限制，特别是自然科学知识方面的缺陷，在写作过程中虽然看了不少有关著作，有些问题也请教过研究物理的专家学者，相信书中的错误仍在所难免。诚恳欢迎广大读者，特别是有关专家批评、赐教！

易杰雄